Norbert Nagel (Hrsg.)
Erlaubnis zum Wachsen

Herausgegeben von Heinrich Hagehülsmann

Norbert Nagel (Hrsg.)

Erlaubnis zum Wachsen

Beiträge aus der Arbeit mit Transaktionsanalyse
in Pädagogik und Erwachsenenbildung

Junfermann Verlag · Paderborn
1992

© Junfermannsche Verlagsbuchhandlung, Paderborn 1992

Alle Rechte, insbesondere das der Übersetzung in fremde Sprachen, vorbehalten.

Nachdruck oder Vervielfältigung des Buches oder von Teilen daraus nur mit ausdrücklicher Genehmigung des Verlages.

Satz: adrupa Paderborn
Druck: PDC-Paderborner Druck Centrum

CIP-Titelaufnahme der Deutschen Bibliothek

Erlaubnis zum Wachsen: Beiträge aus der Arbeit mit Transaktionsanalyse in Pädagogik und Erwachsenenbildung / Norbert Nagel.
– Paderborn: Junfermann, 1992
ISBN 3-87387-063-0
NE: Nagel, Norbert [Hrsg.]; GT

ISBN 3-87387-063-0

Inhalt

Heinrich Hagehülsmann, Zum Geleit einige Worte vorab 7

Vorwort 9

Norbert Nagel, Einleitung 11

Miriam Blank, Was würde der kleine Drache zu dir sagen?
Ein Beispiel für Persönlichkeitsentwicklung und
Erweiterung von Sprach- und Beziehungsmustern in
der Grundschule 25

Heidrun Peters, Das Konzept der Neuentscheidung
im Förderunterricht mit Legasthenikern 59

Norbert Nagel, Selbstverantwortung als Lernziel in
der pädagogischen Arbeit 75

Norbert Nagel, Passivität als Problem Jugendlicher
in Abschlußklassen oder in Maßnahmen zur
Berufsvorbereitung – Eine Definition des Problems
mit Hilfe der Schiffschen Modelle 109

Ulrich Schmidt, Die Entwicklung der persona als Ziel
pädagogischen Handelns – Allgemeine Überlegungen
zur Verwendung von Konzepten der Transaktionsanalyse
im Kontext der Schule 123

Heidrun Schönert, Lebenspläne und ‚Spiel' Pläne –
Erfahrungen mit Lernproblemen im Studium 143

Hans Joss, Transaktionsanalyse in der Lehrerfortbildung . . . 167

Peter Lüthi, Auftrag und Praxis der Elternbildung 175

Autorenverzeichnis 205

Zum Geleit einige Worte vorab

Mit Freude stelle ich Ihnen, lieber Leser, das von Norbert Nagel herausgegebene Buch „Erlaubnis zum Wachsen" vor.

Mein Vergnügen beinhaltet einerseits, das gelungene Resultat einer seit längerer Zeit verfolgten Idee vorlegen zu können. Gemeint ist die Idee, die bisher nur in einem relativ geschlossenen Innenkreis transaktionsanalytisch arbeitender Pädagogen bekannten Konzepte zu veröffentlichen und andere fachkompetente Kolleginnen und Kollegen auf diese Weise an der Entwicklung transaktionsanalytischen Denkens in der Pädagogik teilhaben zu lassen. Daß der dazu notwendige Prozeß nun in Form eines Buches wie auch eines Beiheftes für die Zeitschrift für Transaktionsanalyse abgeschlossen ist, erfüllt mich mit dankbarem Stolz.

Ein weiterer Anteil meines Vergnügens betrifft die vorzügliche Zusammenstellung und Aufbereitung der einzelnen Beiträge durch Norbert Nagel als Herausgeber. Sein Verdienst besteht zum einen darin, durch die hervorragend geschriebene Einleitung (anhand der von Gouldings benannten Einschärfungen) den Zugang zu einem breiten Feld zu schaffen, in dem pädagogisch orientierte Nachreifung möglich und notwendig, kurz „Erlaubnis zum Wachsen" angezeigt ist.

Zum anderen wird er durch die Breite der zusammengestellten Buchbeiträge (von der Schulbildung über berufliche Bildung bis zur Elternbildung) der derzeitigen sozialpolitischen Notwendigkeit breitgestreuter Angebote in Erziehung, Weiterbildung und Nachreifung gerecht.

Darüber hinaus regen die Beiträge nicht nur durch ihre Inhalte und Ideen zum Lesen an, sondern sie bereichern auch durch die konstruktive, verstehende und achtende pädagogische Grundhaltung, die bei den einzelnen Themen sichtbar wird. Das ist zu allererst der Einstellung und Arbeitsweise der einzelnen Autoren zuzurechnen. Es kennzeichnet jedoch auch jene gemeinsame Lebensanschauung aller Autoren, die im transaktionsanalytischen Konzept der OK-OK-Grundposition ihren theoretischen Ausdruck findet. Insgesamt ein lesenswertes Buch, das hält, was es im Titel verspricht: es gibt uns Anregung wie auch „Erlaubnis zu wachsen".

Viel Spaß beim Umsetzen!

Heinrich Hagehülsmann

Vorwort

Ich freue mich, heute diese Sammlung von Beiträgen aus der Arbeit mit Transaktionsanalyse im Anwendungsfeld Pädagogik und Erwachsenenbildung vorlegen zu können.

Das Buch richtet sich an all jene, die in pädagogischen oder andragogischen Handlungsfeldern Transaktionsanalyse anwenden oder an der Anwendung interessiert sind. Das Grundlagenwissen in Transaktionsanalyse, wie es zum Beispiel die 101-Kurse der Internationalen Gesellschaft für Transaktionsanalyse (ITAA) vermitteln, wird vorausgesetzt. Da auch ausreichende Einführungsliteratur in deutscher Sprache vorhanden ist, habe ich auf eine erneute Einführung in die Transaktionsanalyse im Rahmen dieses Buches verzichtet.

Das Zustandekommen des Buches geht mit einem wachsenden Interesse an der Aus- und Weiterbildung in Transaktionsanalyse von Sozial- und SchulpädagogInnen wie AndragogInnen einher. Die Anfänge dieser Entwicklung, die die AutorInnen großenteils mitgetragen haben, liegen in Deutschland nunmehr bald 10 Jahre zurück.

Mein besonderer Dank gilt den Co-AutorInnen für ihre Bereitschaft zur Mitarbeit, dem Herausgeber der Zeitschrift für Transaktionsanalyse, Dr. Heinrich Hagehülsmann, für seine hilfreichen kritischen und anerkennenden Kommentare sowie Matthias Heyne und Ingrid Schönhals für die sorgfältige Durchsicht der Manuskripte.

Den Leserinnen und Lesern wünsche ich eine anregende Lektüre. Sie soll neugierig machen und Wege aufzeigen, kann jedoch ein selbsterfahrungs- und handlungsorientiertes Erlernen von Transaktionsanalyse nicht ersetzen.

Die häufige maskuline Sprachform bedaure ich.

Norbert Nagel
Frühjahr 1992

Einleitung

Norbert Nagel

Die vorliegenden Berichte aus der Arbeit mit Transaktionsanalyse in Pädagogik und Erwachsenenbildung stehen unter der Überschrift ‚Erlaubnis zum Wachsen'. Damit sind zwei Begriffe herausgestellt, die in der Transaktionsanalyse eine zentrale Rolle spielen und zugleich die Grundlage meines Verständnisses von pädagogischer Arbeit markieren: ‚Erlaubnis' und ‚wachsen'.

‚Erlaubnis' ist das Beachten, Zulassen und Schützen der Möglichkeiten und Kräfte des Menschen zur Entfaltung seiner autonomen und sozial verantwortlichen Persönlichkeit. Erlaubnis ist Teil des sozialen Lernens, wie der innerpsychischen Regulation.

Die für die Lebensgeschichte wesentlichen Erlaubnisse werden Kindern in den ersten drei Lebensjahren gegeben. Vielleicht kennen Sie aus Erfahrung, wie ein Neugeborenes zu Staunen, Liebkosung und Begeisterung einlädt. Für den Säugling selbst sind das ganz wichtige soziale Reaktionen, die für ihn Erlaubnis bedeuten zu leben, zu existieren, da zu sein. Als solche Botschaft wird die soziale, liebevolle Zuwendung in dieser Phase vom Kind verstanden, in der seine einzige existentielle Aufgabe darin besteht, da zu sein. In diesem Sinne hat auch schon die Freude über eine Schwangerschaft fördernde Wirkung auf das entstehende Leben. Eine solche Erfahrung, existieren zu dürfen, ist eine prägende Grundlage für die weitere psychische Entwicklung und Entfaltung des Menschen. Im innerpsychischen Prozeß bleibt sie als Grundlage für spätere Entwicklungsphasen und sicheres Wissen des Menschen über sich selbst auch als Erwachsener erhalten: Ich habe ein Recht zu existieren, zu leben, es ist eine Freude, daß es mich gibt.

Doch nicht jedes Kind erfährt diese Erlaubnis. Für manches Kind heißt die Botschaft: Es wäre besser, es gäbe Dich nicht! Deine Chance zu überleben, besteht nur darin, daß Du dich so verhältst, als wärest Du nicht da. Ein Fluch über einem jungen Leben! In der Transaktionsanalyse wird von einer ‚Verfügung' gesprochen, die nun die weitere Entwicklung dieses Menschen nachhaltig beeinflußt. Durch Verfügungen werden die Grenzen, innerhalb derer Wachstum stattfindet, destruktiv verengt, wird der Wachstumsspielraum in ungesunder und schädlicher Weise eingeschränkt. Im Bilde der Pflanzenwelt wirken Verfügungen wie eine Mauer, an der ein Baum wächst: Er wird seine Krone nur zu der Seite hin entwickeln, wo Licht und Raum (Erlaubnis) sind, und zur Mauer (Verfügung) hin unterentwickelt sein.

Ein Mensch, der trotz der Verfügung ‚existiere nicht' erwachsen wird, wird sich womöglich stets durch seine unauffällige Art auszeichnen und immer wieder erleben, daß er übergangen wird und es für ihn erhebliche Kraft kostet, für sich Platz und Aufmerksamkeit zu beanspruchen.

Auch der weitere Wachstumsprozeß läßt sich im Hinblick auf soziales Lernen und der sich daraus bildenden innerpsychischen Regulation als eine Folge von Erlaubnissen oder Verfügungen beschreiben. Der Säugling drückt zunächst seine körperlichen Empfindungen aus, wie zum Beispiel den Hungerschmerz, Blähungen oder Müdigkeit, und nimmt die Umwelt und andere Menschen wesentlich über Körperkontakt wahr. Er erlebt das Spiel beim Wickeln, die Massage oder das Getragenwerden als Begegnung mit der Welt durch körperliches Erspüren. Ebenso steckt er alles in den Mund und lernt erspürend die Umwelt kennen. Wenn er im Schreien sein körperliches Unwohlsein oder Schmerz ausdrückt, wird er durch eine angemessene fürsorgliche Reaktion erleben, daß seine Körperempfindungen wichtig sind. Er wird bei alldem die grundlegende Erfahrung machen, daß es in Ordnung ist, körperlich zu spüren.

Auch diese Erlaubnis ist nicht selbstverständlich. Wie oft klagen Mütter oder Väter darüber, daß ihr Kind immer auf den Arm will, während es schreiend im Kinderwagen angebunden ist. Wie oft wird das Wickeln als hygienische Notwendigkeit vollzogen, statt Versorgung von Leib und Seele zu sein. Wie unbedacht wird der kindliche Körper an Plastikwindeln gewöhnt, um den Eltern ‚die Arbeit zu erleichtern'. Nuckelfläschchen, Stillhütchen und ähnliche ‚Errungenschaften' halten auch bei der intimsten Versorgung das Kind auf Distanz. Und das Kind, das alles in den Mund steckt, um die Welt kennenzulernen, braucht nicht Verbote, sondern wachsame Beaufsichtigung, für die allzuoft die Zeit fehlt. Eine Vielzahl scheinbarer Kleinigkeiten, die dem Kind die Botschaft vermitteln: ‚Spüre nicht!'

Wer diese Verfügung erhalten hat, erlebt vielleicht, daß er mit ernster Erkrankung viel zu spät zum Arzt geht, Müdigkeit und Streß nicht wahrnimmt, sondern weiterarbeitet, seinen Hunger oder seine Sättigung nicht spürt und/oder seine Lustlosigkeit mit Tabletten, Zigaretten, Alkohol oder Drogen zu überspielen versucht. Wie die Ursache der Lustlosigkeit oft in der gestörten Beziehung zum Körper besteht, werden auch die negativen Auswirkungen der Sucht auf das körperliche Wohlbefinden nicht gespürt und daher auch nicht zum Anlaß für eine Verhaltensänderung genommen.

Neben den körperlichen Empfindungen wird das Kind auch bald Stimmungsgefühle wie Angst, Trauer, Ärger oder Freude wahrnehmen. Sind sie erlaubt und dürfen sie gelebt werden, oder erfährt das Kind Zurückweisung und die verdeckte Botschaft: Fühle nicht, oder fühle keinen Ärger, keine Freude, keine Angst oder keine Trauer? Vielleicht fühlt sich Mutter als schlechte Mutter, wenn das Kind Angst zeigt oder traurig ist und weint. Vielleicht ist es Vater peinlich, wenn das Kind wütend schreiend im Einkaufswagen sitzt und die Schokolade fordert, die es nicht haben soll. Vielleicht finden es depressive Eltern stets albern oder naiv, wenn das Kind fröhlich ist. Oft werden bestimmte Gefühle einfach ignoriert. Je mehr die Eltern bei einzelnen Gefühlen ihrer Kinder in Streß geraten, desto bedrohlicher ist für Kinder die Reaktion, – oft so bedrohlich, daß das Kind ganz darauf verzichtet, Gefühle insgesamt oder ein bestimmtes Gefühl zu zeigen, weil es eine unberechenbare Reaktion befürchtet, die es in seiner Phantasie oder real nicht überleben würde.

Die Folgen der Verfügung ‚fühle nicht' erleben wir, wenn Erwachsene davon berichten, daß es ihnen schwer fällt, ihren Ärger zu fühlen oder zu zeigen, sie am Grab eines lieben Menschen keine Trauer empfinden konnten, keine Angst kennen oder nichts finden, woran sie sich wirklich freuen können. In der Regel haben sie für solche Situationen sog. ‚Ersatzgefühle' entwickelt, die sie dann immer wieder und ohne Befriedigung erleben, oder aber sie fühlen nichts.

Erlaubnisse wie Verfügungen werden als soziale Botschaften in der Regel nicht verbal vermittelt, nicht wirklich ausgesprochen, sondern sind eher Botschaften, die mit der ganzheitlichen Reaktion und den Gewohnheiten der Bezugspersonen vermittelt werden. Statt direkt ausgesprochen zu werden, drücken sich Verbote oft im Selbstbild der Familie aus. Im Blick auf die Verfügung ‚fühle keinen Ärger' ist es vielleicht geläufig zu sagen: „Wir sind eine harmonische Familie, Leute wie wir streiten sich nicht, sondern pflegen vernünftig miteinander zu sprechen." Vielleicht erlebt das Kind aber auch nur, daß die Eltern sich nie streiten, auch dann nicht, wenn sie verschiedener Meinung sind oder vom Verhalten des anderen verletzt sind. Vielleicht wird sogar gesagt, daß es richtig sei, auch zu streiten, ohne es selbst aber je tatsächlich zu tun. Ein Kind wird solche Situationen als Verfügung erleben und die Verfügung annehmen, wenn es sich von der bewußt oder unbewußt erwarteten Elternreaktion existentiell bedroht fühlt. So kann es sein, daß es befürchtet, daß Vater oder Mutter weggehen, verrückt werden, unberechenbar zuschlagen oder krank werden, wenn es sich nicht an die Verfügung hält. Indem Kinder selbstdestruktive Verfügungen annehmen und sich daran halten, sichern sie ihr Überleben unter den Bedingungen der für sie als Kind aktuellen Familiensituation. (Dies gilt in ähnlicher Weise für Kinder, die keine Eltern haben. Sie geben in der Regel anderen Menschen die Bedeutung von Eltern.) – Wo wir als Erwachsene eigene Verfügungen erkennen, ist es zu allererst wichtig uns Anerkennung zu geben, daß wir durch die Annahme der Verfügung unser Überleben gesichert haben.

Was ich hier über Verfügungen und den familiären Kontext gesagt habe, gilt in dieser Weise stets in der Wahrnehmung des Kindes und muß nicht unbedingt auf das tatsächliche Verhalten der Eltern zutreffen. Auch spreche ich nicht von irgendwelchen exotischen Erscheinungen irgendwelcher brutaler Eltern, sondern gehe davon aus, daß so gut wie alle Eltern ihren Kindern Verfügungen vermitteln. Sie tun dies in der Regel im Bezug auf Lebensäußerungen, für die sie für ihre eigene Person keine Erlaubnis haben.

Haben Sie schon beobachtet, mit wieviel Mühe, Geschick und Ausdauer ein Kleinkind lernt, selbständig Treppenstufen zu erklimmen, den Löffel zum Mund zu führen oder einen Hammer zu gebrauchen? Lernschritte, wo wir als Erwachsene in besonderer Weise in unserer schützenden Aufsicht gefordert sind und das Kind auf Gefahren hinweisen. Auch hier können wir uns dem Kind gegenüber so verhalten, daß es spürt, wie wir uns an seinem Lernen freuen und ihm Zeit und Möglichkeit lassen, es auf seine Weise zu tun. Es wird dabei die Erlaubnis erleben, daß es OK ist, aktiv die Welt zu entdecken und Dinge auf seine Weise zu tun.

Eltern haben aber oft eine feste Vorstellung davon, wie sich Ihr Kind verhalten muß und messen seine Handlungen an äußeren Maßstäben. So beobachtet beispielsweise eine Mutter ihr Kind, wie es rückwärts läuft, während es seine Ente zieht und kommentiert sein Tun: „Der kapiert das nicht, der kann das nicht", anstatt in seinem Tun einen wichtigen Lernschritt zu sehen und sich daran zu freuen. Oft wird die Aktivität auch einfach eingegrenzt, das Kind ins Ställchen gesetzt oder im Kinderstuhl festgebunden. Vielleicht fürchten Mutter oder Vater, als schlechte Eltern angesehen zu werden, wenn ihr Kind vermeintlich oder tatsächlich nicht mit anderen Kindern mithalten kann, vielleicht haben Mutter oder Vater Angst, das Kind könnte sich verletzen, vielleicht haben sie oder er keine Zeit, wahrscheinlich erleben sie oder er es aber auch für sich als bedrohlich, wenn das Kind aktiv und selbstorientiert seine Erfahrungen sammelt. Eltern vermitteln dann die Verfügung: ‚Tue nichts' oder ‚tue nichts auf deine Weise'.

Menschen, die sich an diese Verfügung halten, werden auch als Erwachsene vor allem reaktiv sein und ihr Handeln an den Erwartungen anderer ausrichten oder sich gar überwiegend in ihrem Leben antriebsarm und vermeintlich mit weniger Energie als andere Menschen erleben. Sie werden Probleme nicht lösen, sondern warten, bis sie sich von allein lösen, oder sie so lösen, wie sie glauben, daß ‚man' sich in dieser Situation verhält. Vielleicht werden sie davon träumen, wie sie gerne sein und leben würden, aber nichts Entscheidendes dafür tun, um sich mit ihrer Art zu leben identifizieren zu können.

Bereits in den ersten beiden Lebensjahren wie auch in späteren Entwicklungsstufen ist entscheidend, ob das Kind ernst genommen wird. In gleichem Maße nimmt das Kind sich selbst ernst und lernt, angemessen für sich zu sorgen und sich äußeren Erfordernissen im Rahmen seiner Möglichkeiten anzupassen.

Oft aber werden zwar Gefühle, Gedanken und Handlungen des Kindes wahrgenommen und zugelasssen, haben aber keinen Einfluß darauf, wie mit dem Kind umgegangen wird. Es findet keine wirkliche Auseinandersetzung mit dem Kind statt, sondern es wird über das Kind hinweg entschieden und gehandelt und damit die Verfügung vermittelt: ‚Sei nicht wichtig'.

In der Schule wird eine solche Verfügung z.B. verstärkt, wenn eine Arbeit schlecht beurteilt wird, ohne daß nachgefragt wird, wie der Schüler oder die Schülerin zu diesem Ergebnis gekommen ist, welche Fehlschlüsse, Eigenwilligkeiten, Informationslücken oder Kontextbedingungen zu dem Ergebnis geführt haben.

Menschen mit der Verfügung ‚Sei nicht wichtig' fallen im Erwachsenenleben oft dadurch auf, daß sie sich in wichtigen Lebensbereichen nicht potent und zielwirksam vertreten und stattdessen viel Energie in Nebensächlichkeiten investieren. Ihr Verhalten wirkt entsprechend zurückhaltend oder ‚aufgeplustert'.

Sein Denken erprobt und übt ein Kind ganz auffällig in der Zeit, wo es anderen seine Warum-Fragen stellt. Wird es damit ernst genommen und erhält sinnvolle Antworten, erfährt es die Erlaubnis zu denken. Viele Kinder erleben aber unwillige oder abwertende Zurückweisung: „Das Denken sollte man den Pferden überlassen, die haben einen größeren Kopf", „Du mußt Dich nicht um alles kümmern", „Du nervst mit Deiner Fragerei".

Die so vermittelte Verfügung ‚denke nicht' wird zum Teil auch im Kontext der geschlechtsspezifischen Sozialisation vermittelt, was sich zum Beispiel in dem sexistischen Ausspruch niederschlägt: „Frauen sind zu schade zum Denken", ebenso wie oft für Männer der Ausspruch gilt: „Ein Indianer kennt keinen Schmerz", womit die Verfügung ‚fühle nicht' vermittelt wird.

Die Denke-Nicht-Verfügung äußert sich im Erwachsenenleben – bei Frauen wie bei Männern! – in Desorientiertheit im Bezug auf verfügbare Daten, im Stellen unnötiger Fragen oder in vermeintlicher Unfähigkeit, eine Gebrauchsanleitung zu lesen.

Alle Verfügungen können mit unterschiedlicher Intensität vermittelt werden. Entsprechend extrem sind die Auswirkungen und die Auffälligkeit im Verhalten. Die Denke-Nicht-Verfügung kann sowohl zu einer liebenswürdigen Unbeholfenheit führen wie zu einer Verwirrtheit, die in Krisen die Einweisung in eine geschlossene Anstalt erforderlich macht.

Unterschiedlich ist in der Erziehung auch der Umgang mit Nähe. Dabei geht es zum einen um körperliches Nahesein, das erlaubt ist, wo Berührung und Körperkontakt angstfrei, gefahrlos und liebevoll gelebt werden. Zum anderen ist Nähe erfahrbar, wo Menschen offen miteinander sprechen und Kinder an dem Fühlen, Denken und Erleben der Eltern teilhaben und selbst mit ihrem Erleben ernst genommen werden.

Häufig erleben Kinder aber die Vermeidung von Körperkontakt. Das mag sogar aus gutem Grunde geschehen. Vielleicht ist es der Weg, wie Eltern sich von Mißbrauchshandlungen abhalten, weil sie nicht gelernt haben, mit ihren Grenzen sicher umzugehen. Solche Gründe werden aber nicht ausgesprochen, und das Kind nimmt aus dem Elternverhalten in erster Linie die Botschaft: ‚Es ist nicht in Ordnung, körperlich nahe zu sein'.

Ebenso bringen es auch Menschen, die zusammen leben, fertig, eine quasi offizielle Kommunikation zu betreiben und nicht über das zu sprechen, was sie betrifft, was ihnen wichtig ist. Das Kind erlebt dabei, daß es ‚nicht in Ordnung ist, kommunikativ nahe zu sein'.

Einmal als Verfügung vermittelt, kann Nähe lebenslang ein Thema von Konflikten und Verlusterlebnissen sein. So erleben Menschen, daß sie sich auch in Beziehungen unverstanden und einsam fühlen oder immer wieder die vermeintliche Notwendigkeit erleben, sich von einem Partner trennen zu müssen, sobald die Beziehung einen bestimmten Grad an Intimität im Sinne von Nähe erreicht.

Wenn ich Auswirkungen von Verfügungen benenne, schlage ich stets schnell einen Bogen von Erfahrungen in frühester Kindheit zum Verhalten und Erleben als erwachsener Mensch. Der Zusammenhang entsteht dadurch, daß wir als Kinder auf der Grundlage der begrenzten Erfahrungen einen Lebensplan, ein ‚Script' entwerfen, an das wir uns zeitlebens halten, sofern wir nicht Bewußtheit darüber erlangen und eine Veränderung erarbeiten. Als Bestandteil dieses Lebensplans werden die Verfügungen im intrapsychischen Prozeß auch da als Stoppbefehle vernommen, wo Eltern schon lange nicht mehr real gegenwärtig sind. Von diesem Lebensplan in seiner Gesamtheit hängt es auch ab, wie im einzelnen die Auswirkungen von Verfügungen im Erwachsenenleben aussehen und wie wir es immer wieder schaffen, uns zu bestätigen, daß es wohl besser ist, uns an die Verfügungen zu halten.

Die Erlaubnis, Mann oder Frau zu sein, wird oft nicht gegeben, wenn Eltern sich so sehr ein Mädchen bzw. einen Jungen gewünscht, aber ihren Wunsch nicht erfüllt bekommen haben. Die

Verfügung ‚Sei kein Mann/Sei keine Frau' drückt sich häufig schon in der Namensgebung aus.

Auch die Erlaubnis, so alt zu sein, wie man wirklich ist, wird gelegentlich durch die Verfügung verweigert: ‚Sei kein Kind' oder ‚Werde nicht erwachsen'. Wer nicht Kind sein durfte, sondern z.B. schon früh auf die kleineren Geschwister aufpassen mußte oder auch ohne ersichtlichen Grund die Erwartungshaltung erlebte, endlich sauber, groß und vernünftig zu werden, wird womöglich als Erwachsener damit Probleme haben, nicht entspannen und lustvoll seine Freizeit erleben zu können. Wer immer das liebe kleine Schätzelchen bleiben sollte, was die Jüngsten der Geschwisterkette häufig erleben, wird sich vielleicht auch als Erwachsener in einer Rolle wiederfinden, wo er/sie sich nicht ernst genommen und mitverantwortlich erlebt, und wird vielleicht auch noch mit 18 oder 36 Jahren sich wie ein Kind von Mutter oder Ehefrau/Ehemann umsorgen lassen.

Manchen Menschen fehlt auch die Erlaubnis, erfolgreich zu sein. Sie haben womöglich die Verfügung erhalten: ‚Schaffe es nicht' und erleben immer wieder in ihrem Leben, daß sie ihre Ziele nicht erreichen. In anderen Lebensplänen dreht sich stets alles um Krankheit. Hier fehlt die Erlaubnis, gesund sein zu dürfen, und wird nach der Verfügung gelebt: ‚Sei nicht gesund'. Für wieder andere Menschen ist das Thema der Verfügung: ‚gehöre nicht dazu'. Sie haben sich vielleicht schon als Kind und später in Lern- oder Freizeitgruppen als das fünfte Rad am Wagen erlebt und nicht die Erlaubnis erhalten, dazuzugehören.

In der pädagogischen und erwachsenenbildnerischen Arbeit sind wir wachstumsfördernd wirksam, wenn Menschen in ihren Erlaubnissen bestätigt werden und neue Erlaubnisse aufnehmen. Dabei erleben wir Bereiche, wo Menschen keine Erlaubnis haben, die aber auch nicht oder kaum mit Verfügungen belegt sind. Dann werden oftmals neue Anregungen der Bildungsarbeit mit großer Bereitschaft angenommen und als Erlaubnis integriert. Aber auch da, wo die Entwicklung bislang durch destruktive Verfügungen behindert war, kann das pädagogische Angebot zur Lockerung bis hin zur Aufgabe von Verfügungen und Integration neuer Erlaubnisse einladen.

Die Transaktionsanalyse geht davon aus, daß der erste Entwurf des Scripts in der frühen Kindheit ‚geschrieben' wird. Es ist der Orientierungsrahmen, mit dem ein Kind in der Regel beim Eintritt in den Kindergarten den vertrauten Rahmen der Familie – zunächst zeitweise – verläßt. Im Kindergarten findet es einen neuen Erfahrungsraum, in dem es seine Erwartungen an sich, andere Menschen und die Welt bestätigt finden und sein Script ausbauen und festigen kann. Es hat hier aber auch die Möglichkeit, weitere Erlaubnisse anzunehmen und Einschränkungen des Bewegungsrahmens zu lockern oder aufzugeben.

Hierin liegt die persönlichkeitsbildende Bedeutung auch der auf den Kindergarten folgenden pädagogischen Institutionen und Angebote wie Schule, Jugendarbeit oder gegebenenfalls Heim. Die aus transaktionsanalytischer Sicht wesentliche Aufgabe des/der PädagogIn ist es, scriptgebundene destruktive Entwicklungsverläufe zu erkennen und antithetisch zu den zugrundeliegenden Verfügungen Erlaubnis zum Wachsen zu geben. Beispielhaft wird diese Arbeit in den Beiträgen von Miriam Blank, Heidrun Peters und Norbert Nagel beschrieben. Ulrich Schmidt macht in seinem Beitrag auf die Gefahren und Grenzen solcher Arbeit im pädagogischen Handlungsraum aufmerksam, ebenso Nagel in seinem Beitrag zum Thema ‚Selbstverantwortung' (Kap. 11 und 12).

Bewußt habe ich in das Buch aber auch Beiträge aus dem Bereich der Erwachsenenbildung und Beratung aufgenommen. Denn wenngleich das Lebensalter der Adressaten und das Setting der Arbeit anders sind, ist essentiell die Aufgabe des/r AndragogIn die gleiche wie die des/r PädagogIn. Es gilt, im Prozeß der Bildungs- und Beratungsarbeit nicht die einschränkenden Verfügungen der Lerngeschichte zu wiederholen, sondern Erlaubnis zum Wachsen zu geben. Die Beiträge von Heidrun Schönert, Peter Lüthi und Hans Joss sind Beispiele für diese Arbeit.

Aber hat denn nicht auch alles seine Grenzen, mögen Sie jetzt sagen, liebe Leserin, lieber Leser. Man kann doch nicht einfach alles erlauben!

Die hier verwendeten Begriffe ‚Erlaubnis' und ‚Verfügung' beziehen sich auf elementare Lebensäußerungen, auf menschliche Bedürfnisse. Die notwendigen Grenzen, die in der Erziehung vermittelt werden, beziehen sich auf die Art, wie Bedürfnisse gelebt werden, auf Wünsche und ihre Umsetzung. Wenn mein einjähriger Sohn beim Wickeln nackt im Zimmer umherläuft, schreit er in der Regel, wenn ich ihn anziehen will. Dennoch ziehe ich ihn an, wenn sonst die Gefahr besteht, daß er sich erkältet. Ich tue dies ohne Tadel, zeige ihm sogar mein Verständnis dafür, daß es toll ist, nackt herumzulaufen und benenne mein Tun, nämlich daß ich ihn jetzt trotzdem anziehe, weil es so zu kalt für ihn ist. Ich setze eine Grenze, um ihn zu schützen. In der Regel hört er nach wenigen Sekunden auf zu schreien, weil er sich auch mit der Kleidung wieder behaglich fühlt, und spielt weiter. Bei diesem Vorgang lernt er, daß es in Ordnung ist, nackt zu sein und sich vor Kälte zu schützen, daß die Frustration kurz ist und anschließend wieder Schönes folgt.

Durch eine Grenze wird noch keine Verfügung vermittelt. Im vorangehenden Beispiel wäre das dann der Fall, wenn ich – vielleicht unbewußt oder unausgesprochen – das Nacktsein des Kindes aus Scham oder Verlegenheit oder moralischen Bedenken als etwas Unangenehmes erlebe, es übergehe, oder solche Situationen schnell hinter mich zu bringen versuche.

Dann wird das Schreien des Kindes auch ganz anders wahrgenommen. Dann ist das Kind ‚noch zu dumm, um das zu verstehen' oder ‚schon verwöhnt und muß einsehen, daß es nicht immer nach seinem Kopf geht' oder will es Mutter oder Vater ‚nur ärgern'. Hier beginnen erste Attribuierungen und werden schon Säuglinge als dickköpfig, undankbar oder böswillig bezeichnet. Das auslösende Thema, die Nacktheit, wird nicht als Problem der Eltern gesehen, sondern als Verfügung wie eine heiße Kartoffel weitergegeben.

Häufig spüren Eltern in solchen Situationen aber auch, daß hier das Kind etwas fordert, was sie selbst nie bekommen haben. Sie wollen dann oft, daß es ihrem Kind einmal besser geht und lassen das Kind gewähren. Eine Klientin, die im Geschäftshaushalt ihrer Eltern nachhaltig die Erfahrung gemacht hat, daß sie mit ihren Bedürfnissen nicht wichtig ist, ließ ihr Krabbelkind, als es nicht angezogen werden wollte, so lange nackt, bis es an Händen und Füßen blau wurde und vor Kälte schrie. Sie wollte ihm ihren ‚Willen nicht aufzwingen', wie sie es von ihren Eltern kannte. Scriptanalytisch ging sie in ihr ‚Antiscript', eine Scriptposition, in der sie versucht, genau das Gegenteil von dem zu tun, was den Scriptbotschaften entspricht. In dieser Position ist unsere Energie im Script gebunden, und wir sind nicht in der Lage, umsichtig und situationsangemessen auf die Bedürfnisse des Kindes zu reagieren und Grenzen im Sinne von ‚Schutz geben' zu setzen. Stattdessen wird in anderem Scenario die gleiche Verfügung, im Beispiel: ‚sei nicht wichtig', vermittelt. – Die ‚antiautoritäre Erziehung' war überwiegend ein Beispiel antiscriptgebundener Pädagogik.

Wo Verfügungen gegeben werden, wird die Person mit ihren Botschaften an die Umwelt nicht ernst genommen, und die Fürsorge ist nicht wirklich am anderen Menschen orientiert. So kann die vermeintliche Erlaubnis ‚Geh nur spielen' in der Bedeutung gesagt werden: ‚Geh spielen damit ich meine Ruhe habe'. Damit wird verdeckt die Botschaft vermittelt: ‚Sorge Du für mich. Du und Deine Bedürfnisse sind nicht so wichtig'. Erlaubnisse hingegen unterstützen den anderen in einer erfolgreichen Befriedigung seiner Bedürfnisse und Interessen.

Verfügungen werden beim heranwachsenden und erwachsenen Menschen als Schwächen der Persönlichkeit, als Eigenheiten und mangelnde Kompetenz im Umgang mit äußerer Realität sichtbar. Als PädagogInnen sind wir wie Eltern in der Gefahr, auf Verfügungen statt mit Erlaubnissen mit ‚Gegenverfügungen' zu reagieren. Wir sagen dann: „Du bist nur OK, wenn Du Dich anstrengst" oder „... wenn Du stark bist" oder „... wenn Du perfekt bist" oder „... wenn Du Dich beeilst" oder „... wenn Du es anderen recht machst". Solche drohenden Botschaften sitzen Menschen wie Antreiber im Nacken, und wir mobilisieren viel Energie damit, ohne aber wirkungsvoll unsere Verfügungen dadurch aufheben zu können. Gegenverfügungen sind selbst Teil des ‚Scriptapparats'. Sie machen es möglich, mit dem Script zu leben, nicht aber die Entwicklungsmöglichkeiten zu erweitern. Es ist wie ein Gasgeben mit angezogener Handbremse.

Damit will ich mich nun dem zweiten zentralen Begriff des Themas dieses Buches zuwenden, dem Begriff ‚wachsen'.

Das Verständnis der menschlichen Entwicklung als Wachstumsprozeß verbindet die Transaktionsanalyse mit den verschiedenen anderen Richtungen der humanistischen Psychologie und Pädagogik, die diese Methapher ebenfalls gebrauchen. Doch markiert dieser Begriff in der Alltagssprache zwei sehr verschiedene Prozesse. Einerseits erleben wir das Wachstum der Pflanzen als Inbegriff der Selbstentfaltung des Lebendigen, den Zyklus von Keimen, Wachsen, Blühen, Samenbilden und Absterben in Harmonie mit dem Biotop als Kreislauf und Verwirklichung des Lebens schlechthin.

Demgegenüber steht ein anderer Begriff von Wachstum: das Wachstum von Produktivität und Umsatz, von Konsum und Bruttosozialprodukt. Ein Wachstum, das nur in stetem Zuwachs erfolgreich verläuft. Ihm fehlt die dem lebendigen, gesunden Wachsen innewohnende Grenze, die erst die Harmonie mit der Gemeinschaft ermöglicht und zum Überleben des Ganzen beiträgt. Es ist ein Wachstum, das die Ressourcen an Arbeitskraft und Rohstoffen bis zur Selbstvernichtung auszubeuten in der Lage ist.

Auch menschliches Wachstum ist ein Wachsen in Grenzen. Doch auch die Grenzen sind nicht etwas, das die Erzieher erst erfinden müssen, damit aus den Kindern ‚auch was wird'. Vielmehr ist Begrenztheit ein zentrales Merkmal unserer Existenz als Mensch: Wir sind begrenzt durch Geburt und Tod, durch unseren Körper und durch unsere soziale Abhängigkeit von anderen Menschen. Eine der wesentlichen Erlaubnisse scheint mir zu sein, uns in unserer Begrenztheit annehmen und für uns sorgen zu dürfen: Leistung zu bringen und ins Bett gehen zu dürfen, wenn wir Erholung brauchen, stark zu sein und zu schmusen, wenn wir hungrig auf Körperkontakt und Zuwendung sind, erfolgreich zu sein und die Mißerfolge ebenso zu akzeptieren. Es ist die Erlaubnis, daß wir in Ordnung sind in unserer Abhängigkeit, daß wir die Grenzen in uns annehmen und lernen, glücklich mit unseren Grenzen zu leben, statt gegen sie anzukämpfen oder vor ihnen zu resignieren.

Wenn im Thema dieses Buches von Erlaubnis zum Wachsen gesprochen wird, ist mit Wachsen der lebendige Prozeß der Entfaltung eines Organismus gemeint, der zugleich Selbstverwirklichung und Beitrag zur Erhaltung der Ganzheit ist und seine Erfüllung innerhalb der Begrenztheit des Seins sucht.

Menschliches Wachstum ist nun über das Wachstum in der pflanzlichen Natur hinaus von sozialen Lernprozessen bestimmt. Auch hier kennen wir beide Formen des Wachsens. Lernen kann einfach Zuwachs bedeuten, ein Anhäufen von Informationen, die willkürlich gebraucht werden können, also auch zum Schaden der Menschen und der Erde. Im Sinne eines gesunden Wachstumsbegriffs muß neues Wissen jedoch eingebunden sein in die Erfahrungs- und Erlebenswelt, muß neues in bestehendes Wissen und in den inneren ‚Bezugsrahmen' der Person integriert werden. Dann ist Lernen ein Veränderungsprozeß unter Wahrung der Identität und führt zu neuer Bewußtheit, zu persönlicher Autonomie und zu der Fähigkeit und Bereitschaft zu sozialer Verantwortung.

Lernen in diesem Sinn setzt Freiwilligkeit und gegenseitige Anerkennung im Lehr-Lern-Verhältnis voraus. PädagogIn und AndragogIn sind mit ihrer Kompetenz, ihrer Erlaubnis und ihrem Schutz gefordert, wenn sie solche Lernprozesse anregen und begleiten. Die Beiträge in diesem Buch wollen Einblick in die Praxis erlaubnisorientierter Wachstumsarbeit geben.

Den Leserinnen und Lesern, die Spaß an der vorgestellten Arbeit finden, wünsche ich, daß sie damit nicht ihre bisherige Praxis schlecht machen oder mißtrauisch die neuen Anregungen zur Seite schieben, sondern sich die Erlaubnis geben, sich in ihrer Professionalität oder in ihrer Kompetenz als Eltern in dem Maße weiterzuentwickeln, wie es gut für sie ist.

Was würde der kleine Drache zu dir sagen?

Ein Beispiel für Persönlichkeitsentwicklung
und Erweiterung von Sprach- und Beziehungsmustern
in der Grundschule

Miriam Blank

Zusammenfassung

Die vorgestellte Arbeit mit 8–9jährigen Kindern zeigt, wie im Unterricht in einer Grundschulklasse die Gruppe für die Persönlichkeitsentwicklung des einzelnen Schülers zu nutzen ist. Mit dem kleinen Drachen wird dabei nach dem Konzept des Selbst-Neubeelterns von *Muriel James* (1974) gearbeitet.

Die Unterrichtseinheit liefert viele Informationen, um notwendige Entwicklungsschritte für die Schüler zu erkennen, Ziele zu finden und auf diese hinzuarbeiten. Das Entdecken und Trainieren wenig ausgeprägter Persönlichkeitsbereiche bewirkt mehr Sprachumfang, eine Erweiterung der Beziehungsmöglichkeiten und weniger psychologische Spiele sowie mehr Verstehen und Akzeptanz untereinander.

Gliederung des Beitrags

1. Gedanken zu meinem Erziehungsauftrag in der Schule
2. Ziele der geplanten Unterrichtseinheit

3. Aufbau der Unterrichtseinheit: Arbeit mit dem Taschenbuch „Hanno malt sich einen Drachen"
4. Entwicklungsschritte einzelner Schüler während der Unterrichtseinheit – Fallberichte
5. Veränderungen am Ende der Grundschulzeit

1. Gedanken zu meinem Erziehungsauftrag in der Schule

Alle Verhaltensweisen eines Schülers, die sein Lernen behindern, erfordern (heil-)pädagogische Maßnahmen. Wenn ein Schüler z.B.
– Persönlichkeitsbereiche wenig entwickelt hat,
– Botschaften verinnerlicht hat, die wenig hilfreich sind in bezug auf gut für sich zu sorgen, sich zu holen, was er braucht (Zuwendung, Unterstützung, Trost), und Konflikte zu lösen,
– gewohnheitsmäßig Muster benutzt, um Zuwendung zu bekommen, die außerhalb der häuslichen Situation nicht funktionieren,
– auf unwirksame Weise versucht, Probleme zu lösen,
– einen Glauben über sich und andere, und wie es in der Welt zugeht (und entsprechende Verhaltensweisen) entwickelt hat, aufgrund dessen er zu seinem Schaden und zum Nachteil anderer selektiv wahrnimmt oder verwertet und vieles so arrangiert, daß sein Glaube gestützt wird,

sehe ich es als meine Aufgabe an, korrigierende Erfahrungen im Umgang mit mir und den Mitschülern zu ermöglichen und diese bewußt zu machen.

Mein Erziehungsauftrag beinhaltet für mich, persönliches Wachstum und Autonomie zu fördern, schon in der Grundschulzeit negative Entwicklungen von Schülern zu erkennen und einer Verfestigung von Störungen entgegenzuwirken. Die Kenntnis psychologischer Methoden wie Transaktionsanalyse, Gestalttherapie, Psychodrama ist hilfreich, den pädagogischen Maßnahmenkatalog zu bereichern und mit größerer Wirksamkeit Weichen anders zu stellen. Ich bin Transaktionsanalytikerin, und Transaktionsanalyse ist die Methode, die am meisten in meinen Unterricht einfließt, ich lasse mich aber auch von anderen anregen.

Erziehungsziel ist, Denken, Fühlen und Verhalten in wenig ausgeprägten Bereichen anzuregen und in geschütztem Rahmen damit

Erfahrungen machen zu lassen. Für neu erschlossene Bereiche haben SchülerInnen keine oder eine unbeholfene Sprache. Ich biete ihnen Sprachmuster an und unterstütze sie dabei, mit neuen Beziehungsmöglichkeiten zu experimentieren.

Aus dieser Zielsetzung ergeben sich für mich folgende Fragen: Wie stelle ich ein Unterrichtsklima her, das Persönlichkeitsentwicklung bei Schülern ermöglicht? Welche Unterrichtsthemen sind geeignet, inhaltliche Lernziele mit erzieherischen zu verknüpfen? Wie kann ich die Kenntnis kommunikationspsychologischer Modelle und Methoden dafür nutzen, Verhalten von Schülern zu verstehen, und notwendige Entwicklungsschritte zu planen? Welche der verschiedenen Konzepte und Verfahren eignen sich in welchem Maß zum Umsetzen in meinen Arbeitsbereich?

Als eine mögliche Antwort auf diese Fragen will ich eine Unterrichtseinheit anhand von Schülerarbeiten und Ausschnitten von Tonbandprotokollen vorstellen.

Ich will mit diesem Beitrag Kolleginnen und Kollegen ermutigen, intensiv im Sinne von Prävention zu arbeiten, die immer dringlicher wird. Mit dem folgenden Unterrichtsbeispiel will ich zeigen, daß beides zusammen möglich ist: inhaltliche Lernziele zu erfüllen und diese mit pädagogischen, wenn nötig, heilpädagogischen Maßnahmen zu verbinden.

2. Ziele der geplanten Unterrichtseinheit

Wenn Kinder nicht gut lernen können oder verhaltensauffällig sind, haben sie oft kein funktionsfähiges Eltern-Ich aufbauen können. Ich beziehe mich in diesem Beitrag – wenn nicht anders angegeben – auf das Funktionsmodell (*Berne*, 1975, S. 26) der sogenannten Ich-Zustände.[1] Die Ausdrucksweisen elterlicher Funktionen bezeichnet *Schlegel* als „teilnehmend-ermutigend" (+fEL), als „entmutigend-verwöhnend" (-fEL), als „zum Wohl des Kindes Grenzen setzend" (+kEL) und als „entmutigend herabsetzend" (-kEL) (*Schlegel* 1988 b). Kindern, die keine oder wenig Botschaften integriert haben, mit denen sie sich unterstützen (+fEL) oder angemessen selbstdisziplinieren (+kEL) können, fehlen wichtige Persönlichkeitsbereiche.

Die Notwendigkeit, diese Ausdrucksqualitäten zu entwickeln, ist immer dann gegeben, wenn ein Kind zu einem Bereich, der für sein erfolgreiches Lernen von Bedeutung ist, zu wenig hilfreiche Botschaften integriert hat, eingeschränkte Beziehungsmuster hat, sich schädigendes Verhalten zeigt oder sich in seinen Möglichkeiten beschränkt (siehe Fallbeispiele).

Pädagogisches Ziel ist es auch, das klare Denken der Erwachsenenhaltung (ER) der Schüler zu stärken. Ich tue das, indem ich sie anrege, zu überprüfen und auszuwählen, was nützlich, brauchbar und nicht schädigend für sich selbst und andere ist, und zu entwickeln, was fehlt. Sie lernen, ein funktionsfähiges Eltern-Ich aufzubauen, in dessen Schutz sich das sogenannte natürliche Kind (nK) entfalten kann. Denn eine gesunde autonome Persönlichkeit verfügt über alle Ich-Zustände.

Ich kann das Verhältnis der Ich-Zustände untereinander betrachten und fragen: Was ist unter- bzw. überrepräsentiert? Ich kann „typische Muster des Vorhandenen untersuchen, bzw. mich fragen, was fehlt" und welche Beziehungsmuster sich daraus ergeben (*Schmid* 1986, S. 20). Ich kann überlegen, welche Transaktionen bei einem Schüler angebracht sind, weil ein Defizit daran besteht, und kann planen, welche Wesenszüge oder Verhaltensweisen zu entwicklen und zu trainieren sind.

Methodische Überlegungen sind, wie das Spektrum elterlicher Qualitäten, das verfügbar ist, erweitert werden kann, was dazu beiträgt, daß sich auch die anderen Ich-Zustände mehr entfalten, und wie neue Botschaften integriert und benutzt werden können.

Ein Verfahren, den sogenannten Eltern-Ich-Zustand (Strukturmodell) *(Berne,* 1975, S. 24) durch eine andere Gewichtung der Anteile zu verändern, beschreibt *Muriel James* (1974). Sie nennt es Self Reparenting (Selbst-Neubeeltern). Dabei wird aus dem ER eine zusätzliche Elternfigur entwickelt, die den Eltern-Ich-Zustand ergänzt, um negative Anteile verinnerlichter Elternfiguren auszugleichen.

Der kleine Drache der Geschichte zeigt sowohl kindhafte als auch positive elterliche Qualitäten. So entstand die Idee, mit ihm wie mit einer ergänzenden Elternfigur zu arbeiten. Da in den Vorstellungen, die Menschen sich geschaffen haben, Drachen als Elementarwesen für schützende und leitende Energien stehen (*Waiblinger* 1988, S. 43), ist ein Drache dafür eine stimmige Symbolfigur.

Die genannte Methode eignet sich besonders gut für das Umsetzen in die pädagogische Arbeit. Ich bleibe in meinem Arbeitsvertrag, wenn ich Positives bewußt nutze und verstärke und auf diese Weise Negatives entschärfe. Auch bleibt während des ganzen Prozesses das Erwachsenen-Ich mit Energie besetzt.

Ich habe mich daher von dem oben genannten Konzept anregen lassen und die Idee und das Verfahren übernommen, aber nicht die Modellbildung.

Beim Aufbau der folgenden Unterrichtseinheit habe ich einige methodische Schritte des Selbst-Neubeelterns verwendet:

1. Gewahrwerden der Notwendigkeit einer neuen Elternfigur
2. Herausfinden fehlender Botschaften (siehe B1/B2)
3. Entwickeln einer ergänzenden Elternfigur durch das Erwachsenen-Ich (siehe B3)
4. Übernehmen der ausgedachten Elternfigur ins Eltern-Ich (siehe C1/C2)
5. Abrufen und Benutzen der neuen Botschaften (siehe C3/C4).

Zwischen Punkt 3. und 4. habe ich einen methodischen Schritt eingefügt, der das spätere Integrieren erleichtern soll: Spielen der neuen Elternfigur durch einen Mitschüler oder eine Mitschülerin (siehe B3).

Grenzen der Methode sind am Beispiel von Christina (4. Fallbericht) zu sehen. Bei ihr war es nötig, die ausgedachte Elternfigur positives elterliches Verhalten erst lernen zu lassen.

3. Aufbau der Unterrichtseinheit: Arbeit mit dem Taschenbuch „Hanno malt sich einen Drachen" (*Korschunow* 1978)

Verbindung von Unterrichtsinhalten gemäß der Rahmenrichtlinien für das Fach Deutsch mit der impliziten Anwendung von transaktionsanalytischen Konzepten.

Zeitrahmen: 3 Wochen
Klasse: 3c

Unterrichtsthema:
Umgang mit Texten anhand einer Ganzschrift

Pädagogisches Thema:
Entdecken und Trainieren von wenig ausgeprägten Persönlichkeitsbereichen

Inhaltliche Lernziele:
Verstehen von und Auseinandersetzung mit Texten

Erzieherische Lernziele:
Herausfinden notwendiger Ergänzungen

Entdecken von und Experimentieren mit neuen Denk- und Verhaltensweisen

Mündliche Sprachgestaltung
Ausdrucksschulung

Erweiterung der Beziehungsmöglichkeiten

Erweiterung des Sprachvermögens

Aufbau und Integration wenig entwickelter Ich-Zustände

Schriftliche Sprachgestaltung

Abrufen der verinnerlichten neuen Denk- und Verhaltensweisen

Vorbereitung zum Aufsatzschreiben

Unterrichtsverlauf

A. Hinführung

Gelenktes Unterrichtsgespräch anhand von Sachfragen zum Text:
Was konnte Hanno nicht, bevor der kleine Drache zu ihm kam?
Was hat Hanno mit dem kleinen Drachen zusammen gelernt?
Wie hat der kleine Drache das gemacht?

B. Erarbeitung

1. Geleitete Phantasie:
Wenn der kleine Drache zu dir käme, wobei würde er dir helfen?
(Mögliche Ergänzung zur Wahl einer männlichen oder weiblichen

Symbolfigur: Willst du lieber, daß ein Drache oder eine Drachin zu dir kommt?)
Was würde er tun?
Wie soll er es machen? Was soll er sagen?
Wie soll er dabei schauen? Wie willst du es haben?

2. Einzelarbeit
Arbeitsanweisung: Schreibe auf ein Arbeitsblatt, wobei der kleine Drache dir helfen würde, und male dazu, was du in der Phantasie gesehen hast!

3. Stegreifspiel in Partnerarbeit
Der kleine Drache wird nach genauen Angaben von einem Mitschüler/einer Mitschülerin gesprochen und gespielt.

C. *Festigung*

1. Kneten des kleinen Drachen
2. Der geknetete kleine Drache spricht zu dem Kind in seiner Phantasie.
3. Die kleinen Drachen lernen voneinander.
4. Der kleine Drache wird erinnert und spricht dann, wenn das Kind es braucht, aus der Vorstellung.

Zu A:
Hanno hat sich auf die Schule gefreut, aber seine Klassenkameraden hänseln ihn, weil er dick ist. Das bedrückt ihn so sehr, daß ihm nichts mehr gelingen will. Er versagt beim Lesen, Schreiben und Rechnen und traut sich auch beim Malen, Singen und Turnen nichts mehr zu. Eines Tages malt er auf dem Heimweg von der Schule mit einem Stöckchen im Sand. Da formt sich ein kleiner Drache und wird lebendig. Er begleitet Hanno und bleibt bei ihm, bis er ein selbstbewußter Junge geworden ist, der gerne singt, malt, Purzelbäume schlägt und auf Bäume klettert, lesen, schreiben und rechnen gelernt und auch Freunde gefunden hat.

Die Art, wie der kleine Drache mit Hanno spricht, hat positive elterliche Qualitäten.

Er unterstützt ihn: „Das geht doch ganz gut", faucht er beim Klettern. „Das schaffen wir" (*Korschunow* 1978, S. 47).

Er weist falsche Sichtweisen der Realität zurück: „In der Schule singe ich nie mit. Der Ludwig Hall sagt, ich brumme." ... „ Dieser Ludwig ist dumm", faucht er ärgerlich. „Oder er hat keine Ohren. Bitte, bitte, singe gleich noch mal" (*Korschunow* 1978, S. 25).

Er lobt: „Du kannst wirklich sehr gut singen" (*Korschunow* 1978, S. 25).

Er stellt auf gute Weise Anforderungen: „Jetzt schreiben wir alles fünfmal hin", faucht der kleine Drache. „Dann können wir es" (*Korschunow* 1978, S. 34).

Er stellt falsche Verknüpfungen richtig und bietet hilfreiche an: „Ich kann nicht tanzen", sagt Hanno. „Ich bin zu dick." „Glaube ich nicht", sagt der kleine Drache. „Wo du so schön singen kannst!" (*Korschunow* 1978, S. 26).

Er läßt schädigendes Verhalten nicht zu, indem er Hanno zunächst durch einen Trick dazu bringt, die Schokolade, die ihm seine Oma täglich schenkt, nicht zu essen (*Korschunow* 1978, S. 22/23, S. 37, S. 62).

Meine SchülerInnen nannten es: „Der kleine Drache hat dem Hanno Mut gemacht."

Zu B1:
Sich etwas in der Phantasie vorzustellen, ist eine gewohnte Arbeitsform für die Kinder. Sie sitzen dabei auf ihrem Platz und legen den Kopf mit verschränkten Armen auf die Bank, um Ablenkungen zu vermeiden.

Mit Hilfe des kleinen Drachen Muster für gute elterliche Verhaltensweisen zu entwickeln, bietet sich an. Im Schutz dieser Symbolfigur können Bedürfnisse entdeckt werden, die sich das Kind sonst wenig spüren läßt. In der Phantasie kann es diese Bedürfnisse ausdrücken und erleben, daß und wie sie befriedigt werden.

Zu B2:
Dieser Schritt dient dem Festhalten des Erlebten. Ob und in welchem Bereich neue Funktionen entwickelt werden müssen, prüfe ich mit der Frage: „Wobei würde dir der kleine Drache helfen?" Manche Kinder antworten, indem sie umdeuten, bei welchen Gelegenheiten der kleine Drache etwas tun s o l l t e, und scheinen noch

nicht recht daran zu glauben, daß er es wirklich tut, andere übernehmen die vorgegebene Formulierung und finden Beispiele.

Die unterschiedlich lange Arbeitszeit der Kinder überbrücke ich durch den Beginn der Arbeit im Innenkreis. Die Schüler sitzen an Tischen, die in U-Form stehen. Wer fertig ist, kommt mit seinem Arbeitsblatt in den Kreis und erzählt mir oder liest vor, was er aufgeschrieben hat. Die anderen schreiben oder malen an ihrem Platz weiter oder unterbrechen ihre Arbeit und hören zu.

Zu B3:

Ein Kind liest vor, wobei ihm der kleine Drache helfen würde. Da viele SchülerInnen mehrere Antworten gegeben haben, frage ich: „Was davon ist dir am wichtigsten?", um einen Focus für diese Stunde zu haben. Der kleine Drache wird beschrieben, und dann können sich die Kinder melden, die das Gewünschte besonders gut können. Das Kind, das vorgelesen hat, wählt aus, sein(e) PartnerIn spielt den kleinen Drachen nach der gegebenen Anweisung. Die ergänzende Elternfigur wird dabei real erlebt. Die Kinder probieren – manchmal in beiden Rollen – etwas Neues aus. Deshalb ist Schutz notwendig. Aufgabe des Lehrers/der Lehrerin ist es, den Dialog anzuregen und zu begleiten, wenn nötig zu korrigieren oder zu unterstützen, manchmal auch den eigentlichen hinter dem ausgesprochenen Wunsch zu erfragen, wie an den Fallbeispielen deutlich wird.

Zu C1:

Das Kneten unterstützt und ergänzt den kreativen Prozeß, sich etwas Hilfreiches in der Phantasie zu schaffen durch das Erschaffen dieser Figur mit den Händen. Die Kinder gestalteten den kleinen Drachen mit großer Hingabe.

Zu C2:

Dieser Teil der Unterrichtseinheit dient der Überprüfung des Gelernten. Der geknetete kleine Drache sitzt als sichtbarer und spürbarer Stimulus auf der Bank vor dem Schüler und spricht mit ihm in seiner Vorstellung immer dann, wenn er ihn braucht. Der Prozeß des Verinnerlichens hat begonnen. Der kleine Drache muß nicht mehr wie im Rollenspiel real von außen reden. Als ‚Lernkontrolle' will ich z.B. von den Kindern wissen, was ihr kleiner Drache beim Diktat zu ihnen gesagt hat. Sie schreiben es auf und malen dazu.

Zu C3:
In diesem Abschnitt wird das Potential der Gruppe verstärkt genutzt. Die SchülerInnen berichten im Kreisgespräch darüber, was ihr Drache zu ihnen gesagt hat, und es gibt auf diese Weise viele Anregungen, voneinander zu lernen. Die Kinder können von dem, was ein anderer für sich entwickelt hat, das übernehmen, was für sie auch hilfreich ist.

Zu C4:
Es kommt vor, daß der geknetete kleine Drache in der Schule ist und das Kind ihn zu Hause braucht oder umgekehrt, daß es ihn heimgenommen hat und er ihm in der Schule fehlt. So ergibt sich ganz von selbst, daß das Kind lernt, sich vorzustellen, was der kleine Drache sagen würde, wenn er da wäre. Der kleine Drache muß nicht mehr tatsächlich anwesend sein. Die SchülerInnen merken, daß er immer mit ihnen redet, wenn sie das wollen.

4. Entwicklungsschritte einzelner Schüler während der Unterrichtseinheit – Fallberichte

In der Klasse 3c sind 22 Kinder, 10 Mädchen und 12 Jungen. Sie sind 8–9 Jahre alt. Ich bin ihre Lehrerin seit ihrem Schulanfang und unterrichte sie in den meisten Fächern. Die beschriebene Unterrichtseinheit habe ich mit der Gesamtklasse durchgeführt. Die Tonbandprotokolle, die ich zur Veranschaulichung heranziehe, sind in mehreren Unterrichtsstunden entstanden.

In den folgenden Fallbeispielen habe ich die Namen der Kinder verändert (außer einem wegen Namensnennung auf Bild 5). Lehrerin ist mit L abgekürzt, der Name des Kindes mit seinem Anfangsbuchstaben, die übrigen SchülerInnen mit Sch.

Dirk ist ein Musterschüler, angepaßt und fleißig, wird von seinen Mitschülern als Streber belächelt und ist wenig in die Klassengemeinschaft integriert. Er spricht zu Mitschülern oft aus einer kritischen elterlichen Position, z. B. „In der Stunde darf man keinen

Bild 1

Wenn der kleine Drache zu dir käme, wobei würde er dir helfen?

Er soll mir bei den Hausaufgaben helfen.
Er soll mit mir Fußball spielen.
Er könte auch mit mir Tennis spielen.
Er könte mich vom Fußballtraining abholen.

Kaugummi kauen!" Das macht ihn bei den anderen unbeliebt. Im Funktionsmodell beschrieben sind aK und kEL überrepräsentiert, nK ist unterrepräsentiert. Dirk spürt wenig, was er braucht.

Bei einem solchen Kind ist es wichtig, ihm die Zeit zu geben, die es braucht, um mit diesem wenig gelebten Persönlichkeitsteil in Kontakt zu kommen.

Dirk liest vor, wobei ihm der kleine Drache helfen würde:

D: Er sollte mir bei den Hausaufgaben helfen.

Er sollte mit mir Fußball spielen.

Er könnte auch mit mir Tennis spielen.

Er könnte mich vom Fußballtraining abholen.

(siehe Bild 1)

L: Was ist dir das Wichtigste von allem?

D: Von allem? – Bei den Hausaufgaben helfen.

L: Und wie soll er das machen? Wie willst du es haben?

D: Wie ich's haben will? (lacht) – (Pause)

Also ... (Pause), er soll mir aus dem Buch sagen, was ich zu schreiben hab', und welche Aufgabe beim Rechnen drankommt.

L: Sag's mal genauer.

D: Also, im Buch steht doch 'ne Aufgabe, und die soll er mir diktieren, daß ich nicht dauernd ins Buch gucken brauch'.

L: Aha. Und warum ist das für dich wichtig?

Sch: Gefällt mir auch nicht, immer ins Buch gucken.

Dirk nickt.

L: (zu Sch) Du kannst also verstehen, daß er nicht dauernd ins Buch gucken will?

Sch: Mm (nickt)

andere Sch: Ich auch.

L: (zu Dirk) Wünschst du dir noch was von dem kleinen Drachen? Soll er auch mal was anderes mit dir sprechen zwischendrin?

D: Ja. (Pause)

L: Was denn zum Beispiel?

Pause. (Es melden sich bereits viele MitschülerInnen).

Guck mal, hier sind schon einige, die gerne kleine Drachen sein wollen, aber die brauchen noch Anweisungen, was sie sprechen sollen mit dir.

D (lacht): ... mit mir?

L (ermunternd): Ja. Was würd'st du denn gern von ihm hören?

D (lacht): ... daß er mit mir Streiche macht.

L: So! Der kleine Drache soll mit dir Streiche aushecken! – Toll! Wie soll er das machen?

D: Nach den Aufgaben.
L: Aha. Noch was, Dirk?
D: Nee (schüttelt den Kopf).
L: Dann schau dich um, wer glaubst du, könnte das gut machen mit dir?
D: Der Sebastian.
L: Brauchst du noch was dazu? Ein Buch?
D: Ein Buch, Rechenbuch.
Manuela gibt ihm ihr Buch.
S: Äh, erst mal so laufen können wie der (knickt die Knie nach innen ein).
D: Bitteschön, kleiner Drache (gibt ihm einen Stuhl).
L: Sebastian, das Wichtigste ist, daß du so sprichst wie der kleine Drache, du mußt nicht so laufen wie er. Dirk, erzähl ihm, was du so grade machst, und wozu du ihn brauchst.
D: Du sollst mir jetzt die Aufgaben im Rechenbuch diktieren.
S (mit kräftiger Stimme): Welche Seite? Welche Nummer?
Sie sitzen zusammen und rechnen. Sebastian gibt klare Anweisungen und Erklärungen aus seinem ER (ein gutes Muster bezüglich Aufgabenhilfe) und überprüft Dirks Lösungen.
S: Also, das hast du alles richtig. Kann ich dir noch irgendwobei helfen?
D: Ja.
S: Wobei?
D: Im Sprachbuch. Die Minka-Geschichte zu diktieren.
L: Dirk, du hattest doch noch einen anderen Wunsch – erinnerst du dich?'
D: Ja.
L: Und wie ist es damit?
D: Nach den Hausaufgaben.
Sebastian diktiert Dirk fünf Sätze und läßt ihn eine Überschrift finden. Dirk spielt, daß er die Sätze ins Heft schreibt, Sebastian, daß er sie kontrolliert.
S: Jetzt wollen wir mal sehen, ob das richtig ist. Das stimmt, das auch – und alles richtig!
Dirk strahlt.
L: Und jetzt sag ihm noch deinen Wunsch, mit dir Streiche zu machen!
D (vergnügt): Wollen wir nach den Hausaufgaben Streiche machen, z. B. auf den Baum klettern und Äpfel klauen? (lacht)
S: Au ja, das machen wir gleich!
Dirk freut sich.
L: Ja – wie ist es damit, kleiner Drache, kannst du damit so einverstanden sein, wenn er dir vorschlägt, auf den Baum zu klettern?
S: Ja.

L: und Äpfel zu klauen?
S: Ja, das mach' ich gerne.
Dirk lacht.
L: Und was kann dabei passieren?
S: Kann uns der Nachbar erwischen!
L: Mm (nickt zustimmend). Hast du das bedacht?
Sebastian schüttelt den Kopf.
D: Uuuu ...
L: Und was rätst du ihm jetzt, kleiner Drache?
S: Hinterm Baumstamm, der ist ja sehr dick, zu verstecken, wenn der Nachbar rauskommt in den Garten.
L: Hast du vielleicht auch eine Idee über einen Streich? Kannst du ihm einen Streich vorschlagen?
S: Ja. Vielleicht eine Spinne basteln und über deiner Mutter ihr Fenster hängen.
Dirk lacht.
L: Wie findest du das?
D: Ja, wär' auch nicht schlecht.
L: Damit könnte man einige Leute erschrecken. Wär' das ein guter Streich?
D: Wär' nicht so gut, die werden sich dann beschweren.
L: Das glaub' ich nicht. Sie werden wohl eher lachen. – Ja, das sieht so aus, als müßtet ihr euch noch darüber beraten, welcher Streich ein guter Streich ist, bei dem alle lachen können, und welcher Streich unangenehme Folgen hat.
S: Jetzt weiß ich was! Einen Geldbeutel an 'ne Schnur binden und wegziehen.
D: Ja, und dann hab'n wir den Räuber!
L: Andere Kinder in der Klasse haben sicher auch Vorschläge für euch. Alle Fachleute für gute Streiche können sich ja in der Pause treffen und ihre Ideen austauschen.

In der Arbeit mit Dirk gebe ich Stimuli an sein sogenanntes natürliches Kindheits-Ich (nK) und aus einer unterstützenden Elternhaltung (fEL) Schutz und Erlaubnis, zu spüren, was er will. Die Fragen „Was willst du?" – „Was willst du gerne spielen?" – „Was willst du von anderen?" sind ungewohnt für ihn. Es folgt eine lange Pause. Dirk hat Mühe, in Worten auszudrücken, wie er es am liebsten hätte. Beim Denken in ungewohnten Bereichen ist oft nicht genug Sprache verfügbar. Ich biete ihm durch die Formulierung meiner Sätze Sprachmuster an. Er lernt Sprachfiguren, um zu beschreiben, was er will.

Es ergeben sich für Dirk auch neue Beziehungsmöglichkeiten. Mit dem selbstbewußten Sebastian hatte er vorher wenig Kontakt. Daß er sich wünscht, mit jemandem Streiche zu machen, zeigt neue kindhafte Seiten an ihm. Transaktionen aus einer natürlichen kindlichen Haltung sind möglich. Seine MitschülerInnen finden jetzt Zugang zu ihm, und er wird mehr in die Kindergruppe integriert.

Für Dirk ist es notwendig, eine wohlwollende Haltung (+fEL) zu integrieren, als auch eine Instanz zu entwickeln, die Dinge kritisch hinterfragt (+kEL). Kinder, die sehr eingeengt wurden, sind nicht geübt darin, ein ausgewogenes Maß zu finden. So besteht auch bei Dirk die Gefahr, daß er, wenn er sich befreit, sich an jemandem orientiert, der übertreibt, oder sich kritiklos einem Anführer anschließt.

Damit der kleine Drache in dem beschriebenen Beispiel diese Aufgabe übernehmen und auch eine gute Kontrollinstanz repräsentieren kann, muß er angeleitet werden durch Fragen wie z. B. „Was hältst du davon?" – „Kannst du ihm das erlauben?" – „Was kann dabei passieren?" Wie noch damit umgegangen werden kann, wenn der kleine Drache in dem geforderten Bereich nicht ganz kompetent ist und selbst diese Muster nicht abrufbar hat, wird noch an weiteren Beispielen sichtbar werden.

Dirk hatte sich zunächst gewünscht, mit dem kleinen Drachen Äpfel zu klauen. Was ist zu tun, wenn Kinder Hilfe haben wollen dabei, z. B. keine Aufgaben mehr machen zu müssen, immer ihr Lieblingsessen essen zu dürfen, eine Bank auszurauben u. ä.? Dann ist es nötig, ein klärendes Vorgespräch zu führen, daß der kleine Drache kein schädigendes Verhalten unterstützt. „Da der kleine Drache, wie du ja weißt, nur Sachen macht, die dir und anderen nicht schaden, sondern helfen, mußt du mir erst einmal erklären, was daran gut für dich ist."

Ziel der folgenden Fragen ist es, den eigentlichen unter dem ausgesprochenen Wunsch herauszufinden. „Warum ist das wichtig für dich?" – „Was ist daran so schön für dich?" – „Was wäre anders für dich, wenn du ..."

Ist das darunterliegende Bedürfnis erfragt, z. B. Freunde zu finden, kann an den kleinen Drachen übergeben werden. „Das versteh' ich gut, daß du dir das wünschst. Wie kann der kleine Drache dir dabei helfen?"

Manuela fällt dadurch auf, daß sie häufig Fragen stellt über Sachverhalte, die andere Kinder kennen, z. B. „Was is'n das – evangelisch?" und die Reaktion bei ihren MitschülerInnen auslöst „... is' die blöd!" Sie hat in vielen Bereichen zu wenig Informationen, aber durch die Art, wie sie fragt, fühlen andere sich eingeladen, unfreundlich zu reagieren. Im Gespräch mit dem kleinen Drachen findet sie einen Weg, auf direkte Weise zu bekommen, was sie will. Sie wünscht sich von ihm, daß er ihr vom Drachenland erzählt, und wählt ihre Freundin Ingrid als Partnerin aus. Sie genießt es sichtlich, Fragen zu stellen und Antworten zu bekommen in einer anderen Weise als sonst. Mich hat beeindruckt, wie deutlich sie auf der Symbolebene ihr Bedürfnis, die Welt erklärt zu bekommen, ausgedrückt hat. Mit dem kleinen Drachen macht sie die korrigierende Erfahrung, daß es in Ordnung ist, wißbegierig zu sein. Ich mache sie darauf aufmerksam, wie sie mit dem kleinen Drachen gesprochen hat – „Ich möchte, daß du mir vom Drachenland erzählst" – und daß Formulierungen wie z. B. „erklär mir mal", „erzähl mir von ...", „sag mir mal, wie das ist" eher bewirken, freundliche Antworten zu bekommen als ihr früheres Verhalten. Solche Sätze sind zunächst noch ungewohnt für sie. Durch die positive Lernerfahrung ist sie aber motiviert, damit zu experimentieren. Ihre manipulativen Spiele „Ach, ich Arme" und „Mach mich fertig" (*Berne* 1970, 103, 198) passen nach einiger Zeit nicht mehr und wurden überflüssig.

Oliver wünscht sich vom kleinen Drachen Hilfe bei der Fahrradprüfung. Er wählt Lars aus, der das Schuljahr wiederholt und der älteste Schüler der Klasse ist. Er stellt ihn hoch auf die Bank, denn er braucht, wie er sagt, „einen großen Drachen". Bei Oliver wird durch die Aufgabenstellung Denken angeregt in dem Bereich „Ich brauche andere für ...", und er kommt dadurch sichtlich in Kontakt mit seinem Bedürfnis nach Unterstützung, im Gegensatz zu seiner sonstigen Rolle, ‚der große Macher' zu sein und alles alleine zu können. Er hat die Gewohnheit, mit mir und anderen Kolleginnen um die Leiterrolle zu rivalisieren. Mit grandiosen Vorstellungen, die in einer Phantasiegeschichte deutlich wurden – „ich bin eine Maus, und mir macht es Spaß, die Katze herauszulocken und zu überlisten" – wehrt er seine Schutzbedürftigkeit ab. *Irina Prekop (Prekop 1988)* beschreibt, wie diese Verhaltensstörungen bei Kindern entstehen, und was sie brauchen: Halt durch starke Bezugspersonen. Symbolisch hat Oliver das sehr deutlich ausgedrückt. Für mich bedeutet das für den Umgang mit ihm, nicht nachzugeben und meine Führungsposition auszufüllen, auch wenn er daran rüttelt. Je mehr er auch den Schutz dabei spüren kann, desto mehr kann er andere Seiten von sich zeigen und sein „Boss-Verhalten" reduzieren.

Uwe zeigt bei guter Intelligenz schwache Leistungen. Er ist ein Schüler, der oft etwas vergißt und meist nur einen Teil der Hausaufgaben erledigt. Es ist ihm wichtig, daß ich ihn kontrolliere. Dann arbeitet er alles bereitwillig nach. Wenn ich nicht genau nachprüfe oder nachsichtig bin, steigert er sein Verhalten, indem er keine Aufgaben mehr macht und bei der nächsten Arbeit versagt.

   Das Gespräch mit ihm beginnt so:
   L: Uwe, welche Hilfen könntest du denn vom kleinen Drachen brauchen?
   U: Er soll mir bei allem helfen. Und soll mit mir spielen.
     (siehe Bild 2)
   L (nickt zustimmend): Mm. Und was ist ‚bei allem', Uwe?
   U: Hausaufgaben.
   L: Zum Beispiel Hausaufgaben?
   U: Ja.
   L: Und wie soll er das machen?
   (Pause)
   L: Was wünschst du dir besonders von ihm?
   U: Daß er mit mir ... (lange Pause) ... Schlitten fährt.
   L: Mm. Das sind zwei verschiedene Sachen, Hausaufgaben und Schlittenfahren. Was ist am wichtigsten für dich?
   U: Schlittenfahren.
   L: Gut. Und was soll er da tun?
   U: Mir helfen zu lenken.
   L: Er soll dir helfen zu lenken – aha!
     Wo soll er sitzen? – Sag mal mehr darüber.
   U: Er soll vorn sitzen.
   L: Was machst du hinten?
   (Pause)
     Hältst du dich fest?
   U: Ja.
   L: Schau dich um. Wer wär' ein guter ‚Schlittenlenker' für dich?

Bild 2

Wenn der kleine Drache zu dir
käme, wobei würde er dir helfen?

Er soll mir bei alem helfen!. Und
soll mit mir spielen.

Viele Kinder melden sich. Uwe wählt Manuela aus, mit der er sich angefreundet hat. Meistens wählt ein Kind jemanden als kleinen Drachen, der das Gewünschte kompetent vertritt. Es kann aber auch sein, daß ein Kind skriptgemäß auswählt, z. B. jemand, der die Überzeugung hat ‚ich krieg nicht, was ich will', kann ein Kind aussuchen, das das notwendige Verhalten selbst nicht zur Verfügung hat. So ist es bei Uwes Wahl. Manuela zeigt sich, wie oben beschrieben, oft hilflos und fühlt sich anderen eher unterlegen. Dennoch greife ich noch nicht ein, denn es ist auch eine Chance für beide: Für die Gewählte, die Herausforderung anzunehmen und im Schutz der Rolle diese Seite bei sich auszuprägen und damit zu experimentieren, und für den Wählenden, daß es keine Bestätigung seines Skriptglaubens gibt, sondern daß er eine neue Erfahrung macht.

Manuela ist erstaunt über die angetragene Aufgabe und fühlt sich unsicher. Da ich es ihr aber offenbar zutraue, wagt sie es und wächst beim Spielen mehr und mehr auch sprachlich in diese Rolle hinein.

U: Manuela.
(Sie kommt nach vorn.)
M (fragt mich): Was soll ich jetzt machen?
L: Als Schlittenlenkerin bestimmst du, wo's langgeht.
M (fragend): I c h soll sagen, wo's langgeht?
L (bestimmt): Ja, du! Der kleine Drache kann das!
M: Na, ja.
 (Pause. Dann scheint ihr etwas einzufallen, denn sie sagt freudig): Komm mit!
 Manuela stellt zwei Stühle hintereinander als Schlitten und setzt sich nach vorn. Uwe sitzt auf dem zweiten Stuhl und hält sich an ihr fest. Dann bewegt sie sich so, als ob sie lenken würde und legt sich mit dem Oberkörper in die Kurven. Nach einer Weile schlage ich Uwe vor:
L: Du kannst deinem kleinen Drachen auch mal sagen, ob's dir so recht ist, oder ob du etwas anders haben willst.
(Uwe schüttelt den Kopf).
L: So gefällt's dir gut?
(Uwe nickt.)
L: Ja, der kleine Drache lenkt ja wirklich toll – schon zwei Kurven gefahren!
U: Hoffentlich wird's mir nicht schwindelig.

L: Hast du gehört, kleiner Drache?
M: Ja.
L: Es wird ihm vielleicht schwindelig. Was kannst du tun?
M: Ich fahr' nicht so weit rund.
L: Ganz toll, wie du auf den Uwe hörst!
(Sie spielen eine Weile weiter.)
L: Uwe, ist es jetzt gut so mit graderen Strecken?
U: Ja.
(Er sagt am Schluß zu seinem Drachen:)
U: Du hast gut gelenkt.
Manuela strahlt. Ich freue mich auch, daß er das sagt, denn das ist eine gute Verstärkung für ihr neues Verhalten.

Bei Uwe wird der eigentliche Wunsch immer deutlicher. Zunächst orientiert er sich an anderen, weil er noch wenig spürt, was er braucht. Durch Fragen und durch Erleben kommt er mehr und mehr mit seinen Bedürfnissen in Kontakt. Er braucht Leitung und Führung, die gleichmäßig und beständig ist, nicht mal hin und mal her schwankt, und die ihm Halt gibt. Platz zum Spielen soll auch da sein. Wie könnte man das besser ausdrücken als durch die beschriebene Szene?

Bei der Arbeit mit Kindern beeindruckt mich immer wieder, mit wie wenig Worten die Situation wiedergegeben und erhellt wird, und wie klar auf der Symbolebene Lösungen aufgezeigt werden, so daß wir nicht so viel selbst finden müssen, sondern nur ‚sehen' zu lernen brauchen.

Uwe lebte bisher seinen Wunsch nach Führung aus durch Unfähigmachen. Er spielte „Dumm" (*Berne* 1970, S. 213) und manipulierte damit andere, sich um ihn zu kümmern. Seine Fähigkeiten zu zeigen *und* (an)geleitet zu werden, ist für ihn wichtig. An ihn habe ich verstärkt klare Erwartungen und genaue Anforderungen gestellt durch Formulierungen wie z. B. „Ich erwarte von dir", „Ich trau dir zu" und „Ich überprüfe es" und Sätze vermieden, die z. B. für Dirk angebracht sind „Schreibe so viele Beispiele auf, wie du willst!", „Suche dir zu diesem Thema etwas aus, was dir gefällt!"

Es wird deutlich, daß verschiedene Strategien notwendig sind, im Umgang mit verschiedenen Kindern: Bei Dirk ist es eher, Druck wegzunehmen, damit er sich entwickeln kann, bei Uwe, angemessenen Druck herzustellen, um ihm Halt zu geben.

Am Ende des 4. Schuljahres zeigte Uwe gute und befriedigende Leistungen. Beim Übergang in die neue Schule fiel er jedoch zunächst stark ab, so daß seine neue Lehrerin mich verständigte. Nach einem Gespräch mit ihr, in dem ich sie mehr über Uwe informierte, besserte er sich wieder. Inzwischen ist er im B-Kurs, der zum Realschulabschluß führt.

Manuela hat durch das Spielen neues Verhalten entwickelt und einen anderen Teil ihrer Persönlichkeit entdeckt.

Was ist zu tun, wenn das einem Kind nicht möglich ist?

Ingrid braucht Hilfe beim Springen vom Dreimeterbrett. Sie wählt Kirstin als kleinen Drachen aus. Er soll ihr Mut machen. Sie weiß aber nicht so genau, wie er das machen soll, Kirstin auch nicht. Ich frage, wer das gut kann. Sabine meldet sich. Sie stellt sich hinter den kleinen Drachen und sagt ihm vor. Kirstin spricht es genauso oder auf ihre Weise nach. Manchmal habe ich auch, wenn es an einem Punkt nicht weiterging, dem kleinen Drachen einen Tip gegeben und ihm etwas laut ‚ins Ohr' gesagt. Bei Kindern dieses Alters ist es wichtig, methodisch vielfältig zu variieren, um es ihnen zu erleichtern, über einen längeren Zeitraum, der manchmal nötig war, aufmerksam zu bleiben.

Das Spiel zu unterbrechen und den kleinen Drachen auszutauschen, habe ich nur in einem Fall überlegt, als *Monika* als der kleine Drache ihrerseits Fragen und Wünsche an ihre Mitspielerin gestellt hat. Ich habe unterbrochen und ihr erklärt: „Paß auf! Du hast doch gehört, was sie vom kleinen Drachen will. Sie will jetzt nicht für dich Fragen beantworten – das kannst du dir dann wünschen, wenn du dran bist – sondern du sollst jetzt nur für s i e da sein." Für Monika ist das schwierig. Ich habe mich dann für das ‚Doubeln' wie bei Kirstin entschieden, weil das ihrem Bedürfnis, für sich etwas zu bekommen, mehr gerecht wurde und sie in die Lage versetzte, ihre Funktion als Drache auszuüben.

Ein Verhalten, wie es Monika gezeigt hat, als die Betreuende Fürsorge für sich zu verlangen, kann bei Kindern vorkommen, die infolge einer verkehrten Mutter-Kind-Symbiose (*Schlegel* 1988 (1), S. 90) gelernt haben, emotional die Bedürfnisse der Mutter zu erfüllen. Sie verhalten sich auf kindliche Weise elterlich, wenn sie in ihrem sogenannten Kindheits-Ich sind und drücken Bedürfnisse aus, wenn sie ihr Eltern-Ich aktivieren (Strukturmodell). Für sie ist es notwendig, daß sie im Umgang mit mir erlebt, daß sie nicht emotional für mich zu sorgen braucht und daß ich ihr weiter Angebote mache und Schutz biete, Kind zu sein und spezifisch eigene Wünsche äußern zu lernen.

Christina wirkt durch feine aber nicht kindgemäße Kleidung sehr erwachsen. Sie bewegt sich etwas steif. Auch in ihrem Verhalten ist sie wenig kindlich und natürlich. Sie kritisiert andere häufig, z. B. „Das ist ja doof, wie du das gemalt hast!" Sie paßt auf, daß alles in der Klasse seine Ordnung hat, und oft verpetzt sie ihre MitschülerInnen: „Der Peter kaut Kaugummi!" oder „Die Ingrid macht jetzt erst die Hausaufgaben!" Mein Angebot, daß ich darauf achte und sie sich darum nicht zu kümmern brauche, nimmt sie nicht an.

Die Kinder mögen die Art wie sie mit ihnen redet nicht. Sie ist daher in der Klasse nicht beliebt und findet keine Freundin. In der Pause will niemand mit ihr spielen. In einem Gespräch darüber stellt sich heraus, daß die anderen sie nicht dabei haben wollen, weil sie beim Gummi-Twist, einem zur Zeit sehr beliebten Spiel mit verschiedenen Schwierigkeitsstufen, zu einem Kind, das gerade dran ist, sagen würde: „Das schaffst du ja eh nicht!"

Christina traut sich und anderen wenig zu. Obwohl sie sehr fleißig ist und zu Hause viel übt, ist sie keine gute Schülerin. Das entmutigt sie sehr.

Im Funktionsmodell beschrieben sind bei ihr die Persönlichkeitsanteile kEL und aK überrepräsentiert, fEL und nK unterrepräsentiert.

Christina muß zunächst lernen, ihre Kommunikation mit anderen zu verändern, später auch im inneren Dialog mit sich anders zu sprechen. Durch entsprechende Stimuli will ich ihr helfen, unterstützende sowie konstruktiv kritische Haltungen (+fEL und +kEL) zu entwickeln, in deren Schutz sich dann auch ihre natürliche Kindlichkeit (nK) entfalten kann.

Wenn ich sie Sätze sagen höre wie z. B. „Das klappt doch nie!" (-kEL), dann korrigiere ich sie: „Ich glaube, daß hilft der Ulla wenig, wenn du es so sagst. Wie kannst du es anders ausdrücken?" Oder ich drücke ihren Einwand positiv aus, um ihr ein Sprachmuster dafür anzubieten: „Ich höre, du hast Bedenken. Was hat sie deiner

Bild 3

Wenn der kleine Drache zu dir
käme, wobei würde er dir helfen?

Er soll mit mir auf die Berge.
Und mit mir zu spielen.

Meinung nach übersehen?" Indem ich bei Christina die gute Absicht anerkenne und nur die Art der Präsentation kritisiere, zeige ich ihr auch Wertschätzung ihrer Person und gebe ihr damit Entlastung von dem Glauben, den sie über sich hat. Sie kann allmählich die Tatsache, daß so herabsetzend und entmutigend mit ihr geredet wird, wie sie es weitergibt – wo immer sie es gelernt hat – als ein falsches Verhalten anderer werten und nicht als Beweis, daß mit ihr etwas nicht stimmt, daß sie nicht liebenswert sei.

Bei der beschriebenen Unterrichtseinheit erhält das Einüben anderer Kommunikationsformen neue, spielerische Impulse. Vom kleinen Drachen wünscht sie sich, er solle mit ihr auf die Berge gehen und mit ihr spielen (siehe Bild 3). Im Gespräch darüber, wie sie es am liebsten hätte, sagt sie, daß er mit ihr an der Hand gehen soll. Sie macht damit ihren Wunsch nach einer liebevollen Begleitung deutlich. Sie braucht jemanden, der sie beim Klettern in den Bergen an der Hand hält und mit ihr spielt. Die MitschülerInnen sind überrascht, das von Christina zu hören und sie in dieser Rolle zu erleben. Sie registrieren, daß man mit ihr vielleicht doch ganz gut spielen kann. Von Sandra wird sie später als kleiner Drache, der beim Klettern helfen soll, gewählt.

Bei der Unterrichtseinheit mit dem kleinen Drachen können die Kinder auch noch feststellen, daß es Bereiche gibt, wo die Stärke von Christina, kritisch zu sein, die sie sonst nervt, nützlich ist.

Sandra wünscht sich vom kleinen Drachen am meisten, daß er mit ihr klettern soll (siehe Bild 4). Sie wählt Christina als Partnerin, und es entsteht folgender Dialog:

> S: Du, ich weiß, wo's einen guten Baum gibt. Wollen wir da mal raufklettern?
> CH: Au ja!
> S: Gut!
> CH: Ist der Baum hoch?
> L: Gut, Christina!
> S: Na ja, nicht so hoch.
> CH: Kommen wir da auch wieder runter?
> S: Ja.
> L: Sehr gute Frage!
> S: Komm!

Bild 4

Wenn der kleine Drache zu dir käme, wobei würde er dir helfen?

Er würde mir Gesellschaft leisten. Er würde mir beim Diktat helfen. Er würde mir beim rechnen helfen. Er würde mir mut machen. Wir würden auf Bäume klettern.

Sie klettern auf „Bäumen" – den Bänken in der Klasse – herum. Christina entwickelt dabei viel Phantasie.

CH: Achtung, die Äste, die abbrechen ..., wo du gerade stehst ... vorsichtig ...

Sandra und die anderen Kinder in der Klasse merken, daß man mit Christina sehr gut spielen kann. Als die beiden zurück sind, betone ich, wie nützlich es für uns alle ist, so einen kleinen Drachen dabei zu haben, der darauf achtet, daß wir uns beim Spielen und Spaßhaben nicht in Gefahr begeben und uns nicht schaden.

Christina bekommt mehr und mehr einen anderen Platz in der Klassengemeinschaft. Als kleiner Drache hat sie die genannten wenig entwickelten Persönlichkeitsbereiche ausgeprägt.

Für Dirk und Sebastian ist das Spiel der beiden ein gutes Modell. Es gibt ein großes Reservoir an ‚Lehrmeistern' in der Gruppe. Jeder hat in seiner bevorzugten Rolle viele Sprachmuster zur Verfügung. Die Kinder müssen nur lernen, das, was sie von anderen, die das gut können, hören und sehen, für sich zu nutzen. Ich kann das anregen, indem ich z. B. Dirk oder Sebastian in passenden Situationen darauf verweise: „Wie würde Christina da sagen? Sie kann ja gut Dinge kritisch hinterfragen." Manuela kann ich sagen: „Schau mal, wie Oliver das macht, der kann doch gut (an)führen!"

In der Unterrichtsstunde ‚Die kleinen Drachen lernen voneinander' sitzen die Kinder im Kreis und berichten darüber, was ihr Drache gestern beim Diktat zu ihnen gesagt habe, und zeigen sich ihre Bilder.

Hier einige Beispiele:

Ulla: Schreibe nicht so schnell, und guck mal auf den letzten Satz!
Peter: Ich soll ruhig bleiben. Ich soll nicht so hudeln.
Lars: Guck noch mal genau hin! Ja, jetzt hast du es entdeckt!
Sandra: Du hast eine sehr schöne Schrift.

Die kleinen Drachen liefern klare Informationen, stellen gute Forderungen und geben auch Unterstützung und Lob.

Bei *Daniel* hat der kleine Drache eine selbstdisziplinierende Funktion übernommen. Er erzählt: „Ich war schon in Versuchung abzugucken, da hat der kleine Drache gesagt: ‚Mach das nicht! Du willst dir doch 'ne ehrliche 1 verdienen!'" Ein Mitschüler fragt nach, und er erklärt: „'ne richtige 1, sonst hab' ich ja 'ne Abguck-1!"

Durch diese Rückmeldungen erhalte ich wichtige Informationen und kann auch etwas wenn nötig korrigieren (z. B. „Er hat gesagt, ich s o l l ... (m u ß)") oder positive Formulierungen anbieten wie bei Dirk: „Er hat gesagt, daß ich es nicht schlecht gemacht hab'."
„Also dein Drache meint, daß du es gut gemacht hast?" „Ja." – „Prima!"

Viele Kinder lassen sich durch diesen Erfahrungsaustausch anregen, selbst etwas zu verändern und Sätze zu übernehmen, die ihnen auch guttun. Uwes kleiner Drache z. B. hatte beim Diktat zu ihm gesagt: „ Oh, Mann, oh, Mann, wieviel radiert." Die Sätze von Lars (siehe oben) gefallen ihm viel besser, und er beschließt, sich lieber die zu sagen.

In ihrem inneren Dialog setzt *Christina* das, was sie schon gelernt hat, zunächst noch nicht um. Ihr kleiner Drache sagt beim Diktat zu ihr: „Bestimmt schreibst du 'ne 6!", was bei einigen die Reaktion auslöst: „Mann, ist der blöd, schmeiß ihn doch in den Papierkorb!" Gegen diese herabsetzende und entmutigende Stimme Widerstand und Wut zu stimulieren, ihn wegzuwerfen und einen „besseren" zu kneten, gibt ihr aber kein Muster zur Bewältigung ihrer realen Lebenssituation. Dem tiefen Bedürfnis des Kindes nach guten Elternfiguren wird die Lösung mehr gerecht, daß die Stimme sich verändert. Auf der Symbolebene heißt das: Der kleine Drache muß lernen, anders mit ihr zu sprechen.

Auch als sie von den anderen hilfreiche Botschaften hört, die sie für sich verwenden könnte, schüttelt sie auf meine Frage: „Ist deinem kleinen Drachen inzwischen noch etwas Gutes eingefallen ?" stumm den Kopf.

So erfinde ich die ‚Nachhilfestunde' für kleine Drachen. „Es sieht so aus, als ob dein kleiner Drache noch einiges lernen muß. Wir üben jeden Tag etwas mit ihm." In einer Runde, in der jedes Kind noch einmal seinen schönsten Satz sagt, hat Christina den Auftrag, sich einen auszusuchen.

L: Welcher Satz hat dir am besten gefallen von allen Drachen, die geredet haben?
CH: Von der Sandra.

L: Was hat ihr kleiner Drache gesagt?
S (sagt es noch einmal): Du schreibst sehr schön.
L: Das würde dir gefallen, wenn das dein kleiner Drache sagt?
CH: Ja.

Es kostet jeden Tag nur wenige Minuten, und wenn ich es mal vergesse, erinnern die Kinder daran: „Christinas kleiner Drache hat heute noch keine Nachhilfe gekriegt!" Ich frage: „Bei wem hat der kleine Drache heute was Gutes gesagt?" Ein paar Kinder sagen einen Satz, Christina muß auswählen, welcher ihr gefällt und ihn nachsprechen. Diese Kurzgespräche finden nicht immer im Klassenraum statt, sondern auch auf der Treppe, beim Hinausgehen in die Pause und auf dem Schulhof. Die Kinder brauchen mich bald nicht mehr dabei. Nach drei Wochen hat Christinas Drache ein beachtliches Repertoire an Sätzen erworben und braucht keine ‚Nachhilfe' mehr. Nach zwei Monaten spricht Christina nicht mehr nur andere Sätze nach, sondern findet eigene Formulierungen. Nach einem Sachkundetest erzählt sie im Austausch mit anderen: „Meiner hat gesagt, ‚Du hast daheim geübt, da wirst du auch eine 1 oder 2 schreiben.'"

Christina hat jetzt mehr klares Denken zur Verfügung und hat einen unterstützenden Persönlichkeitsbereich für sich entwickelt (ER und fEL).

Zu Beginn des vierten Schuljahres erarbeite ich mit den Schülern des Rechtschreibförderkurses Verträge, wie sie sich bei schriftlichen Arbeiten unterstützen wollen. Die Entwürfe sehen so aus:

Björn: Ich lasse mir Zeit.
Peter: Ich denke nicht an die Pause beim Diktat.
Stefan: Ich lasse mich nicht ablenken.
Uwe: Ich kontrolliere jedes Wort e i n m a l .
Christina: Ich ermutige mich.

Bei Peter und Stefan frage ich noch: „ ... sondern?", und sie finden eine positive Formulierung.

Christina hat den Unterschied zwischen entmutigen und ermutigen begriffen und drückt das in einer für Kinder ungewöhnlichen Sprachfigur aus. Jetzt sagt es nicht mehr der kleine Drache, sondern das Kind selbst zu sich. Die neu entwickelten Persönlichkeitsbereiche sind integriert.

Am Beispiel von Christina ist zu sehen, daß Modellernen nicht genügt, wenn Skriptentscheidungen dem entgegenstehen. Das Modell, das ich ihr biete – unterstützende Sätze hat sie von mir schon viele gehört –, nutzt sie nicht. Auch das, was sie in dieser Unterrichtseinheit lernt, wendet sie zunächst nicht an. Es ist daher sinnvoll zu prüfen, ob jemand zu wenig Muster zur Verfügung hat oder ob er sie nicht anwendet. Im letzteren Falle reicht es nicht, neue Muster anzubieten. Es ist notwendig, darauf zu bestehen, daß die Kinder das Wissen, das sie in der Schule erwerben, auch für sich nutzen.

Patrick ist ein Schüler, der oft mit Beschwerden über die anderen zu mir kommt, die ihn „immer verkloppen wollen" und „nie mitspielen lassen". Im ersten Schuljahr fiel mir auf, daß er beim Austeilen von buntem Papier zum Basteln zu mir sagte: „Mir geben Sie bestimmt keins." „Ja, wieso denn das?" „Weil Sie mich nicht leiden können." Begegnungen mit anderen arrangiert er immer wieder so, daß sein Skriptglaube „Keiner mag mich" gestützt wird. Er tut das, indem er zu Gruppen dazukommen will, die z. B. schon vollständig sind oder noch ein Mädchen brauchen oder eine Arbeit von vorher in der gleichen Zusammensetzung fortsetzen wollen. Erklärungen, die ihm die Kinder geben über den Grund der Absage, weiß er nicht mehr, wenn ich ihn danach frage. Er verbucht es intern als Ablehnung seiner Person. Erfahrungen, daß andere ihn mögen, die nicht in sein Skript passen, nimmt er nicht wahr oder verbucht sie nicht als das, was sie sind, sondern wertet sie ab. Eine andere Strategie ist es, sich für Partnerarbeiten stets Sonja auszusuchen, die inzwischen recht unwillig reagiert, die er aber dennoch immer wieder fragt und sich auf diese Weise oft eine Abfuhr holt. Für die Szene mit dem kleinen Drachen wählt er auch zuerst Sonja und ignoriert, daß sie sich nicht meldet. Auch bei ihm ist das Problem nicht das Fehlen von guten Erfahrungen, sondern die selektive skriptgemäße Nutzung derselben.

Bevor Patrick lernt, sich die Umstände anders zu wählen, muß er erst einmal glauben lernen, daß es etwas anderes gibt. Schwerpunkt meiner Arbeit mit ihm war, darauf zu bestehen, daß er die Realität wahrnimmt und gute Erfahrungen verbucht, sowie zu entdramatisieren – es macht nichts, wenn mal eine(r) nicht mag – es gibt viele

Kinder in der Klasse, die gerne was mit dir zusammen tun. Für Sonja ist es wichtig, daß ich ihr „Nein" akzeptiere und ihr eine andere Erfahrung anbiete als die, die sie erwartet (siehe nachfolgender Dialog).

Als eine Situation, in der man einen kleinen Drachen brauchen kann, wurde immer wieder das Diktatschreiben genannt. Patrick ist dabei sehr unsicher, radiert oft, verliert dadurch Zeit und wird noch nervöser. Das ist nicht verwunderlich, wenn man die konfus machenden Sätze hört, die er sich dabei sagt.

L: So, Patrick, wobei würde dir denn der kleine Drache helfen?
P: Daß ich im Diktat besser werde.
L: Mm. (nickt zustimmend) Wie soll er das machen?
P: Wie er's machen soll? Eigentlich mir helfen und sagen, paß auf, das ist falsch und so.
L: Gut. Schau dich um. Wer, denkst du, kann das gut?
P: Sonja.
S: Ich möcht' nicht.
L: Okay, (zeigt Patrick die vielen erhobenen Arme), schau, es melden sich ganz viele Kinder, die das gerne mit dir machen würden. Wähle davon jemand aus!
P: Sandra.
(Sie steht freudig auf.)
L: So, hier ist dein Diktatheft.
(Sie gibt ihm ein Heft.)
Sch: Oh, oh, der Ärmste!
L: So, jetzt erzähl mal deinem kleinen Drachen, wie's dir geht beim Diktat.
P: Schlimm. Schon wieder hier 'n Fehler, na ja, noch mal neu, also sowas kann ich nicht lassen, das ist zuviel ... (stöhnt)
L (unterbricht den inneren Dialog und fängt an zu diktieren): Beim Zahnarzt
S: Achtung! Zahnarzt wird mit 'nem h geschrieben.
P: Aha, ja!
L: Du kannst ihm auch einfach Hinweise geben, daß er noch mal genauer hinsehen soll. Vielleicht weiß er es ja selbst. So, der erste Satz heißt: Der Zahnarzt kommt in die Schule.
P (spricht langsam vor sich hin und schreibt dabei):
Der Zahnarzt kommt in die Schule.
S: Guck dir noch mal ‚Schule' an!
P: Ach so, l u hab' ich geschrieben statt u l.

Bild 5

Was der kleine Douche beim Diktat
zu mir gesagt hat

Patrick du mast das schon.

Backenzahn groß.

Guck nicht immer in die Luft.

L (nickt zustimmend und diktiert weiter): Er untersucht unsere Zähne.
P: Er untersucht unsere Zähne. ‚er' – wird das groß oder klein geschrieben?
S: Klein.
L (ergänzt): ... und nach einem Punkt groß. Brauchst du vielleicht noch andere Hilfe vom kleinen Drachen?
P: Du schaffst das schon.
L: Aha, er soll dir auch Mut machen! Hast du verstanden, was er hören will, kleiner Drache?
P: Du machst das schon.
S: Gib mal her. Du hast's sehr gut gemacht.
L: Mm. (nickt zustimmend).
P: Aaaah (strahlt).
L: Siehst du – du schaffst das schon!
P: Mm (nickt).
L: So, ihr beiden habt's gut gemacht.

Diese Arbeit liefert Patrick ein neues Programm, wie er sich in Anforderungssituationen stärken kann und sein Denken zur Verfügung behält. Auch wenn der kleine Drache die gewünschte Botschaft nicht wörtlich überbringt, ist sie wirksam. Patrick hat sich bewußt gemacht, was ihm gut tut, und spricht es aus. Zur Verstärkung bestätige ich es.

Daß er das Gelernte benutzt, wird deutlich, als die SchülerInnen ein paar Tage später aufschreiben, malen und davon berichten, was der kleine Drache beim Diktat zu ihnen gesagt hat. Sein Drache spricht unterstützend, positiv kritisch und klare Informationen liefernd mit ihm (siehe Bild 5). Im Funktionsmodell beschrieben, hat Patrick jetzt mehr +fEL, +kEL und ER zur Verfügung.

5. Veränderungen am Ende der Grundschulzeit

Wir haben mit dem kleinen Drachen bis zum Ende des vierten Schuljahres gearbeitet mit dem Lernziel, daß nicht mehr der kleine Drache zu dem Kind spricht, sondern daß es sich seine Sätze selbst sagt.

Peter z. B. brauchte noch einen Zwischenschritt in einer Belastungssituation. Er knetet sich einen Minidrachen für die Hosentasche, der ihn auf die Bühne begleiten soll, wo er bei einem Theaterstück für die Schulanfänger eine wichtige Rolle spielt. Ich frage ihn, was er hört, und er antwortet: „Der kleine Drache sagt, ich brauch' mich nicht so aufzuregen, auch wenn ich mal was falsch sag', weil die andern (die Zuschauer) ja nicht wissen, wie es richtig heißt."

Es ist wichtig, immer wieder abzufragen, was der kleine Drache spricht, und den Wert seiner Sätze für das Kind zu prüfen, denn der kleine Drache ist kein Maskottchen.

Die gekneteten kleinen Drachen haben die Kinder bis zum Ende ihrer Grundschulzeit begleitet. Da sie nicht mehr ständig anwesend sein mußten, weil die Kinder inzwischen immer öfter auch ohne sie in der Ich-Form mit sich redeten, hatten die kleinen Drachen in dieser Zeit unterschiedliche Einsätze. Als ich mein Examen als Transaktionsanalytikerin machte und den Kindern sagte, daß ich sehr aufgeregt sei, stand für sie fest, ich bräuchte in dieser Situation einen kleinen Drachen, der mir sagen sollte: „Du machst das schon!" und liehen mir ihre Drachen zur Prüfung aus.

Daniel beschloß nach einer Weile, ihn seiner Mutter zum Geburtstag zu schenken, weil sie ihn viel nötiger brauche als er. Er solle zu ihr sagen: „Arbeite nicht so viel."

Die Kinder können unterstützende, selbstdisziplinierende und korrigierende Botschaften für sich selbst und andere anwenden. Sie haben im inneren Dialog und im Umgang mit anderen ein größeres Spektrum an Haltungen zur Verfügung.

Sie haben gelernt, sich sprachlich umfassender auszudrücken und vielfältige Beziehungen einzugehen und zu gestalten. Psychologische Spiele, die viel wertvolle Unterrichtszeit kosten, wurden deutlich weniger.

Durch das Miteinander- und Voneinander-Lernen entsteht mehr Nähe, (Be-)Achtung, Verstehen und Wertschätzen des Mitschülers. Die Kinder begegneten einander immer mehr mit einer OK-Haltung.

Anmerkungen

1) Die *Berne*schen Bezeichnungen im Funktionsmodell sind wie folgt abgekürzt:
fürsorgliches Eltern-Ich: fEL
kontrollierendes Eltern-Ich: kEL
Erwachsenen-Ich: ER
natürliches Kindheits-Ich: nK
angepaßtes Kindheits-Ich: aK
rebellisches Kindheits-Ich: rK

Literatur

Berne, E., Spiele der Erwachsenen. Psychologie der menschlichen Beziehungen. Reinbek bei Hamburg: Rowohlt, 1970
Berne, E., Was sagen Sie, nachdem Sie ‚Guten Tag' gesagt haben? Psychologie des menschlichen Verhaltens. München: Kindler Verlag, 1975
James, M., Self Reparenting. Transactional Analysis Journal 1974, 4, S. 32-39
Korschunow, I., Hanno malt sich einen Drachen. München: Deutscher Taschenbuch Verlag, 1978
Prekop, J., Der kleine Tyrann. Wieviel Halt brauchen Kinder? München: Kösel Verlag, 1988
Schlegel, L., Die Transaktionale Analyse. Tübingen: Francke Verlag, 1988 a
Schlegel, L. Grundkurs zur Transaktionalen Analyse. Zürich: Eigenverlag, 1988 b
Schmid, B., Systemische Transaktionsanalyse. Wiesloch: Eigenverlag, 1986
Waiblinger, A., Dornröschen. Weisheit im Märchen. Zürich: Kreuz Verlag, 1988

Christian, 8 Jahre, zeichnete den kleinen Drachen (s. erste Seite meines Beitrages)

Das Konzept der Neuentscheidung im Förderunterricht mit Legasthenikern

Heidrun Peters

Zusammenfassung

Anhand von acht Falldarstellungen werden die frühen Skript-Entscheidungen dargestellt, die bei legasthenen Kindern zu finden sind. Legasthenie entsteht dann, wenn frühe Skript-Entscheidungen und ungünstige Schulerfahrungen zusammentreffen. Eine Förderung von legasthenen Kindern muß darauf abzielen, diesen eine Neuentscheidung zu ermöglichen. Dafür brauchen die Kinder Erlaubnis und Raum für geschütztes Wachstum.

Im folgenden wird anhand von acht Beispielen aus der außerschulischen Förderarbeit mit legasthenen Kindern und Jugendlichen berichtet. Allen von mir erwähnten Kindern bin ich im Rahmen meiner praktischen Arbeit mit lerngestörten Kindern und deren Eltern begegnet. Sie alle betrachte ich – unabhängig von wissenschaftlichen Positionen und behördlichen Anerkennungs-Praktiken – als „Legastheniker", da sie „unerklärlicherweise" trotz sonst guter Begabung und Intelligenz nicht richtig oder nicht gut genug lesen und schreiben lernen und sich damit auf ihrem weiteren Schulweg in Schwierigkeiten bringen.

Mit der Darstellung ihrer Störungsmuster verfolge ich *mehrere Ziele*: Anregungen für den beratend-therapeutischen Umgang mit diesen Kindern zu geben, meine, in eigener Praxis subjektiv gut begründeten, wissenschaftlich-systematisch jedoch nicht überprüften Hypothesen über Ursachen und Funktion legasthenen Verhaltens öffentlich zu machen, den theoretischen und praktischen Problemkontext dieser Hypothesen zu erörtern und schließlich zu genaueren Untersuchungen anzuregen.

Im einzelnen will ich dabei konkret folgendes zeigen:
1. zu welchen Ergebnissen eine Skriptanalyse bei solchen Kindern führt, und welche Schlüsse daraus für eine transaktions-analytische Erklärung von Legasthenie (und anderen Lernstörungen) gezogen werden können;
2. wie bei der Skriptanalyse auch die spezifischen Rechtschreibfehler der Kinder als diagnostisches Mittel eingesetzt werden können;
3. wie die Einführung eines Konzepts von Skriptveränderung in die pädagogische Arbeit möglich ist und welche Erfolge sie haben kann.

Ad 1.: Bei jedem legasthenen Schüler läßt sich eine frühe Skriptentscheidung rekonstruieren, die einer der 12 *Goulding*schen Kategorien von elterlichen Einschärfungen entspricht (*Goulding* und *Goulding* 1981, S. 58 f). Eine frühe Skriptentscheidung aufgrund einer elterlichen Einschärfung kann daher als *eine* Entstehungsbedingung von Legasthenie angesehen werden.

Nach dem derzeitigen Erkenntnisstand entsteht Legasthenie dann, wenn ein Kind in den ersten beiden Schuljahren – oft mehr oder weniger zufällig und aufgrund äußerer Umstände – in der Ausbildung einer Legasthenie ein Mittel entdeckt, eine bereits früher getroffene Skriptentscheidung zu realisieren. Von daher ist also eher nach der Funktion des Symptoms Legasthenie innerhalb des Skripts zu fragen als nach den Ursachen des Symptoms.

Die vorgestellten Fallbeispiele sind nach jenen 9 *Goulding*schen Kategorien ausgewählt und angeordnet, die am häufigsten bei Legasthenikern anzutreffen sind.

Ad 2.: Rechtschreib-Fehlleistungen sind, wenn sie richtig gedeutet werden, wie andere Fehlleistungen Hinweise auf wichtige Skript-Themen. Es scheint, daß bestimmte Fehlerarten bestimmten Skript-Typen zugeordnet werden können.

Die Falldarstellungen bringen Beispiele für eine solche Art des Symptom-Lesens.

Ad 3.: Wenn man davon ausgeht, daß der Legasthenie eine frühe Skript-Entscheidung zugrunde liegt, ist es Aufgabe jeder Förderung, dem Kind eine Skriptänderung durch Neuentscheidung zu ermöglichen. Nur dann wird es aus dem angebotenen Rechtschreibunterricht und -training wirklich Nutzen ziehen können.

Als geeignetes Konzept, das sowohl der Altersstufe der Schüler (8–18 Jahre) angemessen ist als auch gut mit dem Rechtschreib-Unterricht kombiniert werden kann, hat sich für mich weniger das *Goulding*sche „Blitztherapie-Konzept", sondern eher das „Permission-Protection-Potency-Konzept" von *Claude Steiner* (1975) erwiesen, das trotz aller Betonung von Potency ein geschütztes Wachstum über einen längeren Zeitraum ermöglicht. Die Förderstunden können in diesem Sinne als „Permission Classes" aufgefaßt werden, und die Schüler nutzen sie auch so: viele schreiben im Förderunterricht so gut wie fehlerfrei, lange bevor sie dasselbe auch in der Schule wagen. Permission bedeutet dabei die für das Kind individuell nötige Erlaubnis vom Therapeuten (und im Idealfall auch von den Eltern) aus dem fürsorglichen Eltern-Ich plus Information und Konfrontation aus dem Erwachsenen-Ich.

Als *Gesamtrahmen* für die individuellen Neuentscheidungsprozesse und als Nährboden für das Wachstum ist eine Atmosphäre wichtig, die durch folgende Punkte gekennzeichnet ist:
– grundsätzliche Akzeptierung jedes Kindes, bedingungslose Zuwendung unabhängig von der Zahl der Lese- und/oder Rechtschreibfehler;
– keinerlei Antreiber-Verstärkung;
– Grundsatz, daß jeder für seine Fehler selbst verantwortlich ist und selbst entscheidet, wieviel er machen will;
– Konfrontation jedes „Ich-kann-nicht"-Verhaltens;
– klare Informationen über Transaktionsanalyse und über Rechtschreibung: Stärkung und/oder Enttrübung des Erwachsenen-Ich;
– Verträge, die vom Freien Kind getragen werden;
– viel Spaß beim Arbeiten, viel Lachen: Einbeziehung des Freien Kindes.

Soviel zum Problemkontext, nun zu den Fallskizzen:

Sei nicht gesund/nicht normal

Es liegt auf der Hand, daß „Legastheniker-Sein" eine gute Möglichkeit darstellt, nicht normal zu sein, u.U. auch nicht gesund, wenn die Erwachsenen um das Kind herum die Legasthenie als Krankheit interpretieren (und z. B. mit Medikamenten gegen Konzentrationsstörungen zu heilen versuchen).

O. war von seinen Eltern von Geburt an daraufhin beobachtet worden, ob er vielleicht behindert, d.h. nicht normal sei. Er war das zweite Kind, nachdem die erste Schwangerschaft mit einer Totgeburt geendet hatte. Auch die zweite Schwangerschaft war von den Ärzten daraufhin als sehr risikobeladen eingestuft worden. Dazu kam, daß beide Eltern als Pädagogen in Institutionen für behinderte Kinder bzw. Erwachsene arbeiten. O. erlebte ständig, daß Behinderte sehr viel Zuwendung bekamen, ja es mußte ihm fast Behinderung als Bedingung von Zuwendung erscheinen. Folglich versuchte er, sich auch „behindert" zu machen. So war er z. B. fest davon überzeugt, eine „Gehirnmacke" zu haben. Als er in den ersten drei Grundschuljahren sich zum Legastheniker entwickelte, wurden die Befürchtungen der Mutter bestätigt, und die „Sei-nicht-normal"-Einschärfung verstärkt.

Nach einer langen Phase der Stagnation im Förderunterricht entwickelt sich O. zur Zeit stürmisch. Aus einem verschlossenen, abweisenden, oft depressiv wirkenden Jungen wird von Woche zu Woche mehr ein fröhlicher, kontaktsuchender, lebendiger. Diese Änderung ist ihm möglich, seit seine Eltern sich – nach langem Zögern – entschlossen haben, an einer Elterngruppe teilzunehmen. Bereits nach drei Gruppenabenden, an denen die Eltern ermutigt wurden, O. klare Informationen über die Vorgeschichte seiner Geburt zu geben und ihm deutlich zu zeigen, wie wichtig er ihnen ist, begann O.'s eindrucksvolle Wandlung.

Gehör nicht dazu

Auch um diese Einschärfung zu realisieren, ist Legasthenie ein ausgezeichnetes Mittel.

St., ein hochbegabter Hauptschüler (IQ nach FRT über 120)*, kreiste mit seiner Legasthenie ständig um dieses Thema. Von seiner Mutter hatte er als Einschärfung „Gehör nicht dazu", verbunden

---

* Der „Figure-Reasoning Test" – FRT – (*Daniels* 1949) mißt nicht-verbale Intelligenz.

mit den Antreibern „Sei etwas Besonderes", „Sei der Beste". Sie hatte früh gespürt, wie besonders begabt ihr Sohn war, und darin ein Mittel gesehen, sich für ihre eigenen unterdrückten Ambitionen zu entschädigen. Beide Eltern kamen aus Arbeiterfamilien. Vom Vater hatte St. ein sehr deutliches „Schaff's nicht". Die Legasthenie war ein, vielleicht das einzige Mittel, alle diese Ge- und Verbote zu erfüllen. Denn als Legastheniker war St. in der Schule etwas Besonderes, er gehörte nicht dazu, und er schaffte es nicht. Aus einem anderen Blickwinkel gesehen, war jedoch seine Legasthenie gleichzeitig ein Versuch dazuzugehören. Denn er hatte große Angst, seine Klassenkameraden würden ihn noch weniger akzeptieren, wenn er voll seine Fähigkeiten zeigte. Und er hatte ebenso große Angst, auch zu seiner (engeren und weiteren) Familie nicht mehr dazuzugehören, wenn er z. B. aufs Gymnasium ginge. In diesem Dilemma war die Legasthenie eine willkommene Bremse. Im Konflikt, nur die Wahl zwischen Vaters oder Mutters Einschärfung zu haben – Erfolg zu haben *oder* dazuzugehören –, wählte er das Dazugehören. Erreichen tat er damit das Gegenteil: Als „anerkannter Legastheniker" war er in der Klasse ein Außenseiter, womit er letztlich doch die Einschärfung seiner Mutter erfüllte.

St. behielt seine Legasthenie bis zum Hauptschulabschluß bei, obwohl er im Verlauf von über 2 Jahren Förderunterricht die oben geschilderten Zusammenhänge ganz klar durchschauen lernte. In allen anderen Fächern außer Deutsch steigerte er sich auf hervorragende Noten. Außerdem erwarb er sich in der Klasse viele Freunde und eine angesehene Stellung. An der Legasthenie aber hielt er eisern fest, auch wenn ihm gelegentlich eine Drei „unterlief". Damit konnte er jeden Gedanken an Realschule oder Gymnasium abwehren. Es war ihm wichtiger, zum Vater zu gehören, ihn nicht zu überflügeln, oder jedenfalls nicht zu weit. Er blieb mit seinen Berufsplänen im Handwerksbereich, beschloß aber immerhin, den Meister zu machen.

Inzwischen hat er eine Lehrstelle in seinem Wunschberuf Gärtner, und als ich ihn das letzte Mal traf, erzählte er mir von seinen Plänen, sich später als Meister selbständig zu machen und seinen Vater, der Steinsetzer ist, bei sich anzustellen.

Sei nicht wichtig

Auch bei dieser Einschärfung erfüllt Legasthenie oft eine Doppelfunktion: einen verzweifelten Protest gegen die Einschärfung, eine Hoffnung auf Entrinnen darzustellen, und letztlich doch genau zur Erfüllung der Einschärfung zu führen. Diese tragische Dialektik, fliehen zu wollen und sich am Ende der Flucht am Ausgangspunkt wiederzufinden, illustriert deutlich die von der Transaktionsanalyse postulierte letztendliche Identität von Anpassung und Rebellion.

F. hatte früh entdeckt, daß Nicht-lesen-und-schreiben-Können ihm sehr viel Aufmerksamkeit und Zuwendung sicherte. Als drittes und jüngstes Kind in der Familie „lief er so mit" bei den zahlreichen Aktivitäten seiner Mutter, die nach dem Großziehen der beiden ersten Kinder ein großes Nachholbedürfnis nach sozialem Kontakt und Anerkennung hatte und bald als die „Betriebsnudel" des Dorfes galt. Außerdem fand sie, als F. 3 Jahre alt war, eine Stellung als Kinderfrau bei einem Lehrerehepaar, die sowohl ihr Bedürfnis nach beruflicher Anerkennung (finanziell und sozial) als auch ihr Bedürfnis nach weiteren „Knuddelbabys" erfüllte. F. war in dieser Situation wirklich nicht wichtig. Er fügte sich, bis er gleich im ersten Schuljahr als schwerer Legastheniker auffiel. Nun mußte sich seine Mutter jeden Tag mit ihm hinsetzen, worüber sie bald ärgerlich wurde und sich stark in ihrem Expansionsdrang eingeengt fühlte. Ihrer Art entsprechend, stellte sie jedoch alles Mögliche auf die Beine, lief von Lehrer zu Rektor, von Schulrat zu Psychologe, von Arzt zu Nachhilfelehrer, um F. als Legastheniker anerkennen zu lassen und ihm Förderung zukommen zu lassen. Seine ganze Schulzeit hindurch (er kam in der 8. Klasse zu mir) hatte F. immer sehr verständnisvolle Lehrer und engagierte außerschulische Förderer, meistens Frauen und meistens 2 oder 3 gleichzeitig, fühlte sich pudelwohl dabei und blieb fast vollständig Analphabet. Das Festhalten an der Legasthenie erschien ihm als einzige Möglichkeit, doch „wichtig" zu sein. Hätte er jedoch bis zur Schulentlassung weiter daran festgehalten, wäre sein weiterer Lebensweg aufgrund mangelnder Berufschancen prädisponiert gewesen für das Verdikt „Nicht wichtig". Letztlich wäre er der Einschärfung seiner Mutter doch nicht entronnen.

Durch die Stunden bei mir erkannte F. in seinem letzten Schuljahr diese Beweggründe und wahrscheinlichen Folgen seiner Legasthenie, lernte fast flüssig zu lesen und machte auch im Schreiben angesichts seiner früheren Wortruinen beträchtliche Fortschritte. Er fand eine Lehrstelle in seinem Traumberuf Kfz-Mechaniker, kam während des ersten Lehrjahres weiter zu mir und durchstand schwere innere Kämpfe gegen seine eigenen Tendenzen, sich auch an der Lehrstelle wieder Zuwendung als Problemfall zu verschaffen. Er entschied sich jedoch dafür, sich diese Zuwendung in Zukunft über Leistung und Kompetenz zu holen.

Er beendete die Stunden bei mir, als wir an seine zweite wichtige Einschärfung „Werde nicht erwachsen" herankamen. Zu einer Auseinandersetzung mit ihr war er zu diesem Zeitpunkt nicht bereit. Andererseits war diese Entscheidung praktisch seine erste selbständige „erwachsene" Entscheidung: er nahm bewußt von mir als einer letzten „Ersatzmutter" Abschied, er brauchte jetzt keine mehr.

Denke nicht

Die Gruppe der Kinder mit dieser Einschärfung ist nach meiner Übersicht unter den Legasthenikern relativ klein. Es scheint, daß Legastheniker überwiegend sogar ein sehr gutes logisches Denkvermögen besitzen. Das heißt, daß die Funktionen der linken Gehirnhälfte selten gestört sind, was sich auch in der bekannten Tatsache niederschlägt, daß Legastheniker in Mathematik und naturwissenschaftlichen Fächern oft hervorragende Leistungen erbringen. Bei diesen Legasthenikern scheint die Störung dann eher in der Sphäre der rechten Gehirnhälfte zu lokalisieren zu sein, d.h. eher auf einem „Fühle nicht" zu beruhen (siehe nächster Abschnitt). Ein „Denke nicht" scheint eher zur Ausbildung von Rechenstörungen als von Legasthenie zu prädisponieren.

Einige wenige Legastheniker haben jedoch ein deutliches „Denke nicht", und zwar – der bei uns üblichen Rollenverteilung entsprechend – fast ausschließlich Mädchen.

R. war ein solches Mädchen. Sie kam aus einer Familie mit komplizierten Strukturen. Sie hat richtige, Stief- und Halbgeschwister. Insgesamt hat ihre Mutter 7 Kinder von 3 Männern, ihr Vater

6 Kinder von 2 Frauen. In ihrer jetzigen Familie lebt sie mit Mutter, Stiefvater, einer „richtigen" Schwester und einer Halbschwester. Diese Zusammenhänge innerhalb ihrer Familie waren ihr – als Dreizehnjährige – offensichtlich völlig unklar. Wenn sie darüber sprach, verwirrte sie sich zunehmend und wurde ärgerlich und trotzig. Sie wußte nicht einmal, wie sie korrekt mit Nachnamen hieß. Von Anfang an hatte R. große Schwierigkeiten in der Schule und war wiederholt von Sonderschuleinweisung bedroht. Vor allem weigerte sie sich, Aufgaben zu lösen, die selbständiges Denken erforderten. In Mimik und Tonfall wirkte sie in solchen Situationen fast debil. Daraus und aus dem Verhalten ihrer Mutter ließ sich schließen, daß es von Seiten der Mutter ein starkes Denkverbot hinsichtlich der Familienstrukturen gab, und weiter, daß auch die Mutter selbst ein solches Denkverbot in ihrem einigermaßen chaotisch verlaufenen Leben realisiert hatte.

R. traf ihre Neuentscheidung in einer besonders spektakulären Art und Weise. Nachdem sie im Förderunterricht über längere Zeit damit experimentiert hatte, daß sie ihre Denkstörung, ihren „Nebel", wie sie es nannte, selbst produzieren und dosieren konnte, schrieb sie bei einem Schulaufsatz zum Thema „Eine wichtige Entscheidung" völlig richtig und klar die Geschichte ihrer Familie auf. Das kurz darauf folgende Diktat schrieb sie fehlerfrei. Ab diesem Zeitpunkt und bis heute (2 Jahre später) schrieb sie in Deutsch nur noch Einsen und Zweien, steigerte sie sich in Mathematik von „5" auf „2" und verbesserte sich auch in allen anderen Fächern, so daß sie nun den Realschulabschluß machen wird. Desgleichen nahm sie ihre Berufsplanung sehr selbständig in die Hand: sie will Kinderkrankenschwester werden. Den Förderunterricht beendete sie ein halbes Jahr nach ihrer Neuentscheidung.

Fühle nicht

Auf diesen Entstehungsaspekt von Legasthenie ist bereits von psychoanalytischer Seite hingewiesen worden (*Grüttner* 1980). Legasthenie wurde dabei als Symptom-Manifestation unterdrückter (meist aggressiver) Gefühle gedeutet, vergleichbar etwa Fehlleistungen wie Vergessen, Versprechen oder Stottern. Diese „klassische" Sichtweise kann von transaktions-analytischer Seite durchaus geteilt werden, wenn auch nur – wie hier dargelegt – als eine Möglichkeit unter anderen.

H. leidet als Folge von Geburtskomplikationen an leichten spastischen Lähmungen der linken Hand und des linken Fußes. Seine Eltern konnten angesichts der Behinderung ihres erstgeborenen Kindes keinerlei Gefühle wie etwa Wut oder Trauer zulassen und zeigen, nicht einmal vor sich selbst eingestehen. Statt dessen entwickelten sie jeweils verschiedene Strategien, auf der Basis dieser Gefühlsunterdrückung mit der Behinderung ihres Kindes umzugehen. Der Vater behandelte seinen Sohn so, als sei die Behinderung gar nicht vorhanden, wehrte sich gegen jede Schonung oder Sonderbehandlung und verlangte von dem heranwachsenden Kind alles, was seine Altersgenossen konnten, wie z. B. Fahrradfahren. Er nahm seine Zuflucht also zu Leugnung und Härte. Die Mutter dagegen behandelte das Kind, vermutlich als Folge nicht eingestandener Schuldgefühle, mit Nachgiebigkeit und Überbehütung. Sie versuchte, H. vor den Forderungen des Vaters zu schützen, und zwar, ohne als Begründung dafür die Behinderung anzuführen. Diese war innerhalb der Familie fast vollständig tabuisiert. H. entwickelte unter diesen Bedingungen nur ansatzweise ein Eltern-Ich und auch nur unzureichend ein Erwachsenen-Ich. Ebenso wurden das Freie Kind und mit ihm alle Gefühle weitgehend abgeschottet. Was er lernte, war, aus dem Angepaßten Kind heraus seine Eltern gegeneinander auszuspielen, Mutter auszunutzen und Vater zu trotzen. Aus diesem Erleben heraus entwickelte er illusionäre Größenphantasien, in die er sich auch während der Schulstunden flüchtete, so daß seine Lernprozesse sehr lückenhaft waren. Daß dieser ganzen Entwicklung in der Tat die Gefühlsverdrängungen der Eltern zugrunde lagen, wurde in H.'s Rechtschreibfehlern deutlich, die ebenso ausgefallen wie hartnäckig waren und mich lange Zeit vor ein Rätsel stellten. H. ersetzte unbeirrbar alle f durch v und ließ ebenso unbeirrbar alle Oberzeichen von Umlauten weg: was er vermied, waren also die Anfangsbuchstaben von fühlen. Denn Fühlen, das hatte er früh gelernt, war offenbar gefährlich.

Auch H. fing nach langer Stagnation erst dann an , sich zu entwickeln, als seine Mutter sich zur Teilnahme an einer Elterngruppe entschloß und sein Vater zumindest zu gelegentlichen Beratungsgesprächen bereit war. Der erste Schritt bestand darin, daß seine Eltern eine gemeinsame Linie gegenüber H. entwickelten und ihm klare Regeln gaben, was sie von ihm erwarteten und was die Folgen sein würden, wenn er die Abmachungen nicht einhielt. Diese Regeln handelten sie unter sich aus und vertraten sie dann beide. Diese neue Klarheit und Einigkeit der Eltern riß H. jäh aus seinen Größenphantasien, und er begann heftig zu rebellieren. Die Eltern hielten jedoch mit meiner Ermutigung diese stürmische Phase durch. Am Ende fügte sich H. friedlich in die Familie ein und genoß offensichtlich, obwohl inzwischen 14, diesen Kind-Status. Er hatte gemerkt, daß er gegen seine Größenphantasien Geborgenheit und Sicherheit eingetauscht hatte. Von hier aus konnte er nun wirklich und nicht nur in der Phantasie groß werden.

Zur Zeit sind alle Familienmitglieder dabei, ihre Wünsche nach Wärme und Nähe untereinander zu entdecken. Und H.'s Eltern fangen an, ganz offensichtlich stolz zu sein auf ihren großen, gutaussehenden Sohn. Auch seine Leistungen in der Schule haben sich wesentlich gebessert. Den Förderunterricht will er jedoch zur Zeit auf eigenen Wunsch noch nicht beenden.

Werde nicht erwachsen

Für Kinder mit dieser Einschärfung und entsprechender Grundentscheidung erscheint alles Lernen, Wachsen, Fortschrittemachen als gefährlich. Denn all das sind Schritte auf dem Weg zum Erwachsenwerden. Nur in der Vermeidung von Lernfortschritten sehen sie ein Mittel, klein zu bleiben.

N. entwickelte ihre Legasthenie in diesem Sinne, hatte jedoch noch andere, weit gefährlichere Mittel, um Wachsen zu verhindern: sie erlitt weit überdurchschnittlich häufig Knochenbrüche an Armen und Beinen. Kurz bevor sie zu mir kam, brach sie sich (11jährig) beide Arme gleichzeitig. Dies war dann allerdings bis heute der letzte Unfall dieser Art. In den nächsten Jahren beschränkte sie sich auf die Legasthenie. N.'s Skriptmärchen war „Dornröschen", und wie ein Dornröschen erlebte ich sie auch: eingeigelt im verzweifelten Versuch, Wachstum (vor allem die drohende Pubertät) aufzuhalten, mit Stacheln und Dornen nach außen für jeden, der versuchte, ihr nahezukommen. N.'s spezifische Rechtschreibfehler waren Fehlleistungen akustischer Differenzierung: sie hatte besondere Mühe, harte und weiche Konsonanten zu unterscheiden. Im Zweifelsfall wählte sie die weichen – die Assoziation an Babysprache liegt nahe.

„Werde-nicht-erwachsen"-Kinder machen oft im Förderunterricht nur wenig oder nur zeitweilig Fortschritte, so daß Eltern und ein unerfahrener Förderlehrer häufig geneigt sind, die Förderung als sinnlos abzubrechen. Selbst wenn ihre Grundentscheidung erkannt und angesprochen wird, so leugnen sie hartnäckig, daß dies auf sie zuträfe. Desgleichen weigern sie sich, Verträge in dieser Richtung zu machen. Trotzdem kommen sie offensichtlich gern zur Förderung, bis sie eines Tages – für alle Beteiligten sehr überraschend – die Förderung für beendet erklären und sich allen Umstimmungsversuchen zum Trotz weigern, weiter zu kommen. In der Folgezeit machen sie dann selbständig und ohne Hilfe schnell große Fortschritte in der Schule, fangen an, sich körperlich zu verändern, und zeigen auch psychisch Zeichen von zunehmender Reife. Rückblickend erscheinen ihre abrupten Abbrüche als ihre erste „erwachsene" Entscheidung, und diese realisieren sie folgerichtig gegenüber der Instanz, die ihnen das „heimliche" Wachsen bis hierher ermöglicht hat, ihnen die Erlaubnis dazu gegeben hat.

Genauso verlief auch N.'s Entwicklung.

Sei kein Kind

Erstaunlicherweise kann auch die entgegengesetzte Einschärfung unter entsprechenden schulischen Bedingungen zur Ausbildung einer Legasthenie führen. Haben die „Werde-nicht-erwachsen"-Kinder Angst vor dem Wachsen, so lassen sich die „Sei-kein-Kind"-Kinder keine Zeit dazu und stören so ebenfalls den natürlichen Ablauf. Sie können sich vor allem nicht zugestehen, sich für alle Schritte des Lernprozesses genügend Zeit zu nehmen, sondern versuchen, die untersten zu überspringen. Daß damit Lerndefizite, vor allem in den Grundlagen, vorprogrammiert sind, liegt auf der Hand. Das heißt, sie verlangen von sich, daß sie immer „alles schon können", und überanstrengen sich maßlos dabei. Gleichzeitig beeindrucken sie ihre Umwelt häufig mit der Beherrschung schwieriger Dinge: z. B. schreiben Legastheniker mit dieser Einschärfung oft Fremdwörter völlig richtig. Daß die eindrucksvolle Fassade jedoch vor einem leeren Haus mit wackeligem Fundament sitzt, wird meistens früher oder später sichtbar.

P. konnte die Fassade bis in die gymnasiale Oberstufe hinein aufrechterhalten. Dann half alle Anstrengung nicht mehr. Er kam wegen Schwierigkeiten in der englischen Rechtschreibung zu mir in die Praxis. Seine Rechtschreibfehler im Deutschen und Englischen bestanden hauptsächlich in der Auslassung von Buchstaben, wie sie häufig bei „Sei-kein-Kind"-Kindern zu finden sind und deren gehetzte und lückenhafte Art des Lernens widerspiegeln. Bald mußte er zugeben, daß er vieles nicht wußte und konnte. Dieses Eingeständnis fiel ihm sehr schwer und war doch gleichzeitig befreiend. Zum ersten Mal konnte er es sich danach zugestehen, ganz banal und mechanisch zu „üben", was ein großes Aha-Erlebnis für ihn war, zumal er deutliche Erfolge dieses Übens merkte. Trotzdem ließ sich P. für neue Erfahrungen mit dieser für ihn neuen Lernweise, die er immer für „unter seinem Niveau" betrachtet hatte, leider auch nicht genügend Zeit. Ungeduldig brach er den Förderunterricht ab und bald darauf auch die Schule.

P. war aufgewachsen in einer schwierigen Ehe, die später geschieden wurde. Schon früh fühlte er sich als der eigentliche Partner seiner Mutter, seinem zum Trinken neigenden Vater überlegen und teilweise für ihn verantwortlich.

Sei kein Mädchen

Die „Sei-nicht-du"-Einschärfung als Entstehungsbedingung von Legasthenie habe ich bisher nur bei Mädchen gefunden.

S. war ein hochintelligentes Mädchen, das trotz noch nicht ganz überwundener Legasthenie das Gymnasium besuchte und außer in Deutsch und Englisch gute Leistungen zeigte. Sie war das 2. Kind eines Vaters, der Soldat und außerdem Pfadfinderführer war. Das erste Kind war ein Sohn, der voll in die Fußstapfen seines Vaters trat. Auch S. war Pfadfinderin und hatte ebenfalls bereits eine recht hohe Stellung in dieser Hierarchie erreicht, die für ein Mädchen ungewöhnlich war. Die Mutter war weich und lieb. Sie spielte eine eher untergeordnete Rolle in dieser Familie, da sie niemals an den Pfadfinderaktivitäten teilnahm. S.'s Schwierigkeiten spiegelten sich in ihrer kleinen, undeutlichen Schrift, mit der sie sich oft Ärger mit den Lehrern einhandelte und mit der sie versuchte, ihre Unsicherheit sowohl in der Rechtschreibung wie hinsichtlich ihrer Geschlechtsidentität zu verdecken. Besonders häufig schrieb sie die Endbuchstaben undeutlich, nur eben angedeutet, so daß sich der Betrachter oft unschlüssig war, ob nun ein Fehler vorlag oder nicht, ob etwas fehlte oder nicht, nämlich das entscheidende „Anhängsel". In dem Maße, wie S. im Verlauf der Förderung sich ihrer Weiblichkeit bewußt wurde und diese annahm, phasenweise in starker Identifikation mit mir, verschwanden die Undeutlichkeiten. In der entscheidenden Phase schrieb sie eine Zeitlang nur Druckschrift, wodurch sie sich dazu bekannte, ganz genau hinzusehen. Dieses Verfahren war ihr eigener Einfall im Anschluß an eine Arbeit mit Fünf-Stuhl-Technik.

Heute ist S., inzwischen 18, sichtbar eine junge Frau geworden, übrigens ohne ihre Pfadfinderaktivitäten aufgegeben zu haben. Für ihr demnächst anstehendes Abitur hat sie Deutsch als Prüfungsfach gewählt.

Schaff's nicht

Diese Einschärfung nimmt eine Sonderstellung ein. Sie wird deshalb auch nicht mit einer speziellen Fallgeschichte illustriert, sondern nochmals zum Anlaß theoretischer Überlegungen genommen.

Meines Erachtens haben *alle* männlichen Legastheniker diese Einschärfung „Schaff's nicht", und zwar als Grund- oder Zusatzeinschärfung, kombiniert mit einer der anderen genannten Einschärfungen. Mädchen haben diese Einschärfung nicht unbedingt. Mädchen können „es schaffen" nach den Kriterien unserer Gesellschaft, ohne auf schulischem oder später beruflichem Gebiet große Erfolge zu haben.

Die speziell männliche Färbung dieser Einschärfung sowie die Tatsache, daß drei der *Goulding*schen Einschärfungen bei Legasthenikern kaum zu finden sind (nämlich die, die chronologisch wahrscheinlich die frühesten sind und Kinder bis zum 3. Lebensjahr treffen: „Existiere nicht", „Sei nicht nahe", „Tu's nicht"), verweisen auf Entstehungszeit und Kontext der der Legasthenie zugrundeliegenden Skript-Entscheidungen. Legastheniker sind keine Frühgestörten. Sie haben in der Regel eine problemlose frühe Kindheit erlebt. Ihre Schwierigkeiten beginnen meistens zwischen drei und fünf Jahren, also in der ödipalen Phase. Die Aufgabe, die ein Kind in dieser Phase zu leisten hat, ist die endgültige Lösung aus der ursprünglichen „Mutter-Kind-Symbiose" und die Identifikation mit dem gleichgeschlechtlichen Partner. Gelingt dieser Prozeß, kann das Kind in die Latenzperiode eintreten und sich auf Lernen und Wachsen konzentrieren. Mißlingt er, sind Lernstörungen vorprogrammiert. Der Junge bleibt dann in einer Mutterfixierung stecken. Den Vater kann er aus einer solchen Position nicht als Vorbild, sondern nur als drohenden Rächer und Verfolger erleben. Die Angst vor ihm zeigt sich in psychoanalytischer Terminologie hauptsächlich als Kastrationsangst. Das heißt, Legasthenie kann aus diesem Blickwinkel als freiwillige Selbstkastration verstanden werden, um der Verfolgung durch den Vater zuvorzukommen. Anders ausgedrückt: Der Junge beschränkt sich in seiner Potenz, seiner Leistungsfähigkeit und seinem Erfolg, weil aus seinem Erleben heraus der Vater ihm keinen Erfolg gönnt: und in der Tat haben ja viele Väter Angst, von ihren Söhnen überflügelt, überflüssig gemacht zu werden. Dies ist der psychodynamische Kontext für das väterliche „Schaff's nicht". Und Legasthenie ist ein gutes Mittel, dieser Einschärfung nachzukommen, sich trotz hervorragender Begabung den Weg zum Erfolg zu verbauen.

Die von mir vorgestellten Kinder und Jugendlichen sind bzw. waren, wie berichtet, zwischen zehn und achtzehn Jahre alt. Nicht alle haben ihre Legasthenie aufgegeben. Jedoch auch diejenigen, die sich nicht dazu entschließen wollten, „richtig" zu schreiben, haben Neuentscheidungen auf anderen Gebieten ihres Lebens getroffen. Sie haben wie die anderen wesentlich an Autonomie dazugewonnen. Wenn sie an ihrer Legasthenie zur Zeit noch festhalten wollen, so hat das Gründe, die sie und ich akzeptieren.

Anmerkung

Nachdruck aus: Zeitschrift für Transaktionsanalyse in Theorie und Praxis, 1985, 1, 39-50

Literatur

Daniels, J.C., Figure Reasoning Test. 2. Auflage. Stuttgart: Testzentrale, 1962
Goulding, Mary McClure, Goulding, R., Neuentscheidung. Ein Modell der Psychotherapie. Stuttgart: Klett-Cotta, 1981
Grüttner, T., Legasthenie ist ein Notsignal. Verstehen und wirksam helfen. Reinbek bei Hamburg: Rowohlt Taschenbuch Verlag, 1980
Kleinewiese, E., All Deine Ich. Transaktionsanalyse in der Kindertherapie. Berlin o.J.
Lowen, A., Fear of Life. New York: Collier Books, 1981
Steiner, C., Scripts People Live. Transactional Analysis of Life Scripts. New York: Bantam, 1975; dt.: Wie man Lebenspläne verändert. Die Arbeit mit Skripts in der Transaktionsanalyse. Paderborn: Junfermann, 1982

Selbstverantwortung als Lernziel in der pädagogischen Arbeit

Norbert Nagel

Zusammenfassung

In diesem Beitrag berichte ich über meine Arbeit mit einer Schülerin in einer berufsvorbereitenden Maßnahme. Mit Hilfe des Modells des transaktionsanalytischen Racketsystems entdeckt sie, wie sie Selbstverantwortung vermeidet, und findet Wege, ihre Verantwortung für sich selbst wieder zu übernehmen. Vor diesem Hintergrund werden sowohl das Racketsystem erläutert, wie allgemeine Hinweise für die Arbeit mit aufdeckenden transaktionanalytischen Modellen gegeben.

Inhalt

1. Warum Selbstverantwortung als Lernziel?
2. Wer ist Ursula?
3. Was ist vorgefallen?
4. Ursula über sich
5. Auswertung des Beratungsgesprächs
6. „Wie komme ich da raus?"
7. Ursulas Ausstieg
8. Das Racketsystem
9. Racketsystem und Selbstverantwortung
10. Übertragbarkeit der Arbeitsweise
11. Möglichkeiten und Grenzen der Verwendung des Racketsystems in der pädagogischen Arbeit zum Lernziel: Selbstverantwortung
12. Bedingungen für die Verwendung des Racketsystems in der pädagogischen Arbeit zum Lernziel: Selbstverantwortung
13. Praktische Übung
14. Schlußbemerkung

1. Warum Selbstverantwortung als Lernziel?

Mit Selbstverantwortung meine ich: Verantwortung für mich selbst übernehmen, für mein Tun, mein Denken, meine Gefühle, mein körperliches Befinden.

Muß man das lernen? Ja und nein. Nein deshalb, weil schon Säuglinge und Kleinkinder den Impuls haben, für sich selbst zu sorgen, und im Rahmen ihrer motorischen, sozialen und intellektuellen Möglichkeiten Verantwortung für sich zu übernehmen. Kinder, die in einer gesunden Umgebung aufwachsen, werden sich gesund ernähren, vor Verletzungen schützen, werden dafür sorgen, daß es ihnen gut geht. Sie brauchen die Erwachsenen dafür, ihnen zu helfen, ihre Selbstverantwortung wahrnehmen zu können. Sie brauchen ein ausreichendes Angebot gesunder Nahrungsmittel, natürliche Kleidung, Platz zum Spielen, faire Auseinandersetzung und Informationen. Sie brauchen nicht Menschen, die ihnen ihre Selbstverantwortung abnehmen und sagen, was sie zu tun und zu lassen haben.

Doch gerade so wird oft die Verantwortung für andere, z. B. die elterliche Verantwortung für die Kinder verstanden. Die Folge ist, daß das Kind nicht lernt, wie es mit mehr und mehr Kompetenz seine Selbstverantwortung wahrnehmen kann, und der Impuls zur Selbsterhaltung nicht wächst zu kompetenter Selbstverantwortung, sondern im Laufe der Erziehung verkümmert, und der Heranwachsende oder erwachsene Mensch oft nicht mehr in der Lage ist, für sich selbst Verantwortung zu übernehmen.

Das äußert sich darin, daß Menschen letztlich nicht mehr wissen, was gut für sie ist, was sie brauchen, um gesund und glücklich zu bleiben, und wie sie dafür sorgen können. Die immensen Kosten unseres Gesundheitswesens, der Verbrauch an Psychopharmaka, Drogen, Alkohol und Schlaftabletten sind ein Ergebnis davon. Das Gesundheitssystem selbst ist ein Abbild dieses Prozesses der Selbstentfremdung: Der Patient delegiert die Heilung an Arzt, Pflegekräfte und Medikamente. Das eigene Wissen über die Krankheit und die Erfordernisse für Gesundheit wird nicht erfragt und nicht gefördert.

Auch in unseren Sprachgewohnheiten spiegelt sich die Delegation der Verantwortung für uns selbst auf andere und anderes. Wir haben uns schon an Formulierungen gewöhnt wie: „Unter solchen Bedingungen kann man nicht vernünftig arbeiten", womit wir die

Verantwortung für unser Tun den Bedingungen zuschreiben; oder: „Wenn du das tust, bin ich sauer", womit wir dem anderen Macht über und Verantwortung für unsere Gefühle geben; oder: „Sieh doch nur, es ist doch immer wieder das gleiche ...", womit wir unsere Generalisierung als Teil der Wirklichkeit ausgeben und ihr Verantwortung für die Richtigkeit unserer persönlichen Anschauung und Erfahrung auch dann geben, wenn es sich nicht um überprüfbare Fakten, sondern Scriptüberzeugungen handelt.

Der Partner, die Chefin, das Betriebsklima, die Kollegen, die scheußliche Tapete oder das Wetter sind verantwortlich dafür, was ich denke (z. B. daß ich mir Sorgen mache oder gerade ganz verwirrt bin), was ich fühle (z. B. daß ich mich niedergeschlagen oder verletzt fühle), was ich tue (z. B. daß ich mich überarbeite oder mich vollaufen lasse) oder wie es mir körperlich geht (z. B. daß ich Migräne oder Herzbeschwerden habe), womit wir in unserer Realitätswahrnehmung den Aspekt der Selbstverantwortung ausblenden.

Hier soll nicht in Abrede gestellt werden, daß äußere Faktoren Einfluß auf unser Denken, Handeln, Fühlen und unsere Körperlichkeit haben. Wie ich in diesem Beitrag zeige, haben sie ja auch wesentlichen Einfluß auf die Entstehung des Racketsystems und sind wesentlich für eine effektive Arbeit mit diesem Modell. Doch selbst da, wo der Einfluß äußerer Faktoren sehr mächtig ist, bleibt die Selbstverantwortung im Sinne einer Verantwortung für meinen Umgang mit solchem Einfluß. So gibt es in der Regel verschiedene Möglichkeiten, mit „Bedingungen" umzugehen, sie zu ändern oder sich ihnen zu entziehen; ebenso gibt es in der Regel verschiedene innere und äußere Möglichkeiten, auf das Verhalten eines anderen zu reagieren, und entsprechend unterschiedliche eigene Gefühle; und was „immer wieder das gleiche" ist, habe ich zwar immer wieder so erlebt, es muß aber deshalb nicht unveränderbar sein.

Die Frage ‚Muß man Selbstverantwortung erst lernen?' ist faktisch für die meisten Menschen mit ‚ja' zu beantworten.

Aber warum ‚muß' man eigentlich, oder anders gefragt: Ist Selbstverantwortung ein sinnvolles Lernziel? Geht es nicht auch ohne? Individuell hängt die Antwort auf diese Frage von dem Anspruch an Lebensqualität ab. Nach dem Menschenbild der Transaktionsanalyse hängen Glück und Selbstverwirklichung von der persönlichen Autonomie ab, die zu einem Teil in der Fähigkeit zu Selbstverantwortung besteht.

Unter sozialem Aspekt ist Selbstverantwortung ein Teil der allgemeinen Verantwortung. Kein gesellschaftliches Zusammenleben, ja kein menschliches Überleben (s. Umweltzerstörung) ist möglich, wenn Menschen nicht in der Lage sind, für andere Menschen (z. B. Kinder, Kranke oder Alte) und die Natur Verantwortung zu übernehmen. Wie sollte ich das angemessen können, wenn ich nicht für das sorgen kann, was mir am nächsten ist: das eigene Selbst, die eigene Person?

Arbeit zum Lernziel Selbstverantwortung heißt zugleich daran arbeiten, daß Menschen mitmenschliche, gesellschaftliche und ökologische Verantwortung wahrnehmen. Denn förderliche, lebenserhaltende (nicht symbiotische) Verantwortung für den äußeren Lebensraum setzt die Fähigkeit zu Selbstverantwortung voraus. Die hier als Gegenbegriff angesprochene symbiotische Form der Verantwortung drückt sich darin aus, daß sie dem anderen seine Selbstverantwortung abnimmt, was Ausgangspunkt des hier thematisierten Problems mangelnder Selbstverantwortung ist. Mit ‚dem anderen' meine ich zunächst den anderen Menschen, im übertragenen Sinne aber auch die Natur, die auf ihre Weise für ihren Selbsterhalt sorgen kann.

In diesem Beitrag soll die pädagogische Arbeit mit einem Erklärungsmodell, dem Racketsystem, vorgestellt werden, durch die Menschen erkennen können, wo und wie sie Verantwortung vermeiden und durch die sie zugleich Wege entdecken können, wie sie ihre Selbstverantwortung wieder übernehmen können.

Als Beispiel will ich zunächst eine pädagogische Situation mit der Schülerin Ursula vorstellen (Handlungsebene) und erläutern (Metaebene). Durch die Erklärung des verwendeten Modells (theoretischer Hintergrund) und durch das Aufzeigen allgemeiner Bedingungen für eine wachstumsfördernde Arbeit mit aufdeckenden transaktionsanalytischen Modellen (im wesentlichen Bedingungen auf der Prozeßebene) soll die Darstellung abgerundet und die Handlungssituation in ihrer Komplexität verständlich werden.

2. Wer ist Ursula?

Ursula ist Schülerin im Berufsvorbereitungsjahr einer Körperbehindertenschule. Sie ist 16 Jahre alt und seit 8 Jahren Rollstuhlfahrerin bei gleichzeitig eingeschränkter Seh-, Sprech-, Hör- und Schreibfähigkeit (Ataxie nach OP eines Astrozytoms). In der Meinung ihrer Lehrer, Erzieher und Therapeuten ist sie „schwierig", „bemüht, aber erfolglos", eine „Problemschülerin", jemand, „der mit sich und den Anforderungen des Alltags nicht fertig wird" und „seine Behinderung nicht akzeptiert". Wie sie sich selbst sieht, darüber erzählt sie im Gespräch, von dem ich unten berichte. Doch zuvor:

3. Was ist vorgefallen?

Ursula nahm an dem Planspiel „Sich bewerben und vorstellen in einer fremden Stadt" teil. Das Planspiel ist Bestandteil der berufsvorbereitenden Maßnahme, die sie besucht.[1]

Wie die anderen Schüler hatte sie sich auf eine Stellenausschreibung hin beworben. Die Stellenausschreibung stammte von einer jener 20 Firmen, die das jährliche Planspiel aktiv unterstützen. Die Firmen laden die SchülerInnen aufgrund ihrer Bewerbung zu einem Vorstellungsgesspräch ein und führen das Gespräch auch mit dem Schüler/der Schülerin. Wesentlich ist aber unsere Vereinbarung mit den Firmen, sich gegenüber dem/der Jugendlichen so zu verhalten, als handele es sich um eine echte Bewerbung. Und daran hat sich auch die Firma gehalten, bei der sich Ursula beworben hat: Sie bekam keine Einladung zum Vorstellungsgespräch, sondern eine Absage: „Die von Ihnen angekündigten fehlenden Unterlagen sind bis heute nicht bei uns eingetroffen. Wir bedauern..."

Betroffen wendet sich Ursula an ihren Klassenlehrer. Die Vorstellungsgespräche der anderen Schüler finden in den nächsten beiden Tagen statt. Nur ihr Gespräch nicht? Sie wollte doch dabei sein. Der Hergang erscheint wie ein unglückliches Mißgeschick: „Als die anderen ihre Sachen gerichtet haben, hatte ich mein Zeugnis nicht dabei, und als ich es nachschicken wollte, mußte ich in die KG (Krankengymnastik-Stunde), und dann habe ich es vergessen. Was soll ich jetzt machen?"

Und was soll ich jetzt machen, fragte sich ebenso ihr Lehrer. Soll ich sie sitzenlassen? Ohne Vorstellungsgespräch? Vielleicht eine wichtige Erfahrung für sie. Und konsequent! Andererseits wäre es gerade für Ursula besonders wichtig, ein Vorstellungsgespräch wirklich einmal zu erleben. Und was soll sie statt dessen an den beiden Tagen Sinnvolles tun?

Er entscheidet sich nach einigen ermahnenden und klärenden Worten, mit ihr die anderen Stellenausschreibungen durchzuschauen, um eventuell noch kurzfristig einen Gesprächstermin zu arrangieren.

Als ich etwa 30 Minuten später den Raum betrete, wendet sich Ursula ganz erregt an mich: „Herr Nagel, was soll ich nur machen? Ich habe noch keinen Vorstellungstermin, und von den Stellen, die jetzt noch übrig sind, gefällt mir keine."

Kennen Sie das Gefühl beim Mühle-Spiel, liebe Leserin, lieber Leser, wenn Ihr Partner mehrere Zwick-Mühlen hat, Sie haben keine Chance mehr, auf den Spielausgang Einfluß zu nehmen, und Ihr Partner bestimmt nun allein über die Dauer des Spieles? Ich fühlte mich von Ursula eingeladen, an dieser Stelle – um im Bilde des Mühle-Spiels zu bleiben – in die Partie einzusteigen. Stattdessen sagte ich zu ihr: „Ich will mich mit dieser Frage im Augenblick nicht befassen. Ich bin aber bereit, mit dir darüber zu sprechen, wie du diese schwierige Situation herbeigeführt hast und wie du sie ändern kannst. Wenn du möchtest, sprich mich wieder an." Ursula ließ keine Zeit vergehen, sie wollte mit mir sprechen und wollte dies gleich tun. Bleibt noch nachzutragen, daß mir der Klassenlehrer zu verstehen gab, daß er mit meiner Intervention einverstanden war.

4. Ursula über sich

Ein Auszug aus dem Protokoll meines Beratungsgesprächs mit Ursula.
> Berater: Wenn du mich oder deinen Klassenlehrer fragst: „Was soll ich jetzt machen?", klingt das für mich vorwurfsvoll. Erlebst du dich so?
> Ursula: Ja.
> Berater: Was sagst du dann?
> Ursula: Wenn es andere aus meiner Klasse sind, sage ich, du bist ein Arschloch, du willst mich verarschen.
> Berater: Hast du noch andere Möglichkeiten zu reagieren?

Ursula: Oder ich ziehe mich zurück, sage nichts mehr.
Berater: Wie fühlst du dich körperlich dabei?
Ursula: Ich bin dann ganz aufgeregt, kann nicht mehr durchatmen, kriege nicht genug Luft.
Berater: Wie reagieren die anderen häufig auf dich?
Ursula: Die ziehen sich zurück, wollen nichts mit mir zu tun haben.
Berater: Ist das das, was du willst?
Ursula: Nein. Aber ich denke immer, jetzt gibt's gleich Krach. Dann mache ich ein böses Gesicht, und die anderen denken: Blöde Kuh, mit der stimmt was nicht.
Berater: Wie kommst du zu solchen Gedanken?
Ursula: Ich weiß es nicht. Aber wie ich mich auch entscheide, was ich auch tue, ist es nicht gut für mich.
Berater: Hast du das zuhause als Kind auch schon erlebt?
Ursula: Da fällt mir ein – da sollte ich für meine Mutter den Staubsauger holen. Ich habe es getan, aber dabei die Tür offengelassen. Da ist mein kleiner Bruder rausgekrabbelt und die Treppe runtergefallen. Meine Mutter hat mir dann Vorwürfe gemacht (Ursula weint, als sie das erzählt).
Berater: Wie hast du dich damals gefühlt?
Ursula: Beschissen.
Berater: Und wie fühlst du dich heute, wenn du anderen Vorwürfe machst und sie nichts mit dir zu tun haben wollen?
Ursula: Genau so beschissen. Ich will ja Freunde haben.
Berater: Was glaubst du über dich, warum dir das nicht gelingt?
Ursula: Ich bin halt nicht normal.
Berater: Und was glaubst du, wie die anderen sind?
Ursula: Die anderen sind besser, aber auch blöd.
Berater: Und wie ist die Welt für dich?
Ursula: Die Welt ist beschissen!

5. Auswertung des Beratungsgesprächs

Die analytische Auswertung des Gesprächs läßt den Eindruck entstehen, daß Ursula insgeheim über sich den Glauben hat, in irgendeiner Weise nicht normal zu sein. Und über die anderen denkt sie: Die sind besser, aber auch blöd, und die Welt insgesamt ist beschissen. Sie begegnet den anderen und der Welt mit Vorwürfen oder Rückzug, sie erwartet Krach und macht ein böses Gesicht und erfährt immer wieder als Reaktion, daß andere sich zurückziehen und nichts mit ihr zu tun haben wollen. Sie hat dabei die Phantasie, daß die anderen über sie denken: "Mit der stimmt was nicht", eine vermeintliche Bestätigung dessen, was sie über sich selbst denkt. Dabei hat Ursula zugleich über sich den Glauben, daß, wie sie es auch macht, es nicht gut für sie ist. Und sie erinnert sich gut an die Geschichte mit dem Staubsauger, wo es genauso war und wo sie sich beschissen fühlte.

Ebenso war es auch vor ein paar Tagen, als sie die Ablehnung von der Firma bekam. Sie hatte doch fast alle Unterlagen eingeschickt! Und als sie die restlichen Unterlagen nachschicken wollte, mußte sie in die Krankengymnastik-Stunde. Das ist doch wohl auch wichtig! Und dann der "Rückzug" der Firma! Eine verstärkende Bestätigung ihrer Überzeugung von sich: "Wie ich es auch mache, ist es nicht gut für mich."

So erlebte sie auch die Situation bei der erneuten Stellensuche im Gespräch mit dem Klassenlehrer: Für die Stelle, für die sie sich interessierte, hatte sie keinen Vorstellungstermin bekommen, und die Stellen, auf die noch eine Bewerbung möglich wäre, interessierten sie nicht. Daraufhin ihre vorwurfsvolle Frage zunächst an den Klassenlehrer und dann an mich: Was soll ich nur machen?

Können Sie sich denken, lieber Leser, liebe Leserin, wie mein Gespräch mit Ursula ausgegangen wäre, wenn ich auf ihre Frage eingegangen wäre? Vermutlich hätte ich irgendwann zu ihr gesagt: "Also, da kann ich dir auch nicht helfen." Eine Reaktion, die Ursula als Rückzug von anderen immer wieder erlebt und bei der sie in der Regel annimmt, daß der andere die Meinung über sie hat: Blöde Kuh, mit der stimmt was nicht. Eine Möglichkeit für Ursula, sich wieder beschissen zu fühlen, kurzatmig zu werden und ihre Überzeugungen bestätigt zu sehen: Ich bin nicht normal, die anderen sind besser, aber auch blöd, und die Welt ist beschissen.

Noch während des Gesprächs habe ich für Ursula ihre wesentlichen Aussagen aufgeschrieben (siehe Abb. 1). Ich fragte Ursula, ob sie meine Aufzeichnungen lesen wolle. Sie wollte, und als sie fertig war, sagte sie: "Genauso ist es; so läuft es immer." Ich sprach nun mit Ursula darüber, welche Vorteile es habe, wenn "es" so läuft. Implizit hat sie den Vorteil schon genannt: So läuft es immer. Wenn es immer so läuft, verfügt sie über ein gesichertes Verhaltensrepertoire, bekannte Erwartungen an ihre Umwelt, verstärkende Vorstel-

Das Racketsystem von Ursula

Glaube/Überzeugung	Verhalten	verstärkende Vorstellungen	Reaktion der anderen (= bestätigende Erfahrung)
Ich bin nicht normal. Wie ich mich auch entscheide/Was ich auch tue, es ist nicht gut für mich. Die anderen sind aber auch blöd. Die Welt ist beschissen.	Vorwürfe gegen andere. Du bist ein Arschloch. Du willst mich verarschen. oder Rückzug, Sage nichts mehr. Kann nicht richtig durchatmen. Kriege nicht genügend Luft. Fantasien: Jetzt gibt's gleich Krach. Ich mache ein böses Gesicht. Die anderen denken über mich: Blöde Kuh, mit der stimmt was nicht.	Als ich für Mutter den Staubsauger geholt habe, ließ ich die Tür offen. Mein Bruder krabbelte aus dem Zimmer und fiel die Treppe runter. Mutter hat mit mir geschimpft. Ich fühle mich oft beschissen.	Andere ziehen sich zurück, wollen nichts mit mir zu tun haben.
Unterdrücktes Gefühl: Ärger			

Abb. 1: Das Racketsystem von Ursula

lungen und Erinnerungen, vertraute Gefühle und erlebte Reaktionen der anderen, mit denen sie umzugehen gelernt hat. Und sie kann sich mit all dem ihren Glauben über sich, die anderen und die Welt bestätigen.

Überzeugungen, Verhalten und Vorstellungen passen zueinander, bilden zusammen ein System, das in sich stabil ist, weil eines das andere wechselseitig bestätigt und verstärkt. Der Vorteil eines solchen Systems ist, daß die Welt – die innere und die äußere – so wie sie wahrgenommen und wie mit ihr umgegangen wird, berechenbar wird. Mit dem, was Ursula erlebt, solange sie in diesem System bleibt, kann sie umgehen, wird sie fertig.

Der Nachteil ist, daß sie sich, solange sie sich in ihrem System bewegt, auf eine Art verhält, wie sie sich selbst nicht akzeptiert, Phantasien hat, die eine Änderung unmöglich erscheinen lassen, Vorstellungen über sich hat, in denen sie sich nicht leiden kann, Erinnerungen hat, die ihre negativen Vorstellungen bestätigen, Gefühle hat, mit denen sie unglücklich ist, Reaktionen von anderen erlebt, die sie gerade nicht haben will, Überzeugungen über sich, die anderen und die Welt aufrecht erhält, die ihr weh tun.

Es ist ein System, in dem sie immer wieder recht behält und vermeidet, das zu bekommen, wonach sie sich eigentlich sehnt, in dem sie sich nicht bewußt ist, was sie wirklich braucht und keine Wege kennt, sich ihre Bedürfnisse zu befriedigen, ein System, in dem sie keine Möglichkeit hat, auf gesunde Weise selbstverantwortlich zu handeln.

Bereits jedes einzelne Element dieses Systems für sich genommen bietet sich an, Selbstverantwortung zu vermeiden:

Ich bin nicht normal – was kann man dagegen schon machen?

Die anderen sind besser, aber auch blöd – da lohnt es sich doch gar nicht, sich erst Mühe zu geben.

Die Welt ist beschissen – würdest du dich für eine solche Welt einsetzen?

Ich mache Vorwürfe oder ziehe mich zurück – na klar, wenn die anderen so gemein über mich denken und nichts mit mir zu tun haben wollen?

Ich bin kurzatmig – und das, obwohl ich regelmäßig in die Therapiestunden gehe. Der Arzt blickt nicht durch.

Wie ich mich auch entscheide, es ist nicht gut für mich – die Situationen sind so schwierig.

Wie damals mit dem Staubsauger ... – die Mutter ist dran schuld.

Ich fühle mich beschissen – für meine Gefühle kann ich doch nichts.

Und das System insgesamt wird erlebt als ein „es", das immer so verläuft, d h. für das ich nicht verantwortlich bin, indem ich sage und erlebe: Ich mache das so.

Erst jetzt, wo Ursula sieht, wie alle diese Elemente sich ergänzen, erlebt sie, daß es ihr „Strickmuster" ist, ihre Brille, durch die sie die Realität sieht, daß alles seine Richtigkeit dadurch hat, weil es Teil ihres Systems ist.

6. „Wie komme ich da raus?"

Als Ursula ihr System vor sich sieht und für einen Augenblick die Verletzung und die Wut spürt, die sie über Jahre damit vermieden hat, wird ihr Blick klar, und sie stellt sich die Frage: „Wie komme ich da raus?" Sie ist dabei, Selbstverantwortung zu übernehmen.

Jede Stelle des Systems ist ein möglicher Ausstieg. Ich kann den Glauben über mich aufgeben und durch einen anderen ersetzen, etwa: Ich bin normal und sorge gut für mich. Ich kann mir Verhaltensalternativen bei anderen anschauen und für mich ausprobieren. Ich kann Atemübungen machen, um meine Kurzatmigkeit zu stoppen. Ich kann mir angenehme Phantasien über mein Verhalten, die Situation oder die anderen machen. Und in aller Regel finde ich auch für die neue Überzeugung eine verstärkende Erinnerung. Ich kann Dinge tun, mit denen ich mich gut fühle anstatt „beschissen". Und ich kann wachsam sein auf die Situationen, wo sich andere nicht zurückziehen.

Voraussetzung für den Ausstieg aus dem eigenen System ist, daß ich die Verantwortung für mein Denken, Fühlen, Tun und meine Körperlichkeit übernehme. Unterstützende Schritte dazu beschreibe ich später (s. Kap. 11).

7. Ursulas Ausstieg

In meinem Gespräch mit Ursula war meine Antwort nur: Du kannst an jeder Stelle aussteigen – wenn du willst.

Sie wollte. Statt weiter vorwurfsvoll andere Leute mit der Auswahl der Stelle zu beschäftigen, wollte sie sich für eine entscheiden, die für sie auch noch in Frage kommen könnte. Sie würde dadurch doch noch zu einem Vorstellungsgespräch kommen, was sie gern wollte, würde sich darüber freuen, die Gelegenheit nicht verpaßt zu haben, könnte mit den anderen von den Erlebnissen beim Gespräch erzählen, wäre aufgeregt, aber nicht kurzatmig, würde sich den anderen gleichwertig erleben und nicht unnormal. Indem sie sich jetzt entscheidet, tut sie etwas, was in den Auswirkungen gut für sie ist. – Für Ursula ist die Änderung im Verhalten der Ausstieg aus ihrem System.

Am Abend stand ich in Ursulas Nähe. Ich hörte, wie sie einer Klassenkameradin vorjammerte. „Was soll ich nur machen – wenn ich mit dem Bus fahre, komme ich zu spät zu meinem Vorstellungsgespräch, und ein Taxi ist mir zu teuer." Plötzlich hielt sie inne, lachte und sagte:"Ach was, ich schmiere mir heute abend ein Brot für morgen früh und nehme den Bus um 7. Ich bin schon ganz aufgeregt, wie das morgen wird. Wohin gehst Du morgen?..." Ein zweiter Ausstieg aus ihrem Racketsystem war ihr gelungen.

8. Das Racketsystem

Was ich während des Gesprächs mit Ursula für sie aufgeschrieben hatte (s. Abb. 1), war ihr persönliches Racketsystem[2]. Es ist die individualisierte Form eines analytischen Modells, das von den Transaktionsanalytikern *Erskine* und *Zalcman* (1979) entwickelt worden ist. In seiner allgemeinen Form stelle ich es in Abb. 2 dar.

Der Begriff „Racket" wird in der Transaktionsanalyse unterschiedlich gebraucht. Er wird aber stets für Phänomene des Gefühls-, Verhaltens- und/oder Denkbereichs benutzt, die in der persönlichen Geschichte eines Menschen immer wiederkehren, die ihm vertraut sind, aus denen er auf unterschiedliche Weise immer den-

Das Racketsystem			
Scriptüberzeugungen	Racketverhalten	verstärkende Vorstellungen	Reaktion der anderen (= bestätigende Erfahrung)
Scriptüberzeugungen über 1. sich selbst 2. andere 3. Sinn des Lebens	Racketverhalten 1. beobachtbares Verhalten (stilisiert, sich wiederholend) 2. berichtete interne Erfahrungen (somatische Reaktionen, physische Wahrnehmungen) 3. Fantasien	verstärkende Vorstellungen emotionale Erinnerungen	Reaktionen der anderen
Gefühle, die z. Z. der Scriptentwicklung unterdrückt wurden.			

Abb. 2: Das Racketsystem nach *Erskine* und *Zalcman*, 1979, S. 158

selben Gewinn zieht und für die er selbst verantwortlich ist, ohne seine Verantwortung aktiv wahrzunehmen. Mit Hilfe des Racketsystems, das Denken, Fühlen und Verhalten aufeinander bezogen darstellt, werden ganzheitliche Lebensmuster beschrieben, die den immer wiederkehrenden und vertrauten Phänomenen der Individualgeschichte zugrunde liegen. Das Racketsystem beschreibt den persönlichen Anteil des einzelnen an sozialen und gesellschaftlichen Prozessen, wo sein Verhalten fixiert und nicht situationsbezogen ist.

Inhaltlich ist das Racketsystem „ein verzerrtes, sich selbst verstärkendes System von Gefühlen, Gedanken und Handlungen, das von scriptgebundenen Menschen aufrechterhalten wird. Das Maschensystem (Racketsystem, d. Verf.) hat drei aufeinander bezogene und gegenseitig voneinander abhängige Komponenten: Die Scriptüberzeugungen und -gefühle, das Maschenverhalten (Racketverhalten, d. Verf.) und die verstärkenden Vorstellungen" (*Erskine* u. *Zalcman*, 1979, S. 154).

Ich will im folgenden diese Definition von *Erskine* und *Zalcman* in der gebotenen Kürze erläutern.

„Scriptgebundene Menschen" halten sich an einen unbewußten Lebensplan, den sie – wie das so gut wie jeder Mensch tut – für sich bis zum 6. Lebensjahr entworfen haben und gelegentlich noch einmal in der Pubertät revidieren. Das Script (zu übersetzen etwa als Lebensdrehbuch) entsteht in der Auseinandersetzung des Kleinkindes mit seiner sozialisationsrelevanten Umgebung. Die für die Scriptbildung wesentlichen Situationen sind dadurch charakterisiert, daß das Kind durch das Ausdrücken seiner Gefühle und Wünsche keine Bedürfnisbefriedigung erreicht und sekundäre oder fixierte Gestalten bildet. Es trifft aufgrund seiner durch assoziativganzheitliche Wahrnehmung gewonnenen Informationen Entscheidungen, die sein Überleben in der Situation der Abhängigkeit sichern, seinen Erfahrungen Sinn geben und zugleich eine Einschränkung des möglichen Handlungsspielraums darstellen.

Aufgrund immer wiederkehrender ähnlicher Erfahrungen in der Beziehung zu den Eltern oder anderen Bezugspersonen und der dabei erlebten eigenen Reaktionen gewinnt das Kind seine „Scriptüberzeugungen" als Ergebnis früher Rationalisierungen, mit denen es seine Welt zu deuten sucht. Die Scriptüberzeugungen sind Überzeugungen sowohl über sich selbst, wie über die anderen und die Welt insgesamt bzw. den Sinn des Lebens. Sprachlich werden sie in solchen konkreten Termini ausgedrückt, wie es den Denkmöglichkeiten kleiner Kinder entspricht.

Der Nutzen der Scriptüberzeugungen ist ein doppelter:
- Zum einen schaffen sie Orientierung. Sie schaffen eine Erklärung von Beziehungen, dem Leben und der Welt, die dem Kind hilft, sich eben in dieser Welt, in die es hineingeboren wurde, zu bewegen und für seine Zuwendung erfolgreich zu sorgen.
- Zum anderen reduzieren sie Schmerz. Denn wenn ein Kind immer und immer wieder erlebt, daß es vergeblich versucht, bestimmte Bedürfnisse befriedigt zu bekommen, ist es bequemer, kräftesparender und schmerzreduzierender, wenn es sich selbst, den anderen oder der Welt einen Makel zuschreibt und z. B. den Glauben bildet: Ich bin nicht normal. Das fühlt sich nicht gut an, ist aber eine Möglichkeit, dem Schmerz, der Wut, der Trauer oder der Angst zu entgehen, die mit der immer und immer wieder erlebten Enttäuschung verbunden sind.

Insofern sind die Scriptüberzeugungen zunächst ein kreativer Akt der Selbsterhaltung.

Allerdings führen die Scriptüberzeugungen zur Selektion der Erfahrungen und bestimmen ihre Interpretation und Gewichtung (im Theorieapparat der Transaktionsanalyse werden sie auch als „Trübungen" des Erwachsenen-Ich-Zustandes dargestellt). Dadurch können sie nur schwer durch neue Erfahrungen und Informationen revidiert werden. Sie werden noch vom erwachsenen Menschen aufrechterhalten, obwohl sie sich für ihn destruktiv auswirken. Auch dem Erwachsenen sind seine Scriptüberzeugungen so vertraut und selbstverständlich, daß sie in der Regel für die Realität selbst gehalten werden. Die frühen Erklärungs- und Deutemuster werden für die Welt selbst und nicht für das persönliche Modell von der Welt gehalten. Darum werden zunächst die Probleme nur selten in diesem Bereich festgemacht, und oft bedarf es erst der Klärung und alternativen Erfahrung in der beraterischen oder therapeutischen Beziehung (vgl. Kap. 11), um zu erkennen, daß die Scriptüberzeugungen ein Erklärungsmodell von der Welt sind und nicht die Realität selbst. Und es bedarf beraterischen oder therapeutischen Schutzes; denn in der Regel haben Menschen Angst davor, die Gefühle wieder zu erleben, die sie mit Hilfe ihrer Scriptüberzeugungen vermeiden und anstelle derer sie Ersatzgefühle oder in Begriffen der Transaktionsanalyse „Racket-" oder „Scriptgefühle" erleben (vgl. Kap. 12).

Das „Racketverhalten" besteht aus allen sichtbaren wie internen Verhaltensweisen, die Ausdruck der Scriptüberzeugungen sind. Dazu gehören alle beobachtbaren Verhaltensweisen wie Worte, Stimme, Mimik und Gestik, die repetitiv und ritualisiert sind. Es sind Verhaltensweisen, mit denen die Person in der Regel jene Reaktionen bei anderen auslöst, die ihre Scriptüberzeugungen bestätigen. Zum Racketverhalten gehören auch berichtete, nicht notwendigerweise sichtbare körperliche Reaktionen, die Ausdruck der Scriptüberzeugung sind. Beispiel: Kloß im Hals, Druck in der Magengegend, Hitze- oder Kältegefühle, Verspannungen, Kopfschmerzen. Außerdem schließt das Racketverhalten Phantasien über eigene Verhaltensweisen oder Reaktionen anderer ein, die im intrapsychischen Prozeß ebenso wirksam sind wie reales Verhalten.

„Verstärkende Vorstellungen" sind Erinnerungen an Situationen aus dem Leben des/der Betreffenden, in denen er/sie seine/ihre Scriptüberzeugungen gebildet hat. Sie sind in der Regel verknüpft mit der vertrauten miesen Gefühlskomponente, dem Racketgefühl, in dem sich der scriptgebundene Mensch immer wieder erlebt und das als „emotionale Erinnerung" gespeichert ist.

In einer vierten Spalte füge ich dem Modell des Racketsystems noch die Spalte „Reaktion der anderen" bzw. „Bestätigende Erfahrung" bei. Sie gehört als tatsächliche soziale Reaktion nicht zum Racketsystem des einzelnen. Sie trägt aber der Erfahrung Rechnung, daß Menschen zur Aufrechterhaltung ihres Racketsystems soziale Situationen suchen, in denen eine große Wahrscheinlichkeit zu systemkongruenten Reaktionen besteht, daß Individuen durch ihr Verhalten zu spezifischen sozialen Reaktionen einladen und daß Menschen im Sinne ihres Racketsystems die Reaktionen anderer selektiv wahrnehmen. „Bestätigende Erfahrungen" sind Ereignisse, die als Erinnerung Teil „verstärkender Vorstellungen" sein können.[3]

Mit den Scriptüberzeugungen, dem Racketverhalten und den verstärkenden Vorstellungen als seinen drei aufeinander bezogenen Komponenten ist das Racketsystem ein sich selbst verstärkendes System. Es dient der Bestätigung und Aufrechterhaltung des persönlichen Scripts im Sinne eines individuellen Lebensplans und – durch Selektion, Umdeutung oder Negation – zur Abwehr von Erfahrungen, die uns die Revision frühkindlicher und lebenslang wirksamer Scriptentscheidungen und Überlebensschlußfolgerungen ermöglichen würden. Es dient der Vermeidung jener Gefühle, die in den Situationen der Scriptbildung nicht gelebt werden durften und der Vermeidung der Wahrnehmung jener Bedürfnisse, die in den Situationen der Scriptbildung nicht befriedigt wurden. Es wirkt als Schutz vor Handlungssituationen in der Gegenwart, für die wir keine adäquaten Verhaltensmuster zur Verfügung haben. Es ist ein System, mit dem wir stets vertraute und gewohnte Erfahrungen machen, ohne das zu bekommen, wonach wir uns eigentlich sehnen. Es ist ein System, in dem wir nicht frei sind, unsere Verantwortung für uns selbst im Hier und Jetzt wahrzunehmen.

9. Racketsystem und Selbstverantwortung

Im Gegensatz zum scriptgebundenen Verhalten ist Selbstverantwortung die persönliche Verantwortung des Menschen für Phänomene, die Ausdruck des Ich-Selbst sind, wie Überzeugungen, körperliches Erleben, Phantasien, Erinnerungen und Gefühle sowie Verhalten allgemein und konkretes persönliches Handeln in sozialen Situationen. Im eingangs geschilderten Beispiel vermeidet Ursula Selbstverantwortung sowohl im Hinblick auf ihre Überzeugungen, wie auf ihr Verhalten, ihr körperliches Erleben, ihre Phantasien, ihre verstärkenden Vorstellungen und ihre Gefühle.(vgl. Kap. 5)

Die Auswirkungen der Vermeidung von Selbstverantwortung werden zumeist an persönlichem Unbehagen oder Problemen mit anderen sichtbar und auf Charaktereigenschaften zurückgeführt. Bei Ursula führten sie dazu, daß sie keine Einladung zu ihrem Gespräch bekommen hatte, daß das Gespräch mit dem Klassenlehrer „unerfreulich" für beide verlief, daß sie schon zuvor als „schwierige Schülerin" charakterisiert und von Gleichaltrigen oft zurückgewiesen wurde, weil ihnen der Kontakt unangenehm oder lästig war. Vermeidung von Selbstverantwortung kann sozial allgemein als Versuch beschrieben werden, dem anderen ein Mehr an Verantwortung zuzuweisen und ihn damit psychologisch oder materiell auszubeuten. In aller Regel endet ein solcher Kontakt für alle Beteiligten mit schlechten Gefühlen; denn die Vermeidung von Selbstverantwortung bedeutet die Abwertung eigener Möglichkeiten und Fähigkeiten und die – partielle – Aufgabe persönlicher Autonomie. Und wer darauf eingeht, läßt sich ausbeuten und manipulieren. Einige Funktionselemente dieses Prozesses sind in der Transaktionsanalyse unter den Begriffen „Ausbeutungstransaktionen" und „Ränkespiele" beschrieben.

Selbstverantwortung zu übernehmen, bedeutet hingegen für Ursula: eine klare Entscheidung treffen, am Vorstellungsgespräch teilnehmen, zur Gruppe gehören, sich gut fühlen und im Hinblick auf ihre Ziele erfolgreich sein. Allgemein führt die Übernahme von Selbstverantwortung unter Verhaltens- und sozialem Aspekt dazu, im Hier und Jetzt zu leben, situationsadäquat zu handeln und erfolgreich, kooperationsfähig und konfliktfähig zu sein.

Unter integrativem Aspekt kann die Vermeidung von Selbstverantwortung als das Merkmal des internalen wie externalen Verhaltens zur Aufrechterhaltung des Racketsystems beschrieben werden. Erst unter Einbeziehung dieses Aspekts wird verständlich, mit welcher Hartnäckigkeit sich Menschen oft weigern, Selbstverantwortung zu übernehmen. Übernahme von Selbstverantwortung heißt unter diesem Gesichtspunkt: Aufgabe des Racketsystems. Heißt: Freiheit gewinnen vom persönlichen Script hin zu Wahrnehmung persönlicher Autonomie und sozialer Verantwortung. Heißt: erfolgreich zu sein, das zu bekommen, wonach wir uns schon immer sehnen.

Die Stärke des Racketsystems als theoretisches Modell liegt darin, daß der soziale und der intrapersonale Aspekt in ihrem Zusammenhang gesehen werden. Was sozial die Auswirkungen der Vermeidung von Selbstverantwortung sind, sind für den einzelnen die „bestätigenden Erfahrungen" (vgl. Abb. 2) seiner Scriptüberzeugungen. Ebenso sind die sozialen Auswirkungen der Übernahme von Selbstverantwortung das gegenwartsangemessene Verhalten der Person, die ihr Racketsystem aufgegeben hat. Insofern ist das Racketsystem ein theoretisches Modell für die pädagogische Arbeit zum Lernziel Selbstverantwortung, das intrapersonale und soziale

Aspekte in ihrem funktionalen und inhaltlichen Zusammenhang erfaßt.

10. Übertragbarkeit der Arbeitsweise

Die Schülerin Ursula, von der ich hier berichtet habe, hat erhebliche körperliche Schädigungen (vgl. Kap. 2). Manchem Leser werden die behindertenspezifischen und sonderpädagogischen Ausführungen zu diesem Thema fehlen. In meiner praktischen Arbeit mit körperbehinderten Jugendlichen ist mir aber zunehmend klar geworden, daß es nicht den behinderten Menschen, sondern nur den Menschen mit einer Behinderung gibt. Und so wie nicht alle Pfarrerssöhne, Unterschichtkinder oder Brillenträger das gleiche Racketsystem und die gleiche Persönlichkeitsstruktur haben, konnte ich dies auch nicht in der Arbeit mit Menschen ohne Arm, mit Querschnittslähmung oder Multipler Sklerose feststellen. Ich will nicht ausschließen, daß es unter den verschiedenen Populationen spezifische Häufigkeiten von Scriptthemen, speziellen Racketsystemen und sozialen Spielarten gibt. Eine entsprechende Forschung müßte zunächst eine sorgfältige Kategorienanalyse machen, um zu klären, was das primäre Charakteristikum eines körperbehinderten Jugendlichen ist: Seine Körperbehinderung? Seine Heimunterbringung? Seine soziale Randgruppenzugehörigkeit?

Ich habe solche Untersuchungen in meiner bisherigen Arbeit nicht vermißt. Ein Gewinn könnte sein, schneller Arbeitshypothesen und Methodenhinweise zur Hand zu haben. Eine Gefahr sehe ich darin, dem einzelnen in seiner Individualität nicht mehr gerecht zu werden. Das Racketsystem ist ein an sich schon außerordentlich effektives Modell, das die sehr komplexen Zusammenhänge der persönlichen Lebensorganisation in bezug auf die Vermeidung von Selbstverantwortung erfaßt. Für mich war es dabei eher angezeigt, darauf zu achten, dem Jugendlichen ausreichend Zeit für seinen eigenen Prozeß der Selbsterkenntnis zu lassen, als für mich nach schnelleren Verfahren zu suchen.

Ebenso erscheint mir eine Unterscheidung zwischen Jugendlichen und Erwachsenen auf der Ebene des theoretischen Modells und im Hinblick auf die dargestellten Möglichkeiten, Grenzen und

Bedingungen für die Arbeit mit dem Racketsystem unangemessen. In jedem Fall erfordert wachstumsorientierte pädagogische Arbeit eine Individualisierung, und die Unterschiede zwischen zwei Vierzigjährigen können ebenso groß sein wie zwischen einer Vierzigjährigen und einer Achtzehnjährigen. Auch hier gibt es zwar spezifische Häufigkeiten. Sie kommen aber ausreichend im Rahmen der Individualisierung zum Tragen, ohne daß es für mich nötig ist, ihnen den Charakter von Allgemeingültigkeit oder auch nur statistisch gesicherter Häufigkeit zuzuschreiben.

Der in diesem Beitrag von mir vorgestellte Ansatz der pädagogischen Arbeit zum Lernziel Selbstverantwortung ist somit ebenso auf nichtbehinderte Jugendliche wie auf Erwachsene zu übertragen. Seine erfolgreiche Anwendung hängt vor allem von der pädagogischen Beziehung zwischen Mitarbeiter und Jugendlichem, der Individualisierung der Lernschritte und der Integration von Inhalt und Prozeß ab.

11. Möglichkeiten und Grenzen der Verwendung des Racketsystems in der pädagogischen Arbeit zum Lernziel: Selbstverantwortung

Ich gehe nunmehr von zwei Annahmen aus: Selbstverantwortung kann nur der übernehmen, der ein Bewußtsein von Sich-Selbst hat. Und: Selbstverantwortung ist ein Merkmal persönlicher Autonomie.

In dem Prozeß von Selbsterkenntnis und persönlichem Wachstum unterscheide ich vier Schritte:
- die kognitive Klärung
- das Erleben alternativer Erfahrungen in relevanten Beziehungen
- die Entwicklung und Anwendung von Verhaltens- und Handlungsalternativen
- die Auflösung ineffektiver funktionaler Systeme.

Der erste wesentliche Teil der pädagogischen Arbeit mit dem Racketsystem ist die Selbsterfahrung durch ‚kognitive Klärung'. Sie hat das Ziel, ein ungetrübtes Bewußtsein von Sich-Selbst zu erreichen, Gewohnheiten, Eigenheiten, persönliche Stärken und Schwächen zu erkennen und anzunehmen. Die kognitive Klärung ist wesentlich, weil sie der betreffenden Person die Möglichkeit gibt, die Führung und inhaltliche Zielbestimmung für den weiteren Prozeß zu übernehmen, und weil die Kenntnis und Annahme des Bestehenden eine Voraussetzung für Veränderungen ist. Oft bedeutet dies, ein Geheimnis gegenüber anderen zu lüften oder sich etwas sehen zu lassen, das einem selbst bislang ein Geheimnis war. Als Ursula nach dem Lesen meiner Mitschrift ihrer Sätze in Form des Racketsystems sagt: „Genauso ist es; so läuft es immer", war diese Stufe der kognitiven Klärung im wesentlichen erreicht. Die gemeinsame Auswertung mit zusätzlichen Informationen über das System hat den Schritt abgerundet. Indem sie Element für Element sieht, was sie tut und wie sie es damit schafft zu verhindern, Selbstverantwortung zu übernehmen, kommt sie geradezu zwangsläufig zu der Frage: „Wie komme ich da raus?" Bereits das Klarwerden über das eigene Racketsystem führt dazu, daß Ursula sich auf den Weg begibt, damit anzufangen, Selbstverantwortung zu übernehmen.

Wie ich oben dargestellt habe, sind die Scriptüberzeugungen Rationalisierungen zu ständig sich wiederholenden Erfahrungen in der Beziehung zu den Eltern oder anderen relevanten Bezugspersonen. Sie sind frühkindliche Rationalisierungen, die zumeist nicht als solche erkannt, sondern für die Realität selbst gehalten werden. Darum ist es wichtig, zur Situation der Kindheit ‚alternative soziale Erfahrungen' zu machen, um zu erleben, daß die gewohnte Deutung von mir, den anderen und der Welt nicht die einzig mögliche ist, und um die eigenen Reaktionen in dieser alternativen Erfahrung wahrzunehmen. In meinem Gespräch mit Ursula war wesentlich, daß ich nicht bereit war, sie auch nur einen Augenblick für komisch oder unnormal zu halten, sondern, daß ich sie mit allen Äußerungen ihrer Persönlichkeit ernst genommen habe. Bereits in Kap. 5 habe ich auf mögliche scriptverstärkende Reaktionen meinerseits hingewiesen, die dem Arbeitsziel entgegengewirkt hätten.

Die ‚Entwicklung und Anwendung von Verhaltens- und Handlungsalternativen' kann, wie das Erleben alternativer Erfahrungen, neben dem bestehenden Racketsystem erfolgen. Über Verhaltens- und Handlungsalternativen zu verfügen, bedeutet für den Betreffenden, eine Wahlmöglichkeit im Umgang mit Alltagssituationen überall da zu haben, wo nicht unmittelbar die Dynamik des Racketsystems angesprochen ist (was z. B. in der Regel in jenen Situationen der Fall ist, die als Stress-Situationen erlebt werden). Die damit gemachten Erfahrungen beleben den persönlichen Wachstumsprozeß, der Voraussetzung für eine Aufgabe des Racketsystems ist. Im eingangs dargestellten Beispiel hat Ursula nach kognitiver Klärung und vorübergehender alternativer Beziehungserfahrung einen Ausstieg aus ihrem Racketsystem ausprobiert, ohne daß die Eigendynamik des alten Systems außer Kraft gesetzt gewesen wäre.

Die Möglichkeit, durch bewußte Entscheidung die Alternative zu wählen und situationsbezogen aus dem Racketsystem auszusteigen, bedeutet oft eine wesentliche Verbesserung der Lebensqualität. Gelegentlich ist die Entdeckung von Verhaltens- und Handlungsalternativen, die zu positiven Erfahrungen führen, und/oder das Erleben alternativer Beziehungserfahrungen bereits eine befreiende Erlaubnis, sogar das gewohnte Racketsystem ganz aufzugeben.

Häufig sind dies jedoch Zwischenschritte auf dem Weg zu einer ‚Auflösung des Racketsystems', zur Gewinnung von Freiheit und persönlicher Autonomie. Wie ich oben zeigte, ist das Racketsystem aufs engste mit dem persönlichen Lebensscript verknüpft. Der bewußte situationsbezogene Ausstieg wird oft als anstrengend, die mögliche Aufgabe wird oft als bedrohlich erlebt. Bedeutet die Aufgabe doch einerseits, jene nicht erfolgreich gelebten Konflikte und Gefühle der Kindheit, die zur Bildung des Racketsystems führten, wiedererleben und heute lösen zu müssen, und andererseits die Auflösung eines funktionalen, energetisch fixierten Systems der gewohnten Alltagsbewältigung. Die Auflösung des Racketsystems als ineffektivem funktionalem System ist möglich, da der einzelne als Erwachsener über andere Möglichkeiten verfügt als zur Zeit seiner Scriptentscheidungen; sie ist gebunden an einen persönlichen Wachstumsprozeß, der zur Zeit der Scriptbildung gestört wurde und die gesamte Persönlichkeit betrifft. Sie kann durch wiederholte Klärung, Erleben alternativer Erfahrungen in relevanten Beziehungen und Anwendung von Verhaltens- und Handlungsalternativen in kleinen Schritten erfolgen oder in einem Prozess emotionaler und regressiver Aufarbeitung, der eines therapeutischen Settings bedarf.

Die pädagogische Arbeit mit dem Racketsystem zum Lernziel Selbstverantwortung wird sich primär mit der kognitiven Klärung, der Ermöglichung alternativer Beziehungserfahrungen und der Erarbeitung, Erprobung und Anwendung von Verhaltens- und Handlungsalternativen befassen.

Das Racketsystem als theoretisches Modell legitimiert sich durch seine Effektivität in dem Prozeß von Selbsterkenntnis und persönlichem Wachstum. Es wird mißbraucht, wo es als Wissen über andere zum Mittel jedweder Form von Gewalt und Herrschaft benutzt wird. In diesem Sinne sehe ich es z. B. auch als Mißbrauch an, wenn wir das Wissen über das Racketsystem dafür verwenden, ‚nun endlich' dem anderen mal sagen zu können, was er alles ‚falsch' macht, was er lernen ‚muß', oder in dem Modell einen Weg suchen, ‚nun endlich' an den anderen ‚ran zu kommen'. Eine Arbeit mit dem Racketsystem ist ethisch nur gerechtfertigt und nur positiv wirksam, wenn sie von allen Beteiligten freiwillig und ohne manipulative Absicht getan wird.

12. Bedingungen für die Verwendung des Racketsystems in der pädagogischen Arbeit zum Lernziel: Selbstverantwortung

Bei der Frage nach den Bedingungen geht es vor allem darum, sicherzustellen, daß wir in dem, was wir miteinander tun, nicht dem entgegenwirken, was wir erreichen wollen. Das Ziel Selbstverantwortung muß zugleich Inhalt und Prozeßmerkmal sein.

Ich hatte zu Ursula gesagt: „Ich will mich mit dieser Frage im Augenblick nicht befassen. Ich bin aber bereit, mit dir darüber zu sprechen, wie du diese schwierige Situation herbeigeführt hast und wie du sie ändern kannst. Wenn du das möchtest, sprich mich wieder an." Ursula ließ keine Zeit vergehen, sie wollte mit mir sprechen und wollte dies gleich tun.

Wir hatten hier eine Vereinbarung getroffen, gewissermaßen einen „Vertrag" geschlossen. Ich habe Ursula ein Gespräch zu einem bestimmten Thema angeboten, und sie wollte es und hat das Angebot wahrgenommen. Sie war aktiv, traf eine Entscheidung und äußerte ihre Absicht. Auch während des Gesprächs mit Ursula fragte ich sie mehrmals: „Möchtest du, daß ich noch weiterfrage?" oder „Möchtest du, daß wir das Gespräch noch fortsetzen oder hier beenden?" Eine solche Abklärung ist ein Beziehungsvertrag und begründet die Beratungssituation. Mit solchen Verträgen schaffen wir Beziehungssituationen, in denen die eigene Verantwortung für jeden Beteiligten sehr klar ist. Eine gute Gelegenheit, Selbstverantwortung zu erkennen und zu übernehmen. Durch Verträge stelle ich aber auch sicher, daß ich dem anderen seine Selbstverantwortung belasse. Ich respektiere damit die Autonomie des anderen, die er erlangen will. Unsere Zusammenarbeit als solche und die Arbeit zu diesem Thema ist für alle Beteiligten freiwillig.

Als Thema hatte ich Ursula angeboten, darüber zu sprechen, wie sie diese schwierige Situation herbeigeführt hat und wie sie sie ändern kann. Indem sie dieses Thema aufgreift, haben wir auch einen Inhaltsvertrag für das Gespräch. Während des Gesprächs überprüfe ich immer wieder den inhaltlichen Vertrag. Bevor ich ihr Rückmeldung zu dem gebe, was sie sagt, sage ich: „Ich habe eine Idee zu dem, was du sagst. Möchtest du sie hören?" oder: „Ich habe mir einige Notizen zu dem gemacht, was du gesagt hast. Möchtest du sie lesen?"

Wesentlich für eine erfolgreiche Arbeit war der Nachsatz: „Wenn du möchtest, sprich mich wieder an." Damit wollte ich sie einladen, für sich Verantwortung zu übernehmen und aktiv zu werden, und die Gefahr vermeiden, daß sie überwiegend aus Anpassung das Gespräch beginnt. Es ist wesentlich, daß Ursula das Arbeitsziel erreichen will, weil sie darum weiß, was sie durch die Arbeit gewinnen kann. Als Ursula um das Gespräch bat, war für einen Augenblick der Jammerton aus ihrer Rede verschwunden und eine klare Entschlossenheit in ihrer Stimme. Die Spontaneität, mit der sie im Gespräch einige Zeit später nach dem Lesen meiner Notizen sagte: „Genauso ist es; so läuft es immer.", war mir eine Bestätigung, daß die an ihren eigenen Bedürfnissen orientierte kindhafte Neugierde ein Motor für die Arbeit war.

In der Regel ist es sinnvoll, den Kind – Kind – Vertrag wie die anderen Vertragsteile auch explizit zu benennen. Hier wie bei den Inhalten und bei den impliziten Werten veränderungsorientierter Arbeit ist auch wichtig abzuklären, was der Vertragspartner von mir erwartet und ob ich bereit bin, diesen Teil zu übernehmen und ihn in seinen Zielen zu unterstützen. Die Art der Verträge und ihre

Inhalte ändern sich, je mehr der Jugendliche Selbstverantwortung übernimmt.

Pädagogische Arbeitsverträge dieser Art haben zugleich einen wichtigen Sekundäreffekt: Im Prozeß von Selbsterfahrung funktioniert bei den meisten Menschen ein Selbstschutzmechanismus, indem sie auf irgendeine Weise verhindern, mehr über sich zu erfahren, als sie im Augenblick verarbeiten können. In der Therapie wird hier von „Widerstand" gesprochen. Indem wir uns durch Verträge immer wieder der aktiven Selbstverantwortung des anderen für sein Tun vergewissern, schützen wir uns auch davor, Widerstände des anderen zu mißachten und ihn in seinem Schutzbedürfnis zu bedrohen (was zu unangenehmen bis gefährlichen Situationen führen kann).

Verträge sind Ausdruck einer besonderen Einstellung, die ich anderen Menschen gegenüber habe und die meine gesamte Arbeit mit dem Racketsystem bestimmt. Es ist die Einstellung, mit der ich den anderen so sehe, wie er ist, und ihn so akzeptiere, wie er ist; wo ich meine Wahrnehmung des anderen trenne von meinen Wünschen an und Interpretationen über ihn, und ihn in seiner Einzigartigkeit annehme, aus der heraus ich den anderen bedingungslos ihn selbst sein lasse und im Wissen um Unterschiede Kontakt mit ihm gestalte. Es ist die Einstellung, aus der meine Arbeit nicht Zwang, sondern Angebot ist, bei der die Person wichtiger als abstrakte Ziele ist, und nach der der andere stets mehr über sich und das, was gut für ihn ist, weiß, als ich je über ihn wissen kann. Es ist eine Einstellung, die ich anderen gegenüber nur überzeugend einnehmen kann, wenn ich sie mir selbst gegenüber habe. Es ist eine Einstellung, die Verständigung, Konfliktbewältigung und Kooperation zwischen Menschen möglich macht, die Vertrauen begründet, die Wachstum ermöglicht. In einer Kurzformel wird sie in der Transaktionsanalyse beschrieben als die Einstellung: Ich bin OK – Du bist OK – realistisch.

Wie ich oben zeigte, wird das Lernziel Selbstverantwortung in dem Maß erreicht, wie der einzelne bereit ist, sein Racketsystem zu erkennen, alternative Beziehungserfahrungen zuzulassen, Handlungsalternativen zu erarbeiten und nach und nach das System als solches aufzugeben. Dies ist ein Wachstumsprozeß, in dem Aufgeben heißt: das Bestehende annehmen und dann loslassen, wenn es nach guter Prüfung als überflüssig erkannt wird und Alternativen verfügbar sind. Dies ist ein Schritt, der als Verlust erlebt wird, bis die Vorteile des neuen Umgangs mit der Wirklichkeit und sich selbst unmittelbar erfahrbar sind, und das Erleben von Freiheit überwiegt. Die beschriebene Einstellung mir selbst und anderen Menschen gegenüber ist ein Boden für diesen Wachstumsprozeß.

Wie die Einstellung der Boden sind Strokes die Nährstoffe für Wachstum. Unter Strokes (engl. als Verb: streicheln, als Substantiv: Stoß, Hieb) verstehe ich die bedeutungsvolle Zuwendung bzw. Aufmerksamkeit, die Menschen einander geben. Sie können verbal oder nonverbal, z. B. als Schulterklopfen, Zulächeln oder physisches Streicheln gegeben werden. Sie können bedingungslos sein (etwa: „Ich mag dich", „Du gefällst mir") oder bedingt („Ich mag dich, wenn du mich so anschaust" oder „Du gefällst mir in dem roten Rock"). In all diesen Fällen handelt es sich um positive Strokes, die in der Regel angenehm erlebt werden. Wir sprechen aber auch dann noch von Strokes, wenn sie mit unangenehmen Gefühlen verbunden sind. Solche negativen Strokes können ebenfalls bedingt („Ich kann dich nicht leiden, wenn du mit ungewaschenen Haaren zu mir kommst") oder bedingungslos („Ich kann dich nicht leiden") sein.

Strokes stehen im Gegensatz zum Ignorieren, zur Verweigerung jeglicher Zuwendung und Aufmerksamkeit. Wie wir aus der Entwicklungspsychologie wissen, ist die Verweigerung von Zuwendung und Aufmerksamkeit für Säuglinge und Kleinkinder lebensbedrohlich und für Menschen generell eine der härtesten sozialen Strafen. So versuchen Menschen alles, diesen Zustand zu vermeiden und Strokes zu erhalten. Selbst negative Zuwendung wird lieber genommen anstatt ohne Zuwendung leben zu müssen. Die ganze Scriptbildung von Menschen kann aufgefaßt werden als Lebensplanung, mit der die Zufuhr von Strokes sichergestellt werden soll. Es entspricht dem Charakter der Entstehungssituation des Scripts, daß bei dieser Planung ein Mangel an Zuwendung und negative Strokes vorausgesetzt und erwartet werden. Das Racketsystem reproduziert diesen Mangel sowie den Erhalt negativer Strokes, sichert damit aber zugleich das lebensnotwendige Minimum an Zuwendung.

Wo Menschen daran arbeiten, ihr Racketsystem aufzugeben und Selbstverantwortung zu übernehmen, werden sie dies nur erfolgreich tun, wenn sie berechtigte Gewißheit haben, dadurch ein Mehr an Zuwendung und Aufmerksamkeit zu bekommen. Was das heißt und wie sich das anfühlt, muß in der Arbeit erfahrbar sein. Es muß ein Ort sein, wo keiner Mangel an Strokes oder die Erfahrung unerwarteter negativer Strokes erleben muß.

13. Praktische Übung

Sofern Sie nun den theoretischen und den anschaulichen Ausführungen bis hierher gefolgt sind, liebe Leserin, lieber Leser, will ich Ihnen zum Schluß noch eine Übung vorstellen, die Sie in Kontakt mit einem eigenen Racketsystem bringen kann, wenn Sie das wollen und jetzt für Sie der richtige Zeitpunkt ist. Ich setze sie in ähnlicher Form gelegentlich in Selbsterfahrungsseminaren ein, wenn es das vereinbarte Ziel ist, ein persönliches Racketsystem zu analysieren. Für all diejenigen, die selbst in ihrer beruflichen Praxis mit dem Racketsystem arbeiten wollen, ist die Eigenanalyse mit diesem Modell unbedingte Voraussetzung. Wenn ich Ihnen hier die Übung vorstelle, kann dies eine Erarbeitung unter Begleitung eines Ausbilders oder Therapeuten nicht ersetzen. Es kann Ihnen aber einen Eindruck von einer anderen Zugangsmöglichkeit zur Racketsystemanalyse geben als der, die ich in der Arbeit mit Ursula gewählt habe.

Wenn Sie die Übung mitmachen wollen, machen Sie es sich bequem, lesen den Text einmal durch, schließen dann die Augen und erleben in Ihrer Phantasie nach, wovon ich in dem Text spreche. Vielleicht haben Sie auch jemanden, der Ihnen den Text langsam vorliest (ca. 20-40 Sekunden Pause nach jedem Satz).

Machen Sie es sich bequem, spüren Sie Ihren Atem und entspannen Sie sich dabei.

Sie liegen auf einer Sommerwiese, sehen Blumen, die sich leise im Wind wiegen.

Nehmen Sie wahr, wie Sie sich fühlen, was Sie hören, sehen, riechen, schmecken, tasten.

Am Rande der Wiese ist ein Weg; Sie brechen von der Wiese auf und gehen auf den Weg zu.

Sie gehen den Weg entlang und spüren den Boden unter Ihren Füßen.

Was nehmen Sie außerdem wahr?

Wie fühlen Sie sich?

In der Ferne kommt Ihnen jemand entgegen, den Sie gut kennen;

Sie kommen sich auf dem Weg näher und begrüßen sich.
Was sagen oder tun Sie zur Begrüßung?
Was sagt oder tut die andere Person?
Behalten Sie in Erinnerung, was Sie zur Begrüßung gesagt oder getan haben und was der andere gesagt oder getan hat.
Beenden Sie die Begegnung mit der anderen Person, und gehen Sie wieder zurück zur Wiese.
Verabschieden Sie sich von dieser Situation in Ihrer Phantasie, und kommen Sie mit Ihrer Aufmerksamkeit zurück hier an diesen Ort, wo Sie gerade die Phantasiereise gemacht haben.

Wenn Sie diese Übung selber gelesen haben und nun für sich als Erfahrung nutzen wollen, lesen Sie diesen Abschnitt zu Ende und dann nicht weiter. Machen Sie es sich an Ihrem Platz bequem, schließen Sie die Augen und erleben Sie Ihre Phantasie zu diesem Text. Beginnen Sie, den Inhalt des Textes von vorne nachzuerleben. Behalten Sie am Ende die beiden Sätze der Begrüßung im Gedächtnis.

Wie haben Sie sich begrüßt? Schreiben Sie Ihren ersten Satz und den ersten Satz der anderen Person auf ein Blatt Papier, oder schreiben sie auf, was Sie getan haben. Vielleich haben Sie keinen Satz, sondern nur ein Wort gesagt, dann ersetzten Sie bei der weiteren Arbeit bitte immer ‚Satz' durch ‚Wort'. Lesen Sie sich beide Sätze mehrmals laut vor. Wie klingen sie für Sie?

Charakterisieren Sie jeden Satz oder Ihr Tun für sich mit mindestans drei Adjektiven (z. B. kurz, ruhig, zögernd, angepaßt, hilflos...), und schreiben Sie diese ebenfalls auf Ihr Blatt.

Bevor ich Ihnen nun sage, wie Sie mit diesen Adjektiven weiterarbeiten können, eine Information. Alles was wir denken, sagen, fühlen und tun sind Teile von uns. In dem, was wir sagen, sind wir, wie wir sind, sind transparent mit unserer Persönlichkeit, unserer Grundhaltung und unseren Scriptüberzeugungen. Dies gilt auch für die beiden Sätze bzw. Ihr Tun in Ihrer Phantasie.

Wenn Sie jetzt damit weiterarbeiten wollen, identifizieren Sie sich für einen Augenblick mit dem Satz bzw. Ihrem Tun, womit Sie die andere Person begrüßt haben. Sagen Sie sich mehrmals laut:

„Ich bin dieser Satz/diese Handlung. Als dieser Satz/diese Handlung bin ich..." Fügen Sie hier die Adjektive ein, mit denen Sie oben selbst diesen Satz/diese Handlung charakterisiert haben.

Sind das Eigenschaften, die Sie aus Ihrem Leben kennen?
Woher kennen Sie sie?
Sind sie Ihnen vertraut oder unvertraut?
Sind sie Ihnen angenehm oder unangenehm?
Sind sie für Sie Wunsch bzw. Anspruch oder Befürchtung oder Wirklichkeit?
    Nehmen Sie nun den anderen Satz bzw. die Handlung der anderen Person. Sagen Sie sich mehrmals laut:
    „*Ich bin dieser Satz/diese Handlung. Andere sind für mich...*" Fügen Sie hier die Adjektive ein, mit denen Sie oben selbst den Begrüßungssatz bzw. die Begrüßungshandlung der anderen Person charakterisiert haben.
Sind das Eigenschaften, die Sie häufig von anderen Menschen erwarten?
Woher kennen Sie sie?
Sind sie Ihnen als Eigenschaften anderer vertraut oder unvertraut?
Sind sie Ihnen als Eigenschaften anderer angenehm oder unangenehm?
Sind sie für Sie als Eigenschaften anderer Wunsch bzw. Anspruch oder Befürchtung oder Wirklichkeit?
    Nehmen Sie sich Zeit, über Ihre Erfahrungen nachzudenken.
    Es ist möglich, daß Sie eine Aussage über sich und andere gefunden haben, die Ihnen für Ihr Leben evident erscheint. Vielleicht sind die Aussagen identisch mit Ihrer Charakterisierung der Sätze bzw. Handlungen, vielleicht haben Sie über diese Charakterisierung erst die Aussagen gefunden, die für Sie stimmen.
    Wollen Sie ein Experiment machen? Dann nehmen Sie einmal an, diese Aussagen seien Ihre Scriptüberzeugungen oder Ihr Scriptverhalten. Wenn Sie Wunscheigenschaften für sich gefunden haben, dann finden Sie ihre Scriptüberzeugung oder Ihr Scriptverhalten womöglich durch Beantwortung der Frage: „*Wenn ich einmal nicht so bin, dann bin ich...*" Daraus können Sie jetzt vielleicht Ihr Racketsystem nachvollziehen, indem Sie die folgenden Sätze vervollständigen.

Manchmal stimmt für mich: Ich bin...
Dann denke ich über andere: Die anderen sind...
Wenn ich so bin, dann fühle ich mich...
Dann tue ich...
Dabei erlebe ich in mir...
Ich rechne dann damit, daß andere...

Im Blick auf das, was ich mir dazu ausmale, fühle ich mich...
Dabei erinnere ich mich an folgende Situation:...

Wie geht es Ihnen, wenn Sie Ihre Sätze hören? Erleben Sie eine vertraute Dynamik zwischen den einzelnen Sätzen? Können Sie wie Ursula sagen: „Genau so ist es?" Dann sind Sie vermutlich in Kontakt mit einem persönlichen Racketsystem. Schreiben Sie sich Ihre Antworten auf. Je besser Ihnen die Elemente Ihres Systems bewußt sind, desto schneller werden Sie sie in Alltagssituationen als solche erkennen und aus Ihrem System aussteigen können.

Wie kann eine Alternative aussehen? Wenn Sie bis jetzt die Übungen mitgemacht haben, sollten Sie sich den nächsten Teil nicht entgehen lassen. Entdecken Sie eine Alternative zu Ihrem Racketsystem. Überlegen Sie sich zunächst mindestens drei Dinge, die Sie in dieser Woche gut gemacht haben, auf die Sie stolz sein können. Bilden Sie daraus einen Satz, der für Sie eine positive Überzeugung über Sie selbst ausdrückt.

Ich bin...

Sie können sich jetzt etwas Gutes tun und sich eine vielleicht wichtige Erfahrung ermöglichen, wenn Sie sich diesen Satz mit den positiven Adjektiven mehrmals von einem Freund oder einer Freundin sagen lassen:

Du bist...

Lassen Sie sich fühlen, wie Sie diesen Satz erleben.

Tun Sie nun mal so, als ob dieser Satz stimmt und nehmen Sie ihn als neuen Glaubenssatz. Vervollständigen Sie ausgehend davon die folgenden Sätze:

Ich bin...
Die anderen sind...
Wenn ich so bin, dann fühle ich mich...
Dann tue ich...
Dabei erlebe ich in mir...
Ich rechne dann damit, daß andere...
Im Blick auf das, was ich mir dazu ausmale, fühle ich mich...
Dabei erinnere ich mich an folgende Situation:...

Wie fühlt sich das neue System für Sie an?

Spüren Sie Angst dabei?
Wenn ja, an welcher Stelle und wovor haben Sie Angst?
Was ist das Schlimmste, das Sie befürchten, das passieren könnte?
Wie realistisch ist das?
Wie geht es Ihnen, wenn Sie über Ihre Angst klar nachdenken?
Mit welchem System können Sie sich ein besseres Leben für sich vorstellen?

Vielleicht können Sie gerade etwas spüren von den Möglichkeiten, die Sie gewinnen, wenn Sie Ihre Selbstverantwortung für Ihre Überzeugungen, Ihr Verhalten, Ihr körperliches Erleben, Ihre Phantasien, Ihre Erinnerungen und Ihre Gefühle wahrnehmen.

Eine solche Erfahrung kann zur Gewißheit des Keimlings werden, der im Boden liegt und schon um seine vielversprechende Zukunft und die Möglichkeiten weiß, die in ihm liegen. Sie kann Ausgangspunkt für Ihre nächsten Wachstumsschritte sein, die Sie tun wollen, um Ihr Ziel zu erreichen.

Vielleicht sind Sie aber auch mit Ihrer Alternative nicht zufrieden. Das ist sogar recht wahrscheinlich, da unser Racketsystem unser Denken, unsere Wahrnehmung und unsere Intuition dahingehend beeinflußt, daß wir immer wieder Erfahrungen machen, die das alte Racketsystem bestätigen. Das ist ein Grund dafür, daß wir bei der Racketanalyse in der Regel den Schutz und die Rückmeldung des Pädagogen, Beraters oder Therapeuten brauchen.

14. Schlußbemerkung

Die erfolgreiche Anwendung des hier vorgestellten Ansatzes für die Arbeit zum Lernziel Selbstverantwortung hängt vor allem von der pädagogischen Beziehung zwischen Mitarbeiter und Jugendlichem, der Individualisierung der Lernschritte und der Integration von Inhalt und Prozeß ab.

Der Pädagoge ist mit seinem eigenen Denken, Fühlen und Verhalten Teil der Lernbeziehung und wirkt damit unmittelbar fördernd oder schädlich auf den Wachstumsprozeß des Jugendlichen ein (oder ist mit seinen Interventionen wirkungslos). Deshalb ist die persönliche Klarheit im Hinblick auf die eigenen Racketsysteme und die Fähigkeit, damit autonom umzugehen, eine unabdingbare

Voraussetzung für die Anwendung dieses Konzepts in der Arbeit mit anderen Menschen, ja eigentlich für pädagogische Arbeit schlechthin. Als „verzerrte, sich selbst verstärkende Systeme" (vgl.Kap. 8) können Racketsysteme in der Regel vom Bewußtsein nicht unmittelbar als solche wahrgenommen werden. Vielmehr bedarf es dafür der fördernden Rückmeldung, der Konfrontation und des Schutzes durch andere Menschen. Darum sollten die hier dargestellte Arbeitsweise und das zugrundeliegende Modell zunächst selber in selbsterfahrungsorientierten Weiterbildungsseminaren kennengelernt werden, bevor sie in der eigenen pädagogischen Praxis angewandt werden.

Anmerkungen:

Dieser Aufsatz ist eine überarbeitete Fassung meines Beitrags „Selbstverantwortung als Lernziel in der Arbeit mit körperbehinderten Jugendlichen", in: Bordel/Nagel/Stadler: Schule – und wie weiter?, Heidelberg: Edition Schindele HVA, 1987

1) Das Planspiel, das mit einem Förderpreis für praktisches Lernen ausgezeichnet wurde, habe ich an anderer Stelle beschrieben (s. Literaturverzeichnis). Im Rahmen des Planspiels bewerben sich die Schülerinnen und Schüler auf Stellenausschreibungen von Firmen einer fremden Stadt, die sich zuvor zur Mitarbeit bereiterklärt haben. Neben dem Bewerbungsschreiben bereiten sich die SchülerInnen auch auf das Bewerbungsgespräch vor und organisieren Reise und Unterkunft dorthin. Den Höhepunkt bildet dann das Bewerbungsgespräch, das wie ein echtes Bewerbungsgespräch in der Firma mit dem/n dort zuständigen Mitarbeiter/n stattfindet.
2) Das englische Wort Racket bedeutet in der wörtlichen Übersetzung Tennisschläger, Lärm oder Trick. Das Wort ‚Trick' i.S. eines unbewußten, absichtsvollen Tricks kommt der eigentlichen Bedeutung am ehesten nahe. In der deutschsprachigen transaktionsanalytischen Literatur wird „Racketsystem" häufig mit „Maschensystem" übersetzt. Ich halte diese Übersetzung nicht für sehr glücklich, da mit Masche im allgemeinen Sprachgebrauch eher ein äußerlich auffälliges Verhalten beschrieben wird: ‚Das ist seine Masche'. Das Racketsystem hingegen ist ein integratives Modell internaler Regulation und externalen Verhaltens, das die Realisierung des Scripts in der Gegenwart beschreibt. Ich behalte darum den englischen Begriff bei.
3) Beziehungskonflikte entstehen häufig durch sich verhakende Racketsysteme zweier oder mehrerer Menschen. Wenn das Racketverhalten eines anderen im Sinne einer bestätigenden Erfahrung bei meinen verstärkenden Vorstellungen einrastet, wirkt es als Stimulus für mein eigenes, individuelles Racketsystem. In diesem meinem Racketsystem produziere ich ein bestimmtes Verhalten, was wiederum bei den verstärkenden Vorstellungen des anderen einrastet und dessen

Racketsystem stimuliert. Der produziert wieder aufgrund seines Systems ein bestimmtes Verhalten, das wieder bei meinen verstärkenden Vorstellungen einrastet usw. In solchem Falle sich verhakender Racketsysteme verstärken Menschen gegenseitig ihre destruktiven Überzeugungen und Gefühle und verlieren ihre Freiheit, Konflikte zu lösen und Kontakt und Nähe im Umgang miteinander zu erleben.

Literatur:

Bordel/Nagel/Stadler: Schule – und wie weiter?, Heidelberg: Edition Schindele HVA, 1987

Nagel, Norbert: Planspiel: Sich bewerben und vorstellen in einer fremden Stadt. In: *Bordel/Nagel/Stadler:* Schule – und wie weiter?, Heidelberg: Edition Schindele HVA, 1987

Erskine, Richard G., Zalcman, Marylin J.: The Racket System: A Model For Racket Analysis, *Transactional Analysis Journal*, 1979, 9, 51-59. Deutsche Übersetzung. Das Maschensystem. In: *Neues aus der Transaktionsanalyse*, 1979, 3:12, 152 – 161

Passivität als Problem Jugendlicher in Abschlußklassen oder in Maßnahmen zur Berufsvorbereitung

Eine Definition des Problems mit Hilfe der Schiffschen Modelle

Norbert Nagel

Zusammenfassung

Mit Hilfe des transaktionsanalytischen Passivitätsmodells wird in diesem Beitrag eine schulische Alltagssituation am Beispiel des immer bemühten aber erfolglosen Verhaltens von Peter so erklärt, daß begründetes pädagogisches Handeln zum Ziel persönlichen Wachstums unmittelbar daraus abgeleitet werden kann.

Passivität ist ein weit verbreitetes Problem von Jugendlichen. Ich wähle hier ein Beispiel aus meiner Arbeit mit älteren Jugendlichen im Berufsvorbereitungsjahr.

Die Schüler haben die Regelschulzeit abgeschlossen und sollen nun in einem weiteren Schuljahr noch die persönliche und fachliche Reife für eine Berufsausbildung erreichen. Oft würden sie am liebsten den gewohnten Schulalltag noch für ein weiteres Jahr fortsetzen, statt sich den Fragen ihrer künftigen Lebensgestaltung und beruflichen Zukunft zu stellen. Zwar äußern sie dabei zugleich ein Mißbehagen, oft Angst und Unzufriedenheit, doch fällt es ihnen schwer, direkt und selbstverantwortlich auf die anstehenden, wesentlichen Entscheidungen hinzuarbeiten.

Ein solches Vermeidungsverhalten erleben wir ebenso auch häufig bei Schülern der Abschlußklassen der Regelschule.

Als LehrerInnen spüren wir das Unbehagen der Jugendlichen und wissen, wie unausweichlich die Fragen nach dem nachschulischen Leben beantwortet werden müssen. Doch wer wird es tun? Wohlmeinende HelferInnen, die für den/die Jugendliche(n) die „beste Möglichkeit" aussuchen und ihn/sie zur Annahme überreden? Bei diesem Vorgehen wäre zwar vielleicht schnell eine „Lösung" gefunden. Wir hätten aber die Passivität des/r Jugendlichen bestätigt und gefördert. Bei künftigen Schwierigkeiten würde er/sie womöglich wieder auf eine(n) HelferIn warten, seine/ihre Abhängigkeit sich zum Ausgeliefertsein steigern.[1]

Ein wesentliches Ziel wohlverstandener pädagogischer Arbeit ist es jedoch, Menschen in ihrem persönlichen Wachstum zu fördern, damit sie ein Maximum an Autonomie erreichen. Autonomie heißt für mich die Fähigkeit zur Kreativität, Spontaneität und Intimität. Sie ist die Voraussetzung, daß Menschen sich selbst leben und in der Lage sind, ihren Teil der Verantwortung für sich, die Gemeinschaft und die Umwelt zu übernehmen.

Vor diesem Ziel ist nicht die Beantwortung der Frage nach der Zukunft der Jugendlichen das erstrangige Problem sondern ihre Passivität, mit der sie eine selbständige aktive Auseinandersetzung mit dieser Frage vermeiden. Von Passivität spreche ich allgemein dann, wenn Menschen ihre Fähigkeiten und Möglichkeiten nicht dazu gebrauchen, sich aktiv und unter Gebrauch all ihrer Möglichkeiten für das Erreichen ihrer Ziele und das Lösen ihrer Probleme einzusetzen.

Darum ist es für meine Arbeit von zentraler Bedeutung, die Frage zu klären, welche Funktion Passivität für den Jugendlichen hat, eine theoretische Grundlage dafür zu kennen und über praktische Handlungskompetenz zur Förderung persönlicher Autonomie und selbstverantwortlichen Handelns zu verfügen. Dabei ist mir in meiner Praxis die Transaktionsanalyse hilfreich. In meinen weiteren Ausführungen beziehe ich mich auf das Passivitätskonzept, wie es die Transaktionsanalytikerin *Jaqui Lee Schiff* und ihre Mitarbeiter entwickelt haben (*Schiff* 1975). Die Darstellung dieses Konzepts werde ich auf die zum Verständnis notwendigen Elemente und ihre in dem Zusammenhang wesentlichen Aspekte beschränken. Auf die transaktionsanalytischen Modelle zur Entstehung von Passivität gehe ich hier nur punktuell ein.

Im Hinblick auf die Umsetzung der theoretischen Überlegungen in die Praxis werde ich einige ausgewählte Handlungsschritte benennen. Es ist nicht mein Ziel, die komplexe pädagogische Situation und den ganzheitlichen Lernprozeß der Jugendlichen zu beschreiben. Darin liegt die Gefahr, daß das Gesagte im Sinne von Herrschaftswissen und Patentrezepten verstanden wird. Ohne eine akzeptierende, gewaltfreie und kooperative pädagogische Beziehung und eine Bewußtheit des Lehrers von seiner eigenen Passivität und gelebten Autonomie ist der beschriebene Zugang jedoch nicht in förderlicher Weise gangbar. Mit meinem Beitrag kann und will ich nicht mehr tun als Neugierde wecken und Lehrer und Mitarbeiter anderer sozialer und pädagogischer Berufe zur eigenen Weiterbildung anregen.

Als Beispiel will ich hier Peter vorstellen. Er fiel meinen Kollegen und mir durch seine nette, zurückhaltende Art angenehm auf. Peter arbeitete ruhig und gewissenhaft vor sich hin und erreichte recht passable Ergebnisse. Wo dies nicht der Fall war, stieß er in der Regel auf Verständnis und Großzügigkeit. Denn er ist ja so ein netter Junge...

Sein Problem hat er eines Tages angesprochen, als er sich darüber beklagte, daß andere Leute ihn nicht mit „Sie" ansprechen und nicht wie einen Erwachsenen behandeln. In der Tat war seine Ausstrahlung eher die eines 14-jährigen Jungen als die eines 19-jährigen jungen Mannes. Schulisch wurde sein Problem darin deutlich, daß er nur sehr vage Vorstellungen darüber hatte, welche Art beruflicher Tätigkeit für ihn in Frage kommen könnte. Danach gefragt, tat er eher so, als habe eine Beschäftigung damit doch wohl noch ein paar Jährchen Zeit. Wir Lehrer haben ihm das einige Male durchgehen lassen – vielleicht, weil er ja so ein netter Junge ist.

Doch dann stand die Berufsberatung bevor, und wir Lehrer wurden uns der Schwierigkeit bewußt: die Entscheidung über Peters Zukunft steht *jetzt* an, nicht in ein paar Jahren. Schnell organisierten wir für Peter ein Praktikum in einer Bäckerei, weitere sollten folgen. Hier hatten wir für kurze Zeit Peters Symbiosewünsche erfüllt und eine Retterrolle übernommen [2]. *Wir* hatten das Problem erkannt und waren aktiv geworden – nicht Peter. Entsprechend verlief das Praktikum, wie im folgenden Peters Bericht zu entnehmen ist.

Da nicht ich sondern ein Kollege das Praktikum betreut hatte, fragte ich in der darauffolgenden Woche Peter nach seinen Erfahrungen. Er berichtete: „Es ist nicht alles so gelaufen, wie es gesollt hätte. Am Montag haben die Busfahrer gestreikt, am Dienstag war ich krank, am Mittwoch war ich in der Bäckerei, am Donnerstag habe ich verschlafen, und am Freitag bin ich lieber in die Schule gegangen, damit ich nicht so viel versäume." Nach einer kurzen Irritation meinerseits fragte ich ihn: „Angenommen, du hättest das gleiche Praktikum noch vor dir. Was wirst du nach dieser Erfahrung anders machen?" Peter antwortete: „Da kann ich ja nichts dagegen machen, wenn die Busfahrer streiken".

Wie würden Sie jetzt reagieren, lieber Leser, liebe Leserin?

Zwei Reaktionsweisen erscheinen mir besonders naheliegend:
— Wir könnten uns jetzt vorhalten, nicht früh genug mit der Vorbereitung des Praktikums begonnen zu haben oder es nicht intensiv genug betreut zu haben, und uns vornehmen, uns noch mehr um Peter zu kümmern und „mitzuhelfen, daß es klappt".
— Oder aber wir rechnen auf, welche Mühen wir auf uns genommen haben, in so kurzer Zeit noch ein Praktikum für Peter zu organisieren, und werden ärgerlich über sein Verhalten. „Das passiert mir nicht noch einmal", könnten wir uns sagen, „der wird schon sehen, wo das hinführt, wenn er sich nicht selber auch ein bißchen Mühe gibt."

Spätestens jetzt ist es an der Zeit, mit Distanz und klarem Kopf die ganze Situation einmal anzuschauen, um herauszufinden, was Peter für seinen weiteren Wachstumsprozeß braucht.

Die beiden zuletzt beschriebenen möglichen Reaktionen sind Ausdruck einer symbiotischen Beziehung. Ich will hier zunächst den Begriff der Symbiose erläutern:

Der Ort einer gesunden Symbiose ist z. B. die Beziehung zwischen einer Mutter und ihrem Säugling. Der Säugling nimmt eigene Bedürfnisse, wie z. B. Hunger, wahr, kann sie aber nicht selbst befriedigen. Er braucht dazu einen anderen Menschen, der für ihn Verantwortung und Fürsorge übernimmt und über das dafür notwendige Wissen verfügt. Der Säugling lebt in einer Abhängigkeit von diesem anderen Menschen, z. B. der Mutter, die für ihn überlebensnotwendig ist.

Mit jedem erfolgreichen Entwicklungsschritt verliert diese Symbiose an Bedeutung. In der Regel wird sie dann von beiden Stück um Stück zugunsten kooperativer Beziehungsmuster aufgegeben. Wird sie jedoch ohne Notwendigkeit beibehalten (auf mögliche Gründe gehe ich hier nicht ein), wird sie zur gewohnten und vertrauten Beziehungsstruktur mit anderen Menschen. Die Dynamik solcher Beziehungen wird weiterhin aus dem – jetzt unangemessenen – Erleben genährt, den anderen für das eigene Überleben zu brauchen. Um diesen Glauben aufrechtzuerhalten, muß ich stets eigene Fähigkeiten abwerten, mich in meiner Autonomie einschränken.

Der Versuch, eine symbiotische Beziehung herzustellen, ist somit die Initiative zur Wiederholung einer alten, der heutigen Lebensrealität inadäquaten Beziehungskonstellation, verbunden mit Angst, diese aufzugeben. Entsprechend werden andere Menschen dazu eingeladen, meinen Glauben über mich zu übernehmen und eine entsprechende Gegenrolle in der Beziehung einzunehmen. Sie tun dies nur, wenn sie selber auch die Bereitschaft haben, ihre Autonomie einzuschränken. So haben alle Beteiligten in der symbiotischen Beziehung das Gefühl der Unzulänglichkeit, das, wenn überhaupt, nur gelegentlich unterbrochen wird von einem bisweilen explosiven Aufbegehren gegen die der Symbiose eigene gegenseitige Abhängigkeit und Einschränkung.

Zur visuellen und intuitiven Veranschaulichung einer Symbiose nehme ich hier ein transaktionsanalytisches Diagramm auf (Abb. 1), ohne die theoretischen Implikationen, insbesondere das Funktionsmodell der Persönlichkeit, zu erläutern oder es in bezug zu den anderen Modellen symbiotischer Beziehungen zu besprechen.

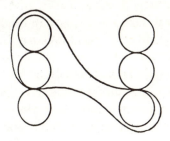

Abb. 1: *Diagramm einer Symbiose*

Als typische Rollen in einer Symbiose wurden von J. *Schiff* und Mitarbeitern herausgearbeitet: der ärgerliche Selbstgerechte, der sorgenvolle Selbstgerechte, der ärgerliche Übeltäter, der sorgenvolle Übeltäter, der Fürsorgliche und der immer Bemühte. (Auf das „Redefining Hexagon" und die Charakteristik der Rollen im einzelnen gehe ich hier nicht ein.)

Wenn ich die Rollentypisierung für das beschriebene Beispiel verwende, so ist der Vorsatz künftig „mitzuhelfen, daß es klappt" der Ausdruck eines „Fürsorglichen", der sich zuvor in der Rolle des „sorgenvollen Übeltäters" erlebt hat, der nicht früh genug mit der Vorbereitung des Praktikums begonnen hat. Den Vorsatz „Das passiert mir nicht noch einmal" faßt hingegen der „ärgerliche Selbstgerechte". Beides sind innerhalb der Symbiose Reaktionen auf den „sorgenvollen Selbstgerechten", der feststellt, daß „nicht alles so gelaufen ist, wie es gesollt hätte" und aus der Rolle des ärgerlichen Selbstgerechten feststellt: „Da kann ich ja nichts dagegen machen, wenn die Busfahrer streiken."

Verfolgen wir diesen Hinweis auf eine Symbiose zwischen Peter und uns Lehrern zurück, entdecken wir in dem „ruhigen und gewissenhaften Vorsichhinarbeiten" die Rolle des „immer Bemühten", auf den wir aus der Rolle des „Fürsorglichen" reagiert haben, weil er „ja so ein netter Junge" ist.

In dieser wie jeder symbiotischen Rolle werden Aspekte der Realität nicht oder in ihrer Bedeutung nicht adäquat wahrgenommen. (Ich gehe weiter unten im Zusammenhang mit „Abwertungen" näher darauf ein.) So haben wir Peter zugestanden, noch keine Vorstellungen über seinen künftigen Beruf zu haben, und dann zu guter Letzt das Praktikum für ihn organisiert, anstatt die Unstimmigkeit zwischen Lebenswirklichkeit (Abschlußklasse, bevorstehender Eintritt in das Berufsleben) und Peters persönlicher Wahrnehmung der Frage der Berufswahl zu konfrontieren.

Indem wir die symbiotische Struktur der Beziehung erkennen, haben wir nun die Möglichkeit, unsere eigene Autonomie auch in der Beziehung zu Peter wieder zu leben und dadurch jene Punkte zu sehen, wo er sich selbst schadet und in seiner Entwicklung und seinem Lernprozeß behindert.

Damit bin ich nun bei der im Thema genannten „Passivität". Denn Passivität als selbstdestruktives und ineffektives Verhalten dient dem Aufbau und der Aufrechterhaltung von Symbiosen. Zugleich fördern Symbiosen die Beibehaltung von Passivität. Sind wir also nicht mehr bereit, Symbiosen einzugehen, und fähig, altersangemessene Beziehungen, wie sie selbstverantwortlichen Menschen gemäß sind, zu leben, werden wir Passivität nicht ungewollt fördern und als Problem erkennen.

Die weitere differenzierte Beschreibung von Passivität kann Anregungen geben, wie wir Jugendliche darüberhinaus aktiv unterstützen können, Passivität aufzugeben und persönliche Wachstumsschritte zu tun.

Passivität zeigt sich äußerlich in vier verschiedenen passiven Verhaltensweisen:
- Nichtstun
- Überanpassung
- Agitation
- Gewalt (gegen sich selbst oder andere)

Nichtstun ist das Ausbleiben einer Reaktion auf einen Stimulus, ein Problem oder eine Entscheidungsanforderung. Die Energie wird auf Handlungen gelegt, die dazu nützen, eine Reaktion auf die äußere Realität zu vermeiden. Die Bewußtheit ist auf das eigene Unwohlsein und die eigene Identität gerichtet. Über das, was außenherum passiert, wird wenig nachgedacht.

Wenn sich Menschen *überanpassen*, folgen sie nicht ihren eigenen Zielen, sondern akzeptieren für sich die Ziele anderer oder folgen ihrer Phantasie über das, was andere wollen oder erwarten, ohne über die Sinnhaftigkeit nachzudenken. Da sie damit im allgemeinen freundlich und verständnisvoll wirken, wird ihr Verhalten zumeist sozial verstärkt. Überanpassung ist zu unterscheiden von jenen Formen angepaßten Verhaltens, bei dem Menschen selbständig denken und ihre eigenen Ziele in bezug zu einer realistischen Einschätzung der Situation setzen.

Agitation ist eine sich wiederholende, nicht zielgerichtete Aktivität, wie zum Beispiel im Zimmer auf- und ablaufen, unruhiges Spiel mit den Fingern, stottern, rauchen oder viele Worte machen, sich dabei wiederholen und zugleich unklar für andere bleiben. Durch Agitation versuchen Menschen, unangenehmes inneres Erleben zu vermeiden oder zu verringern und durch den mit agitiertem Verhalten erreichten Energieabbau unkontrolliertes Verhalten zurückzuhalten. Manchmal ist Agitation ein Anzeichen einer bevorstehenden Gewalttätigkeit.

Die vierte Form passiven Verhaltens ist die *Gewalttätigkeit* gegen sich selbst oder andere. Sie stellt eine Entladung von Energie dar, die im Rahmen von Passivität aufgebaut und nicht adäquat gelebt wird. Während der gewaltsamen Entladung wird das Denken ausgeschaltet und zumeist die Verantwortung für das eigene Verhalten abgelehnt. Wie ich bereits oben ausgeführt habe, wird durch passives Verhalten versucht, eine „symbiotische Beziehung" zu anderen Menschen herzustellen oder aufrecht zu erhalten. Gewalt ist ein ineffektiver Weg, sie zu erzwingen. Gewalt gegen andere besteht im Angriff oder in tätlicher Bedrohung anderer Menschen oder der Zerstörung von Sachen. Sich unfähig machen ist eine überangepaßte Form der Gewalt. Sie ist Gewalt gegen sich selbst, wie z. B. Formen von in Ohnmacht fallen, Migräne oder Erbrechen.

In meinem Beispiel zeigte Peter als passive Verhaltensweise „Nichtstun", wenngleich seine Rolle in der symbiotischen Beziehung die des „immer Bemühten" war. Ich will dies am Verschlafen von Peter am Donnerstag aufzeigen. Peter hatte wie jeden Abend seinen Wecker gestellt, ihn am Morgen entweder nicht gehört oder ausgestellt und weitergeschlafen. Kein Wunder, denn für das Praktikum in der Bäckerei hätte er um 4.00 Uhr aufstehen müssen! Für diese ungewohnte Zeit war seine Vorsorge nicht angemessen. Es wäre sinnvoll gewesen, z. B. außerdem früher ins Bett zu gehen, einen zweiten Wecker zu stellen oder den telefonischen Weckdienst zu beauftragen. Im Hinblick auf das Ziel, um 4.00 Uhr aufzustehen, hat Peter 'nichts' im Sinne von 'nicht genug' oder 'nicht das Wesentliche' getan.

In der Kommunikation geben sogenannte Umdeutungstransaktionen einen Hinweis auf Passivität. „Transaktion" ist die Bezeichnung der kleinsten Kommunikationseinheit, bestehend aus einem Stimulus und einer Reaktion. Von Umdeutungstransaktion sprechen wir dann, wenn der Fokus des Stimulus ein anderer ist als der der Reaktion. In diesem Fall befassen sich Stimulus und Reaktion mit zwei verschiedenen Inhalten oder mit den gleichen Inhalten, jedoch unter verschiedenem Aspekt oder mit unterschiedlicher Definition [3].

In meinem Beispiel frage ich Peter im Anschluß an seinen Praktikumsbericht: „Was wirst du nach dieser Erfahrung anders machen?" Ich frage damit nach seiner Absicht und danach, was er tun wird.

In seiner Antwort spricht Peter jedoch statt von seiner „Absicht" von seiner „Möglichkeit" und statt vom „Tun" vom „Nichtstun", wenn er sagt: „Da kann ich ja nichts dagegen machen, wenn die Busfahrer streiken."
Er geht mit seiner Antwort auf den Fokus meiner Frage nicht ein. Stattdessen deutet er die Frage für sich so um, daß er mit einem ihm vertrauten Gedankengang antworten kann. Er kann damit intern seine gewohnte Sicht des Problems aufrechterhalten und verschließt sich dadurch Stimuli, die Anstoß zu Lernen und Wachstum sein können.

Mit dem kommunikativen Merkmal von Passivität, der Umdeutungstransaktion, und dem Verhaltensmerkmal, den beschriebenen passiven Verhaltenweisen, geht ein Merkmal der intrapsychischen Regulation [4] einher, das in der transaktionsanalytischen Theorie als „Abwertung" beschrieben wird [5]. Abwertung meint die unbewußte Verkleinerung oder Ausblendung von Aspekten der eigenen Person, anderer Menschen oder der äußeren Realität allgemein.

Dabei werden vier Ebenen von Abwertungen [6] unterschieden:

	Existenz
	Bedeutung
	Änderungsmöglichkeiten
	persönliche Fähigkeiten

Abb. 2: Vier Ebenen von Abwertungen

In meinem Beispiel spricht Peter davon, daß „nicht alles so gelaufen ist, wie es gesollt hätte." Damit benennt er die Existenz eines Problems. Wie sein Umgang mit diesem Problem jedoch zeigt, wertet er die Bedeutung des Problems ab. Da eine Entscheidung über seine berufliche Zukunft in wenigen Wochen erfolgen muß, sind die Möglichkeiten zur Durchführung von Praktika nur noch sehr begrenzt, die vertane Gelegenheit ist kaum mehr zu ersetzen. Für Peter hingegen ist das Problem mit der Feststellung „Es ist nicht alles so gelaufen, wie es gesollt hätte" scheinbar erledigt.

Abb. 2 nennt nicht nur die Formen der Abwertung, der Pfeil in der linken Spalte gibt auch einen Hinweis auf ihre Beziehung untereinander. Die umfassendste Form der Abwertung ist die der Existenz von Stimuli, von Problemen oder Optionen. Erst wenn das Individuum die Existenz anerkannt hat, kann es sich über die Bedeutung klar werden. Ist die Bedeutung z. B. eines Problems bewußt, können auf einer nächsten Stufe die Änderungsmöglichkeiten abgewertet werden, etwa mit dem ungeprüften Gedanken: „Das ist halt so, da kann man nichts dran ändern." Erst wenn grundsätzlich die Veränderbarkeit akzeptiert wird, ist eine Auseinandersetzung mit der Frage erfolgreich möglich, welches die persönlichen Fähigkeiten und Möglichkeiten sind, z. B. das Problem zu lösen.

Jetzt wird verständlich, warum Peter in meinem Beispiel meine Frage „Was wirst du nach dieser Erfahrung anders machen" umgedeutet hat. Denn ich frage nach seiner Absicht, welche persönlichen Fähigkeiten und Möglichkeiten er künftig einsetzen, bzw. gebrauchen will, um sein Problem zu lösen. Solange Peter jedoch das Problem bereits auf der Ebene der Bedeutung abwertet, macht es nach seiner internen Logik keinen Sinn, sich mit dieser Frage zu befassen. Sein Nichtstun als passive Verhaltensweise kann jetzt präzisiert werden als nicht das der Bedeutung, den Änderungsmöglichkeiten und den persönlichen Fähigkeiten Angemessene tun.

Darin liegt die Einladung zu einer symbiotischen Beziehung. Wir haben sie in dem Augenblick angenommen, wo wir aufgrund eigener Abwertungen Peters interne Abwertung der Bedeutung der altersgemäßen Entscheidungserfordernisse ignoriert haben. Damit war die Basis für eine Bestätigung und Fortsetzung seiner und unserer Passivität gegeben.

Das Ziel meiner bisherigen Ausführungen war es, im Sinne meines Themas eine beschreibende Definition von Passivität aus der Sicht der Transaktionsanalyse anhand einer pädagogischen Alltagssituation vorzustellen. Auf die sich daran anschließende Frage der pädagogischen Praxis, die daraus folgt, will ich hier nur mit einigen grundlegenden Überlegungen eingehen.

Die Arbeit mit dem beschriebenen Verstehensmodell setzt voraus, daß der Pädagoge eigene symbiotische Bedürfnisse und interne Abwertungen kennt und über alternative Verhaltensweisen verfügt. Dies macht in der Regel einen qualifizierenden Prozeß vertiefter Selbsterfahrung und persönlichen Wachstums erforderlich. Darüberhinaus bedarf es der Erfahrung und Übung, in pädagogischen Handlungssituationen z. B. symbiotische Bedürfnisse, Umdeutungen, passive Verhaltensweisen und Abwertungen zu erkennen und durch Training und Information die eigene Handlungskompetenz zu erweitern. Dies ist in der Regel eine Aufgabe von Supervision.

Eine in der Praxis hilfreiche Analyse der Situation habe ich im Rahmen der beschreibenden Definition von Passivität vorgestellt. Ihr Ziel ist nicht eine Diagnose mit einer statischen Zuschreibung. Vielmehr sind die verwendeten Modelle handlungsorientiert. Sie bieten eine Hilfe bei der Entscheidung, welches für den Jugendlichen hilfreiche und wachstumsfördernde Handlungserfahrungen sind. So ist es für Peter wichtig, seine Symbiosewünsche nicht zu befriedigen und ihn zu unterstützen bei der Erfahrung, daß er bei der Entscheidung seiner Berufsperspektiven nicht von fürsorglichen Helfern abhängig ist. Dazu ist notwendig, sein passives Verhalten verbal zu konfrontieren und zugleich Handlungserfordernisse zu schaffen, die aktives und selbstverantwortliches Verhalten von ihm verlangen. Eine geeignete unterrichtliche Arbeitsweise dafür ist das Lernen in Projekten.[7] In der Kommunikation mit ihm ist auf Umdeutungen zu achten und auf die Beantwortung an ihn gerichteter Fragen zu insistieren, um ihn auf bislang abgewertete Aspekte der Realität aufmerksam zu machen. Dabei ist notwendig, Lernsituationen bereitzustellen, die ihm ermöglichen, abgewertete Realitätsaspekte schrittweise in Besitz zu nehmen. In obigem Beispiel habe ich deshalb nach der eingangs beschriebenen Szene zunächst mit ihm über die Bedeutung gesprochen, die es hat, daß das Praktikum nicht so gelaufen ist, „wie es gesollt hätte." Danach war es für Peter nützlich, in einem Klassengespräch zu hören, wie andere Schüler der Klasse mit den Schwierigkeiten der verschiedenen Praktikumstage umgegangen wären, und er konnte dann meine Frage beantworten, was er das nächste Mal anders machen würde. Sein Plan war realistisch, das nächste Praktikum hat er selbst organisiert und war regelmäßig und pünktlich da.

Bei der Gestaltung der erforderlichen Lernsituationen können verschiedene didaktische und methodische Wege beschritten werden. Die wesentliche Hilfe der transaktionalen Analyse besteht darin, sicherzustellen, daß wir bei ihrer Realisierung nicht unbesehen jenes Verhalten des Jugendlichen fördern, mit dem er sein Wachstum behindert und seine Autonomie einschränkt. Es wird eine Individualisierung der Lernziele auf die Lernbedürfnisse und -interessen der einzelnen Jugendlichen auf der Inhalts- und der Prozeßebene möglich. Sie gewährleistet, daß wir an den für die Jugendlichen wesentlichen und aktuell relevanten Themen arbeiten.

Allerdings setzt die Individualisierung die Einwilligung des Schülers in die pädagogische Beziehung zwischen Lehrer und Schüler und die aktive Unterstützung der Ziele durch den Jugendlichen voraus. Sind sie nicht gegeben, ist es weder ethisch vertretbar noch praktisch erfolgreich, transaktionsanalytische Modelle und Methoden einzusetzen.

Darin liegt nicht nur eine Grenze, sondern zugleich die Chance des Ansatzes. Wachstum ist nur möglich in einer Atmosphäre gegenseitiger Anerkennung. Sie schließt den Respekt vor dem Willen des anderen ein auch da, wo wir aufgrund unserer Kompetenz glauben, es besser zu wissen. Begegnen wir mit dieser Haltung dem Jugendlichen, ist eine wesentliche Voraussetzung gegeben, daß er seine Möglichkeit zu Wachstum und Veränderung nutzt.

Anmerkungen

Dieser Aufsatz ist eine überarbeitete Fassung meines Beitrags „Passivität als Problem Jugendlicher in der Berufsvorbereitung – Eine Definition des Problems aus der Sicht der Transaktionsanalyse", in: Butzke/Bordel: Leben ohne Beruf?, Heidelberg: Edition Schindele HVA, 1989

1) Im übrigen Text habe ich der Einfachheit halber die maskuline Form für beide Geschlechter gewählt.
2) Ich werde den Begriff „Symbiose" weiter unten erläutern.
3) Auf die Unterscheidung in tangentiale und blockierende Umdeutungstransaktionen gehe ich hier nicht näher ein.
4) Nach transaktionsanalytischer Auffassung ist die intrapsychische Regulation wesentlich ein Abbild erlebter früherer sozialer Erfahrungen. Sie ist Grundlage der Organisation der gegenwärtigen alltäglichen Sozialbeziehungen und wird durch selektive Wahrnehmung bestätigt. Sie ist potentiell für Lernprozesse zugänglich und

veränderbar (vgl. Nagel, 1982). Die Struktur und Bedingungen solcher Lernprozesse im einzelnen zu beschreiben, würden den Rahmen dieses Beitrages überschreiten.
5) Auf die weiteren Merkmale „Grandiosität" und „Denkstörung" gehe ich hier nicht ein.
6) Auf die drei Arten der Abwertung (Stimulus, Problem, Optionen) gehe ich hier nicht ein.
7) Eine Beschreibung projektorientierter Arbeit im Rahmen unseres Schulversuchs Berufs- und Lebensvorbereitungsjahr (BLVJ) finden Sie in dem Beitrag von Nagel/Peters/Seehase in Butzke/Bordel 1989.

Literatur

Bordel/Nagel/Stadler: Schule – und wie weiter?, Heidelberg: Edition Schindele HVA, 1987
Butzke/Bordel: Leben ohne Beruf?, Heidelberg: Edition Schindele HVA, 1989
Hostie, R., Rogoll, R. (Hrsg.): Neues aus der Transaktionsanalyse, Jg. 1, Nr. 3: Passivität – Neubeeltern, Behandlung von Psychosen. Burgkirchen, 1977
Nagel/Peters/Seehase: Bericht aus der Arbeit im Berufsvorbereitungsjahr der Schule für Körperbehinderte am Rehabilitationszentrum in Neckargemünd, in: Butzke/Bordel: Leben ohne Beruf?, Heidelberg: Edition Schindele HVA, 1989
Nagel, N.: Transaktionsanalyse und Pädagogik – Wissenschaftstheoretische und sozialisationstheoretische Grundlagen einer Integrativen Pädagogik, Neckargemünd: Verlag Integrative Pädagogik und Erwachsenenbildung, 1982
Schiff, J. L.: Cathexis Reader. Transactional Analysis Treatment of Psychosis. New York, Evaston, San Francisco, London, 1975

Die Entwicklung der persona als Ziel pädagogischen Handelns

Allgemeine Überlegungen zur Verwendung von Konzepten der Transaktionsanalyse im Kontext der Schule

Ulrich Schmidt

Zusammenfassung

Schule schafft künstlich zusammengesetzte Gruppen, die gemäß dem allgemeinen Vertrag der Schule unter dem Widerspruch stehen, einerseits die Schüler durch Erziehung an die Normen und Strukturen der bestehenden Gesellschaft anzupassen, andererseits sie durch Bildung zu selbstbestimmtem Handeln zu befähigen. Innerhalb des Herrschaftsgefüges der Institution Schule müssen Schüler daher sowohl lernen, rollenadäquat zu handeln, als auch frei ihre Persönlichkeit zu entwickeln. Das Konzept der persona anerkennt diesen Widerspruch: es geht davon aus, daß jeder Schüler das Recht hat, für sich aus der Einsicht in die Notwendigkeiten einen Weg zu finden, wie er sich in der Schule angemessen präsentiert, ohne jedoch sein Selbst jeder Anforderung der Institution zu unterwerfen. Der Artikel konkretisiert E. Bernes Konzept der persona für die Schule und zeigt an zwei Beispielen, wie dieses Konzept einmal zu Konfliktlösungen innerhalb einer Lerngruppe angewendet werden kann, zum anderen wie es dazu dienen kann, zu lernen, die eigenen Bedürfnisse angemessen zu befriedigen.

Inhalt

1. Das Problem: Transaktionsanalyse im Arbeitsbereich Schule
2. Der allgemeine Vertrag der Schule als Rahmen für die Verwendung von Transaktionsanalyse

3. Die persona bei E. Berne
4. Die persona in der Schule
5. Die Anwendung des Konzepts der persona in der Schule
5.1 Verhaltenskorrektur durch Analyse
5.2 Pädagogische Unterstützung für die Bildung einer „gelungenen persona"
6. Ausblick

1. Das Problem: Transaktionsanalyse im Arbeitsbereich Schule

Die Deutsche Gesellschaft für Transaktionsanalyse (DGTA) verlangt von einem ausgebildeten Transaktionsanalytiker, daß er sich in der Anwendung der Transaktionsanalyse vom Zentrum seiner Tätigkeit her definiert. In dieser Forderung drückt sich aus, daß die Transaktionsanalyse ein theoretisches Konzept ist, das in vielen Zusammenhängen einsetzbar ist. Ob und wie dieser Einsatz ethisch legitim und sachlich effizient ist, muß jeweils durch erneutes Nachdenken über die Einsatzbedingungen geklärt werden.

Ich möchte im folgenden für einen Teilbereich des Arbeitsfeldes Pädagogik, die Arbeit mit älteren Schülern, ausgehend von einer Klärung der kontextuellen Bedingungen genauer bestimmen, wie diese Anforderungen eingelöst werden können. Ich werde dazu mit dem von *E. Berne* übernommenen Konzept der persona ein Beziehungsmodell vorstellen, in dem Transaktionsanalyse effizient und ethisch legitim in der schulischen Arbeit eingesetzt werden kann.

Ich gehe in meinen Überlegungen einmal von meinen Erfahrungen als Lehrer aus, in denen ich z. T. sehr mühsam lernen mußte, daß der pädagogische Vertrag und das damit zusammenhängende institutionelle Beziehungsgeflecht der Schule ein Herrschaftsgefälle schaffen, das leicht mißbraucht werden kann und das deshalb einen besonderen Respekt des Lehrers vor dem Selbstbestimmungsrecht des Schülers verlangt.

Der zweite wichtige Beziehungspunkt meiner Gedanken sind die Schriften *E. Berne*s zu Gruppendynamik und Struktur von Organisationen, in denen er die sozialpsychologische Dimension von Transaktionsanalyse darstellt. Obwohl er wenig direkten Bezug auf die Schule nimmt, finden sich hier dennoch viele Hinweise für den Umgang mit Problemen, die in der pädagogischen Situation der Schule erwachsen.

Ich habe meine Überlegungen in der Arbeit mit Schülern eines Gymnasiums entwickelt. Inwieweit sie auf andere Schulformen übertragbar sind, muß die Praxis erweisen.

2. Der allgemeine Vertrag der Schule als Rahmen für die Verwendung der Transaktionsanalyse

Ausgangspunkt meiner Überlegungen ist die Feststellung, daß der allgemeine Vertrag, der dem Arbeitsbereich Schule zugrunde liegt, einige sehr widersprüchliche Momente aufweist. In den Präambeln der Schulgesetze der einzelnen Bundesländer wird im allgemeinen als Ziel schulischen Unterrichts genannt, die Entwicklung des Schülers nach Maßgabe seiner Fähigkeiten zu fördern und ihn in die Lage zu versetzen, in der Gesellschaft zu handeln. Um das zu erreichen, stellt der Staat Schulen, Lehrpläne, Unterrichtsmaterialien etc. zur Verfügung, die alle diesem Ziel dienen sollen.

Betrachtet man die Realität dieser Institution genauer, muß man feststellen, daß es neben dieser offiziellen Zielsetzung eine selten ausgesprochene, aber weithin geteilte „geheime" gibt, die die offizielle redefiniert. Im Schulalltag gilt es primär, die Schüler an die Bedingungen der Institution Schule (und damit an die Bedingungen derer, die die Institution eingerichtet haben und sie tragen) anzupassen. Das reicht vom Zwang für bewegungshungrige und mitteilungsbedürftige Kinder, über lange Zeiträume still und stumm zu sitzen, bis zur Einteilung des Wissens über die Welt in sauber voneinander abgegrenzte Schulfächer, in denen nur abprüfbare Inhalte wichtig sind. Erst sekundär spielt es eine Rolle, die persönlichen Anlagen und Fähigkeiten der Schüler zu entfalten.

Die offizielle und die alltägliche Zielsetzung und ihre Gewichtung in der Realität begründen sich in dem allgemeinen pädagogischen Verhältnis, aus dem heraus pädagogisches Handeln zugleich Bildung und Erziehung ist. Die Präambeln stellen als Zweck der Schule Bildung heraus. Bildung ist ein Begriff aus der bürgerlich-humanistischen Tradition. Sie meint letztlich das Resultat der selbständigen kritischen Auseinandersetzung des Gebildeten mit dem, was er in seinem Leben lernt, erfährt, erlebt, verarbeitet. Über Bildung nimmt der Schüler das ihm vermittelte Wissen auf, integriert es rational in seine Persönlichkeit, entfaltet an ihm seine menschlichen Anlagen zu Bewußtsein, Spontaneität, Intimität. Bildung kann durch die Schule angeregt, aber nicht erzwungen werden.

Die Schulrealität folgt dagegen mehr dem Gedanken von Erziehung. Erziehung meint Anpassung des zu Erziehenden an die Bedingungen der Gesellschaft, in die er hineingeboren wird, an ihre Denkweise, ihre Traditionen, ihre Kulturtechniken, ihre Herrschaftsverhältnisse. Erziehung ist ein sehr weitreichender Vorgang, der bis in die Formung des Körpers und vorsprachlicher Strukturen hineinreicht; in ihr gibt die vorherige Generation der nachfolgenden ihre Erfahrungen weiter, durch sie werden die Erzogenen erst in der bestehenden Gesellschaft handlungsfähig – und sie unterwirft auch die Erzogenen den Absichten der Erziehenden. Sie ist Herrschaftsausübung mit allem, was Herrschaftsausübung notwendig und gefährlich macht.

In der Schule zeigt sich Erziehung als Qualifikation für die Anforderungen eines spezifischen Arbeitsmarktes, als Entwicklung eines bestimmten Weltbildes, als soziale Selektion durch Noten usw.

Die Unterscheidung Erziehung – Bildung ist zunächst nur begrifflich, in der schulischen Realität durchdringen sich die beiden Momente. Grundsätzlich ist Erziehung für Bildung notwendig, weil Erziehung zunächst einmal den kulturellen Bezugsrahmen setzt, in dem sich Bildung entfalten kann. Die Unterscheidung Erziehung – Bildung wird jedoch im pädagogischen Umgang mit älteren Jugendlichen und jungen Erwachsenen wichtig, weil sie dort dem direkten erzieherischen Handeln immer engere Grenzen setzt und der Autonomie der Educanden immer stärker Platz einräumt.

Wenn Bildung und die in ihr liegenden Möglichkeiten der Selbstbestimmung ein wirkliches Ziel von Schule sein sollen, dann ist die gegenwärtige Situation der Schule stark veränderungsbedürftig, da sie mit ihrem heimlichen Lehrplan den Jugendlichen zuwenig „Erlaubnis zum Wachstum" gibt. Dagegen stellt Transaktionsanalyse ein pädagogisches Instrumentarium zur Verfügung, das die Chancen zur Initiierung dieses Wachstums verbessert. Von daher bietet sich eine verstärkte Verwendung von Transaktionsanalyse in der Schule an, um aus dem Unterrichtsgeschehen heraus eine

„innere Schulreform" in Gang zu setzen, die die destruktiven Auswirkungen des heimlichen Lehrplans abmildert.

Es ist nicht unmöglich, eine solche „Schulreform von innen" zu betreiben, meiner Erfahrung nach müssen dazu aber zwei Problemfelder selbstkritisch im Auge behalten werden:
1. Die gegebenen Strukturen sind oft so übermächtig, daß eine „Schulreform von innen" leicht das Gegenteil des Intendierten erreicht. Der administrative Apparat hat unabhängig vom guten Willen des einzelnen Kollegen die Tendenz, neue Wege für sich zu instrumentalisieren, sprich aus pädagogischen Innovationen technische zu machen, die die Situation für Lehrer und Schüler aushaltbarer gestalten, aber nicht den eigentlichen pädagogischen Zielsetzungen dienen. Transaktionsanalyse – falsch verwendet – kann so dazu dienen, institutionelle Konflikte ohne substantielle Konfliktlösungen zu harmonisieren und im Sinne der Institution unerwünschtes Verhalten in effizientes zu verändern, ohne daß den eigentlichen Bedürfnissen Rechnung getragen wird.
2. Es gibt nicht *die* Transaktionsanalyse, sondern nur Menschen, die mit dem Modell der Transaktionsanalyse umgehen. Das bedeutet auch, daß Elemente der Transaktionsanalyse eingesetzt werden können, ohne daß sie in ihrer Reichweite klar genug erkannt sind. Auch für Lehrer ist die Situation an den Schulen oft nur noch schwer erträglich. Von daher ist es verständlich und legitim, wenn sie nach neuen, vielversprechenden Methoden Ausschau halten, die ihnen diese Situation erleichtern. Ich weiß aus eigenem Erleben aus der Lehrerfortbildung, daß man Transaktionsanalyse kennenlernen und dann hochmotiviert an die Schule zurückkommen kann, um das erworbene Wissen recht distanzlos in den Unterricht einzubringen. Der Schaden, den man dann für die Schüler, für sich und die Transaktionsanalyse anrichten kann, ist angesichts der institutionellen Situation nicht unbeträchtlich.

Das Problem scheint mir jedoch nicht in erster Linie bei Kollegen, die solches erleben, zu liegen, sondern bei der Institution, die kaum Supervisionsmöglichkeiten zur Verfügung stellt, und denen, die die Kollegen in Transaktionsanalyse einführen und die nicht genügend darauf achten, den Schutz der Schüler zu betonen. Meines Wissens werden solche Einführungen häufig gerade nicht von DGTA-geprüften Teamern geleitet, die um die Relevanz dieser Dimension wissen, sondern von Kollegen, die selbst eine unzureichende Ausbildung in Transaktionsanalyse haben und die sich viele Anregungen aus Büchern holen. Gerade weil ich die Wirksamkeit von Transaktionsanalyse hoch schätze, scheint mir hier manchmal mehr Nachdenklichkeit wünschenswert.

Aus diesen Überlegungen heraus halte ich es für notwendig, neben den innovativen Möglichkeiten, die Transaktionsanalyse bietet, die Bedingungen und Grenzen ihrer Anwendung in der Schule zu reflektieren. Letztendlich unterliegt auch die Verwendung von TA in der Schule dem Verhältnis, das Pädagogen seit langem unter dem Begriff „Pädagogischer Takt" beschreiben, der Fähigkeit des Pädagogen, theoretische Einsicht und praktisches Handeln so miteinander zu verbinden, daß für den Educanden eine förderliche Atmosphäre entsteht, in der er seine Potentiale entfalten kann.

Mit dem Konzept der persona möchte ich eine Möglichkeit zeigen, wie dieser an sich recht unscharfe Begriff des Pädagogischen Taktes unter den gegebenen Bedingungen durch Transaktionsanalyse präzisiert und fruchtbar gemacht werden kann.

3. Die persona bei E. Berne

Je mehr sich die Erzogenen der Fremdbestimmung von Erziehung bewußt werden, je mehr sie die Differenz erkennen zwischen dem, was sie tun und denken sollen, und dem, was sie tun wollen, wie sie denken und wie sie fühlen, je mehr sie erfahren, daß sie für abweichendes Verhalten, Denken, Bedürfnisse sanktioniert werden, desto mehr bilden sie um das Selbst, das sie sind, eine *persona*, die sie so zeigt, wie sie sein wollen.

Für *E. Berne* gehört die persona in das Handlungsgerüst, das sich das Kind im Alter von sechs bis zehn Jahren schafft und das ihm hilft, sein Skript zu leben. Er übernahm dieses Konzept von C. G. Jung. „Jung definiert die persona als eine angenommene ad-hoc-Einstellung, als eine Art Maske, von der die betreffende Person weiß, daß sie mit seinen bewußten Intentionen korrespondiert und sie auch den Anforderungen und Meinungen seiner Umwelt entspricht" (*Berne* 1975, 145). Allerdings hält *Berne* die persona für „weniger opportunistisch und tiefer in der Phantasie des einzelnen Individuums verwurzelt" als *Jung* (*Berne* 1967, 54).

Aus den Ausführungen *Bernes* läßt sich folgern, daß die persona die Art des Individuums ist, vor den anderen präsent zu sein. Sie ist nicht unmittelbar identisch mit dessen Selbstgefühl, denn jeder kann von sich sagen: „Jetzt fühle oder denke ich das und das und deswegen mache ich jenes." Sie ist aber auch nicht willkürlich vom Selbst als dem Kontinuum alles dessen, was ich für mich und die anderen bin (*E. Erikson* 1966), abgehoben und willkürlich durch es gestaltbar, denn in ihr wirken auch die vorbewußten Anteile des individuellen Bezugsrahmens. Die etymologische Wurzel des Wortes persona drückt diese Spannung gut aus. Persona geht zurück auf die antike Tragödie, in ihr sprach der Schauspieler durch eine starre Maske, die ihn als Individuum verdeckte, aber er war durch seine Stimme (per sona) erkennbar. In diesem Sinne ertönt der konkrete Mensch durch *seine* persona.

In ihrer Funktion ist die persona vergleichbar mit einer halbdurchlässigen psycho-sozialen Membran. Nach außen verleiht sie den Gefühlen, Gedanken, Verhaltensmustern wahrnehmbaren Ausdruck. In ihr wird für die anderen erkennbar, wie sich der einzelne zeigt, wenn er in sozialen Situationen agiert. An ihr wird aber auch erkennbar, wie jemand die ihm sozial angemuteten Rollen ausfüllt, wie er im Umgang mit anderen gestaltet, Mann, Frau, Sohn, Freundin, Vorgesetzter etc. zu sein.

Nach innen verleiht die persona einen gewissen Schutz, insofern sie eine Distanz zwischen das soziale Außen und das Selbstgefühl legt. Die von anderen an das Individuum adressierten Wünsche, Erwartungen, Kritiken, Ängste können über die persona abgebremst werden, so daß sie für das Selbstgefühl nicht mehr so direkt bedrohlich sind. Eine Kritik an einem Verhalten, z. B. der Art wie jemand seine Meinung gegen andere durchsetzt, muß dann nicht immer als Infragestellung des Selbst empfunden werden, sondern kann als Hinweis auf eine inadäquate Präsentation inneren Geschehens, das für sich OK ist, genommen und mit viel mehr Freiheit verändert werden.

Die eigenen Gedanken, Gefühle, Handlungsmuster, die skriptgemäß oder spontan entstehen, können im Bewußtsein der Existenz der persona leichter auf ihre Situationsangemessenheit überprüft und gestaltet werden. Das Individuum steht dann nicht mehr vor der Alternative Unterdrückung von Gefühlen oder permissives Sich-Gehen-Lassen, sondern kann eine für sich und andere stimmige Präsentation finden. Insofern läßt sich die persona auch als eine Art der Kommunikation des einzelnen mit den anderen beschreiben.

Infolge der Erreichbarkeit durch das Selbstgefühl und die anderen und infolge der Distanzierungsmöglichkeiten gegen innere Regungen und äußeren Druck ist die persona die Persönlichkeitsdimension, in der der einzelne in nicht-therapeutischen und nicht-intimen Zusammenhängen persönliche Veränderungen diskutieren und reflektieren kann.

Deswegen ist die persona auch ein wichtiger Faktor in *Berne*s gruppendynamischem und sozialpsychologischem Gedankengut. *Berne* geht zunächst davon aus, daß allen Gruppen (mit Ausnahme von Therapiegruppen, für die spezifische Regeln gelten) und Institutionen in unserer Gesellschaft ein Gesellschaftsvertrag zugrunde liegt, der eine wechselseitige Respektierung der Persönlichkeit der Gruppenmitglieder garantiert. „Die Art und Weise, in der ein Individuum sich selbst der Gruppe gegenüber präsentiert, bezeichnet man als seine persona. Der Gesellschaftsvertrag legt fest, daß diese Präsentation gegenüber der Gruppe entsprechend der Gruppenetikette in höflicher Form für bare Münze genommen werden muß" (*Berne* 1979, 163). Ohne den Schutz der persona kann keine Gruppe längerfristig existieren. Darüber hinaus zeigt *Berne* aber auch, daß der einzelne durch das Zusammensein in der Gruppe seine persona modifiziert, er setzt dabei seine Anpassungsfähigkeit (ER) und seine Flexibilität (K) (*Berne 1979*, 242ff) ein. U. U. kann auch die Gruppenautorität eine inadäquate persona in Frage stellen (*Berne* 1979, 278). Die persona kann zum Ansatzpunkt positiver kultureller Veränderungen werden, da die Gruppenkultur häufig zivilisierter ist als das Individuum. „Es ist das einzelne Individuum, das sich der Gruppenkultur anpaßt, nicht umgekehrt" (*Berne* 1979, 164).

4. Die persona in der Schule

Bezieht man diese Gedanken auf die Schule, so legt der allgemeine Vertrag im Arbeitsfeld Schule fest, den Schüler zu befähigen, eine gesellschaftlich akzeptierte und individuell befriedigende persona zu entwickeln. In der persona vereinigen sich sowohl der Erziehungsaspekt (Anpassung) als auch der Bildungsaspekt (schöpferische Flexibilität) pädagogischer Arbeit.

Mir scheint der Entwurf der persona eines Schülers dann zu gelingen, wenn sie aus einer wachsenden „Ein-Sicht in die Notwendigkeit" geformt wird. Notwendigkeit meint hier die sich aus den Anforderungen ergebenden Zwänge, Ein-Sicht die Fähigkeit des Schülers, diese Zwänge als eine Vielzahl von sich immer neu zeigenden Entscheidungsmöglichkeiten wahrzunehmen und als Persönlichkeit bewußt Entscheidungen zu treffen. Das reicht von der Ein-Sicht in die Art der (notwendigen) Mitarbeit im Unterricht über die Ein-Sicht in die Art der (notwendigen) inneren Auseinandersetzung mit dem Stoff bis zur Ein-Sicht in die Regeln und Bedingungen der allgemeinen Lebensverhältnisse. Eine solche „Ein-Sicht in die Notwendigkeit" hebt die Fiktion einer absoluten sozialen Freiheit des Individuums und auch die Fiktion seiner absoluten sozialen Determiniertheit auf und läßt einen „weichen Determinismus" (M. *Sperber* 1981) erkennbar werden.

Bestimmt man die Zielsetzung der pädagogischen Tätigkeit im Arbeitsfeld Schule auf diese Weise, ergeben sich für die Verwendung von Konzepten der Transaktionsanalyse Maßstäbe dafür, wann eine Intervention ethisch legitim und im pädagogischen Sinn erfolgversprechend ist.

1) Aus der Sicht der Schule machen sinnvolle, rationale Aktivitäten individuelles und allgemeines Leben und Überleben möglich. Diese Aktivitäten haben aber ihre eigene Logik, die häufig nicht der Logik der Bedürfnisse der Arbeitenden folgt. Transaktionsanalyse in der Schule hat deswegen auch die Aufgabe, den Schüler zu befähigen, zeitweise auf Intimität zu verzichten, ein gewisses Maß an Entfremdung zu ertragen, Frustrationen auszuhalten, spontane Bedürfnisse zurückzustellen, einen begründeten Ausgleich zu suchen zwischen Autonomie und Heteronomie der Gruppe, kurz: viele unangenehme Dinge in Kauf zu nehmen, um zu arbeiten.

2) Schule hat auch eine befreiende Dimension. Sie hilft den einzelnen zu lernen, Aspekte der Realität gemäß den eigenen Bedürfnissen zu verändern. Dazu ist es notwendig, die eigenen Bedürfnisse zu kennen, zu formen und Wege zu finden, sie in Auseinandersetzung mit der

Realität zu befriedigen. Transaktionsanalyse in der Schule muß hier helfen, Freiräume zu schaffen, in denen der Schüler seine Freiheit zur Selbstbestimmung anzuwenden lernt. Z. B. können Konzepte der Transaktionsanalyse dazu dienen, die Kommunikation zwischen Lehrer und Schüler so zu enttrüben, daß ein Schüler sicher sein kann, daß er, wenn er zur Bildung seiner Meinung aufgerufen ist, er wirklich seine Meinung entwickeln kann und nicht die seines Lehrers bestätigen soll.

3) Diese Zielsetzungen der Verwendung von Konzepten der Transaktionsanalyse sind im klinischen und pädagogischen Arbeitsfeld ähnlich. Der zentrale Unterschied zwischen Klinik und Pädagogik besteht m. E. darin, daß in der Therapie – soll sie gelingen – sich der Klient allmählich ganz dem Therapeuten öffnet und dieser jenem durch seine Interventionen hilft, den individuellen Bezugsrahmen autonom neu zu organisieren. Der Therapeut unterstützt diesen Öffnungsprozeß aktiv durch Schutz, Erlaubnis, therapeutisches Können und den Verzicht auf Sanktionen gegen das, was der Klient auch immer offenbart. Der Klient öffnet sich aktiv, weil er Vertrauen entwickelt. Diese wechselseitige Aktivität von Therapeut und Klient wird nur dadurch möglich, daß das Verhältnis zwischen den beiden prinzipiell herrschaftsfrei ist (welche inneren Autoritätsbindungen im Prozeß auch immer entstehen mögen).

In der Schule, in der institutionell die Hierarchie von vorgesetzter Behörde, Lehrer und Schüler verankert ist, d. h. das Recht der Schule, etwas gegen den Willen des Schülers mit ihm zu tun, besteht auch das Recht des Schülers, die Teile von sich zu verbergen, von denen er glaubt, daß sie unter diesen Umständen gefährdet sind (z. B. sexuelle Wünsche, die in der Schule nicht anerkannt sind) oder die zu Sanktionen Anlaß geben könnten (weil sie den Zielen der Schule zuwiderlaufen). Dieses grundsätzliche Recht, sich nicht (ganz) zu öffnen, setzt pädagogischen Interventionen – und damit auch der Verwendung von Transaktionsanalyse – Grenzen.

Das Recht der Schule, von einem Schüler etwas zu verlangen, erschöpft sich da, wo er seine persona den Anforderungen anpaßt. Selbst wo ein Lehrer spürt, daß Wissen und Verhalten, die ein Schüler in seiner persona zeigt, (noch) nicht in seine Persönlichkeit integriert sind, darf er dieser Integration nicht dadurch „nachhelfen", daß er die persona als unehrlich abwertet und über Transaktionsanalyse versucht, die Persönlichkeit des Schülers zu erreichen. Respektieren Lehrer hier nicht den Sinn der persona, verstoßen sie gegen den Gesellschaftsvertrag und werden gerade dadurch für Schüler so bedrohlich, daß sie Abwehr hervorrufen. Veränderungen im Selbst (Neuorganisation des Bezugsrahmens, Aufgabe von Skriptglaubenssätzen, Neuentscheidungen etc.) erfolgen nur freiwillig. Im Herrschaftsraum Schule ist die persona eine Möglichkeit für Schüler, genau jene Autonomie zu bewahren, die eine transaktionsanalytisch gelenkte Intervention des Lehrers erst schaffen will.

4) In Ausnahmefällen ist es aus der persönlichen Begegnung zwischen Lehrer und Schüler heraus ethisch gerechtfertigt und pädagogisch sinnvoll, die hier beschriebene Grenze zu überschreiten und den Schüler nicht nur in der Dimension der persona, sondern tiefergehend anzusprechen. Hier hilfreich zu sein, setzt voraus:
– daß es der Schüler ist, der das Überschreiten der Grenze sucht,
– daß sich der Lehrer genau geprüft hat, daß er den Schüler nicht „retten" will oder ihn aus eigenen Bedürfnissen (z. B. Kontaktwünsche oder berufliche Bestätigung) verführt hat,
– daß der Lehrer bereit ist, Verantwortung in dem Kontakt zu übernehmen und u. U. in schwerwiegende Konflikte mit der Institution zu geraten (z. B. bei Drogenproblemen, bei denen er als Beamter eine Meldepflicht an die vorgesetzte Behörde hat).

Solche aus menschlichen Beziehungen entstehenden und die institutionellen Grenzen transformierenden Situationen gehören zu den großen Möglichkeiten und Schwierigkeiten des Lehrerberufs. Sie sind – vor allem bei älteren Schülern – allerdings seltener als viele Lehrer meinen, die sie immer wieder aus einer häufig institutionell bedingten Einsamkeit heraus zu provozieren suchen und dann am scheinbaren Undank, Trotz oder der Uneinsichtigkeit der Schüler scheitern. Um in den echten Ausnahmefällen klare und sinnvolle Entscheidungen zu treffen, ist wiederum Transaktionsanalyse sehr hilfreich.

Unter diesen Gesichtspunkten unterstützt Transaktionsanalyse einen Lehrer im Normalfall bei zwei Aufgaben:
– Sie befähigt ihn, dem Schüler klar zu vermitteln, welche Anforderungen, Qualifikationen, Normen, Grenzen usw. in seine persona

eingehen müssen, damit sie innerhalb der Gesellschaft akzeptiert wird. Es gibt eine breite Diskussion, daß die moderne Gesellschaft eben dadurch gekennzeichnet ist, daß diese Klarheit in bezug auf Rollen, Normen, Grenzen usw. zerbrochen ist und daß sie nur für den konkreten Fall durch den Diskurs aller mit allen wiederhergestellt werden könne. Das ist sicherlich richtig. Aber viele Pädagogen haben daraus den falschen Schluß gezogen, daß die Diskursfähigkeit von Jugendlichen dadurch zu erreichen ist, daß man verzichtet, sie mit gesellschaftlichen Anforderungen zu konfrontieren. Jedes Individuum muß viele Rollen beherrschen, um diskursfähig zu sein, ansonsten agiert es unstrukturiert und unsozial.

– Sie befähigt ihn, für den Schüler einen pädagogischen Rahmen zu schaffen, in dem dieser angeregt wird, eine persona zu entwerfen, die persönlich verantwortete Ein-Sicht in die Notwendigkeit zeigt.

Diese beiden Aufgaben verlangen unterschiedliche Handlungsstrategien, zu denen Transaktionsanalyse eine Reihe von Analyse- und Interventionsmöglichkeiten bereitstellt. Ich möchte das an zwei Beispielen verdeutlichen, in denen jeweils der Erziehungs- und der Bildungsaspekt im Vordergrund stehen.

5. Die Anwendung des Konzepts der persona in der Schule

5.1. Verhaltenskorrektur durch Analyse der persona

In einem 15 Schüler umfassenden Leistungskurs des Jahrgangs 12 (Durchschnittsalter der Schüler ca. 18 Jahre) zeigte sich nach etwa dreimonatigem Arbeiten folgendes Problem:

– Ein Schüler (S1) erbrachte gute bis sehr gute Leistungen. Seine Unterrichtsbeiträge waren im allgemeinen inhaltsreich, aber sehr lang und assoziativ, was zu einer gewissen Verwirrung beim Zuhören führen mußte. Er kritisierte inhaltsbezogen häufiger Mitschüler und mich als Lehrer. Seine Äußerungen waren z. T. spontan-disziplinlos, indem er einfach in die Lerngruppe hineinrief. Meine wiederholten Hinweise auf sein Verhalten und meine Ermahnungen, es zu ändern, fruchteten nicht. Bei der Er-

wähnung der eigenen Person oder Leistung verwendete er oft Fäkalausdrücke („Da rede ich halt Scheiße").
- Sechs Schüler (S2-S7) erbrachten befriedigende Leistungen. In ihren Unterrichtsbeiträgen bemühten sie sich, genau auf meine Fragen zu antworten, neigten aber auch dazu, in allgemeine Statements zu geraten, die zu wenig Bezüge zu anderen Schüler- oder Lehreräußerungen zeigten. Nach einiger Zeit kritisierten S2-S7 S1 permanent. Gleichgültig, was und wie er redete, warfen sie ihm mangelnden Bezug zum Unterricht, Disziplinlosigkeit und seine Fäkalausdrücke vor. Mir als Lehrer rieten sie, gegen S1 härter durchzugreifen.
- Acht Schüler (S8-S15) mit befriedigenden bis mangelhaften Leistungen äußerten sich inhaltlich kaum im Unterricht. Im Konflikt mit S1 schlossen sie sich den anderen Schülern an, so daß S1 sehr isoliert war.

Diese Konfrontation beherrschte nach einiger Zeit den gesamten Unterricht, so daß das inhaltliche Arbeiten blockiert wurde. In einer Gruppendiskussion analysierten wir das Problem: S1 agierte rebellisch, indem er sagte: „Ich weiß mehr als ihr. Ich kritisiere alle. Ich halte mich nicht an die verlangte Disziplin. Aber ich bin nicht OK, deswegen beschimpfe ich mich und lade andere ein, mich zu kritisieren." S2-S15 agierten gegenüber S1 überkritisch: „Du bist nicht OK, weil du disziplinlos bist, sehr hart konkurrierst und fluchst." Gegenüber mir als Lehrer zeigten sie sich angepaßt: „Wir wissen zu wenig. Wir halten Disziplin, wir grenzen uns gegen den Rebellen ab." Ich reagierte als Lehrer anfangs sehr erklärend: „Ihr sollt jetzt das und das machen"; später war ich zunehmend kritisch: „Ich will, daß ihr das konflikthafte Verhalten unterlaßt und gute Unterrichtsleistungen erbringt." Mit dieser kritischen Haltung versuchten sich S2-S15 gegen S1 zu verbünden.

Nachdem ein Schüler aus der Gruppe S7-S15 in der Diskussion das Bild des Sündenbocks für S1 gebrauchte, fragte sich die Gesamtgruppe, welche ihrer Sünden denn von ihnen S1 auferlegt werde. Dabei stellte sich heraus, daß S1 durch seine Kritik und Disziplinlosigkeit eine Rebellion gegen die Ansprüche des Unterrichts artikuliert hatte, die zu zeigen sich die anderen Schüler nicht trauten. Einerseits um die eigenen rebellischen Gefühle niederzuhalten, andererseits um Anerkennung von mir zu bekommen. Und drittens, um den latenten Ärger über den sie ihrer Meinung nach überfordernden Unterricht wenigstens tendenziell zeigen zu können, griffen sie S1 an. Wir untersuchten die Dynamik des Geschehens unter dem Aspekt von Spielen und fanden heraus, daß die eine Partei „Sündenbock", die andere „Kick me" spielte, sich alle unwohl fühlten und die Unterrichtsarbeit auf der Strecke blieb.

Diese Deutung wurde in der Gruppe akzeptiert. Gleichzeitig zeigte sich eine gewisse Verwirrung, viel Abwehrverhalten und Ratlosigkeit, weil die meisten Schüler über die Aufdeckung des Spiels mit Skriptthemen in Kontakt kamen, die aufzuarbeiten in dieser Lerngruppe nicht der Raum war. Ich führte deswegen das Konzept der persona ein und schlug den Schülern vor zu untersuchen, welche Rollenanforderungen und Normen sich in den personae gezeigt hätten, welche davon dysfunktional für den Unterricht und unbefriedigend für sie als Persönlichkeiten gewesen seien und welche Optionen es für Veränderungen gebe. Daraus ergab sich folgende Gegenüberstellung:

persona – ist	persona – Optionen
S2-15	
Schüler dürfen	Schüler können
– nur wenig Angst und Unsicherheit zeigen	– Angst und Unsicherheit zeigen und sich Unterstützung holen
– keine Fehler machen	– Fehler machen und aus ihnen lernen
– nur wenig fragen	– fragen und die Antworten verarbeiten
– den Lehrer nicht kritisieren	– den Lehrer begründet kritisieren
Schüler müssen	Schüler dürfen
– Stellungnahmen durch Passivität vermeiden	– Stellung nehmen
– Mitschüler, die abweichendes Verhalten zeigen, kritisieren	– Mitschüler solidarisch kritisieren
– miteinander konkurrieren	– einander nahe sein und ihre Kräfte messen

S1

Schüler müssen	Schüler können
– Autonomie durch Disziplinlosigkeit und langes Reden zeigen	– Autonomie durch kritisches Aufeinandereingehen zeigen
– sich selbst durch Beschimpfung abwerten	– ihre eigene Leistung realistisch bewerten
– sich isolieren	– aufeinander eingehen

Die Verschiebung des Fokus von der erwarteten Kritik am Verhalten einzelner Schülerpersönlichkeiten auf die persona als bewußt gestaltetes Kommunikationsangebot an die Mitschüler entlastete die Situation erheblich und führte zu einer sehr hohen Beteiligung auch bisher stiller Schüler. Die gemeinsame Erarbeitung der Tabelle
- stärkte eine erwachsene Haltung durch differenziertes Wissen über den Zusammenhang von Schülerrolle, individuellen Bedürfnissen und persona und die Entwicklung der Idee, daß die persönliche Präsentation durch die persona in der Verfügungsgewalt des einzelnen steht
- entlastete von einer sehr repressiven Rollenanforderung, zeigte einen legitimen Freiraum von Bedürfnissen auf und regte Phantasien über die mögliche Gestaltung von personae an
- entwickelte ein neues Modell der Schüler – Schüler- und Schüler – Lehrer-Beziehung, die weniger auf unreflektierter Macht als auf einem Wissensgefälle beruht.

Nach der Diskussion verschwand das störende Verhalten fast vollständig. Das Konzept der persona ist so attraktiv, daß die Schüler von sich aus immer wieder darauf zurückgreifen.

5.2. *Pädagogische Unterstützung für die Bildung einer „gelungenen persona"*

Das Konzept der persona ist nicht nur bei der Korrektur von Verhalten in konkreten Problemsituationen sinnvoll, sondern kann auch strategisch für die langfristige Gestaltung pädagogischer Prozesse eingesetzt werden. Ich möchte das an den folgenden allgemeinen Überlegungen zum Zusammenhang der Befriedigung von Stimulus -, Stroke-, Struktur- und Positionshunger und der Bildung der persona darstellen.

Immer mehr Jugendliche, die ich unterrichte, zeigen
- sehr hohe Ansprüche an sich und ihre Umgebung,
- einen sehr hohen Hang zu relativ diffuser, aber grandios eingefärbter Selbstdarstellung,
- sehr wenig Interesse an konkreter Auseinandersetzung mit Personen und Inhalten,
- eine sehr geringe Frustrationstoleranz bei Mißerfolgserlebnissen,
- eine Lähmung bei selbstorganisierten Arbeitsabläufen (z. B. Gruppenarbeit),
- wenig Rebellion, dafür viel Anpassung an vorgegebene Autoritätsstrukturen.

Bei diesen Jugendlichen lassen sich fast immer folgende Sachverhalte feststellen:

Elterliche Verinnerlichungen: Du mußt in der Schule Leistung erbringen! Sei gefälligst selbständig! Es gibt keinen allgemeinverbindlichen Kanon von Wissen und Normen. Was du für einen Blödsinn in der Schule lernst.

Sie zeigen eine hochstimulierte erwachsene Haltung, die einen intensiven Input an abstraktem Wissen erhält, dem kein adäquater Output durch sinnvolle Verwendung des Wissens gegenübersteht.

Kindliche Glaubenssätze: Ich bin der Größte, ich kann/darf alles. Ich versage ständig, ich kann/darf nichts.

Daraus resultiert in allen Ich-Zuständen eine gewisse Verwirrung:
- die Schüler zeigen zwar Leistungsorientierung, aber nur wenig Wissen darüber, was Leistung ist und an was sie zu messen ist,
- sie sind im Bereich intellektuelle Rezeption überfordert, in den Bereichen Verarbeitung und Problemlösung unterfordert bzw. blockiert,
- grandiose Erwartungen und Ansprüche überlagern die gesunden Anliegen und Selbstbilder.

Entsprechend dieser Verwirrungen ist die persona, die die Jugendlichen in der Schule zeigen, recht egozentrisch, wenig aktiv die Arbeit und die Gemeinschaft strukturierend und sehr zerbrechlich. In ihr wechseln sich ab:

- Irritationen in der Wahrnehmung über Verantwortung,
- Ansätze zu angemessenem Umgang mit der Realität,
- diffuses, assoziatives, grandios eingefärbtes Denken und Handeln,
- Störungen als fehllaufende Versuche, Realität zu strukturieren,
- Einladungen zu Symbiosen an Mitschüler und Lehrer,
- Bemühen, auftretende Schwierigkeiten durch besondere Freundlichkeit, „Coolness" oder äußere Accessoires zu überdecken.

In der psychologisch-pädagogischen Diskussion wird dieses Erscheinungsbild unter dem Begriff „Neuer Sozialisationstyp" beschrieben. Nach *Ziehe* wird diese narzißtische Störung dadurch ausgelöst, daß die Elterngeneration einerseits durch gesellschaftliche und kulturelle Veränderungen so verunsichert ist, daß sie den Kindern keine positiven Modelle vorleben kann, während andererseits die Kinder aus dieser Leere heraus zum Sinn des elterlichen Lebens erklärt werden. Daraus resultiert für die Kinder eine Gleichzeitigkeit von Verlassenheit und Überforderung als existentielles Grundgefühl. Sie entwickeln zuwenig Fähigkeiten, ihr Denken, Fühlen und Handeln realitätsgerecht zu strukturieren.

Transaktionsanalyse geht davon aus, daß alles psychische Geschehen von einem biologisch bedingten Bedürfnis nach Außenreizen (Stimulushunger), dem sozialen Bedürfnis nach Zuwendung (Strokehunger), dem Bedürfnis, die Lebenszeit zu strukturieren (Strukturhunger), und dem Bedürfnis, eine existentielle Position innezuhaben (Positionshunger), bestimmt ist. Die Verwirrung des „Neuen Sozialisationstyps" basiert zum Teil darauf, daß die Jugendlichen zuwenig gelernt haben, diese verschiedenen Formen des Hungers so zu befriedigen, daß in der Bedürfnisbefriedigung reale Sozialität entsteht.

Natürlich ist im Einzelfall jeweils das Skript individuell entwickelt, und es muß auch jeweils spezifisch darauf eingegangen werden. Dennoch läßt sich m. E. so etwas wie ein überindividuelles Defizit formulieren. Geht man von dieser Überlegung aus, sind viele Verhaltensweisen der Jugendlichen mehr oder minder hilflose Versuche, ihren „Hunger" zu befriedigen, die deswegen nicht zum Ziel führen oder von der Umwelt als fehlgeleitet betrachtet werden, weil es den Jugendlichen an Modellen, sinnvollen Anregungen und präzisen Rückmeldungen fehlt.

Hier kann ein Lehrer für die Schüler Hilfestellung leisten, indem er im Unterricht Angebote zu einer veränderten Befriedigung der verschiedenen Formen des Hungers macht. Gelingt es dem Schüler zunächst in seiner schützenden und zugleich der Rückmeldung der anderen ausgesetzten persona, diese Angebote zu nutzen, bestehen gute Chancen, daß er diese positiven Angebote auch tiefer in seine Persönlichkeit integriert.

Diese Angebote müssen auf verschiedenen Ebenen gemacht werden:
1) durch die persona des Lehrers. Sie kann als positives Modell für die Schüler dienen. Dazu muß der Lehrer neben seinen individuell ausgeprägten menschlichen Qualitäten auf jeden Fall authentisch präsentieren
– klare Einstellungen über ethisch legitimierte und sinnvolle Ziele, Leistungsanforderungen, Belohnungen und Sanktionen,
– eine klare Konzeption, daß und wie Wissen aufzunehmen *und* zu integrieren *und* anzuwenden ist,
– eine sichere Überzeugung, daß ein angemessener Umgang mit der Wirklichkeit sozial anerkannt wird (strokes erbringt) und Spaß macht.

2) durch die Inhalte des Unterrichts: Die Mühe, im Unterricht Wissen zu erwerben, wird nur dadurch sinnvoll, daß man mit dem Wissen auch etwas anfangen kann. In der kritischen Pädagogik war es lange Zeit gang und gäbe, alles solange zu hinterfragen, bis es sich in negativen Bestimmungen auflöste. Angesichts der großen Probleme der Gegenwart ist eine fundamentale Kritik berechtigt und notwendig, aber sie wirkt sich nur dann nicht als Lähmung aus, wenn sie darauf orientiert, konstruktiv die Lösung von Problemen anzugehen. Analoges gilt für eine positivistische Pädagogik, die die Jugendlichen in Faktenwissen ertränkt, ohne sich um Transfermöglichkeiten für dieses Wissen zu kümmern. Unterrichtsinhalte müssen die Schüler immer wieder anregen, provozieren, aktivieren, um die passive Komponente der narzißtischen persona in Frage zu stellen.

3) durch Einbindung des einzelnen in die Gemeinschaft: Die persona des „Neuen Sozialisationstyps" ist auch bestimmt von grandiosen Erwartungen an sich und andere. Um hier angemessenere Verhaltensweisen zu erreichen, ist es notwendig, die eigene persona im Kontakt mit anderen zu erfahren.

Dazu können einmal gemeinschaftliche Unternehmungen in der Lerngruppe dienen, die anfangs über viel Strukturhilfe des Lehrers, dann aber zunehmend selbst organisiert werden (wie z. B. Gruppenarbeit, Erkundungen, Ausflüge, Feste etc.). Abschluß eines solchen gemeinschaftlichen Unternehmens sollte jeweils eine kurze Vergewisserung sein: Was haben wir gemacht? Was war angenehm? Was hat uns gestört? Denn über diese Reflexion stellt sich allmählich ein konkret orientiertes Gefühl der Machbarkeit von sozialen Ereignissen ein, für die man eine Eigenverantwortung trägt.

Darüber hinaus ist es günstig, wenn in der Lerngruppe viel konkretes erlaubendes Feedback von Mitschülern und Lehrer über die persona gegeben wird. Anlässe dazu sind
- individuelle Leistungen (Was war das Ziel deiner Arbeit? Wie hast du deine Arbeit präsentiert? Wo liegen die Stärken? Was war für das Ziel der Arbeit abträglich?),
- Konventionen (z. B. Gratulationen der Gruppe zum Geburtstag: Über die Erwähnung dieses Ereignisses lassen sich Streicheleinheiten austauschen und Konkurrenzen aufheben),
- Gruppenkrisen (Was trage ich durch meine Erwartungen und mein Verhalten zu der Krise bei? Wie trägst du dazu bei? Welche Optionen für Änderungen gibt es?)

6. Ausblick

Bleiben abschließend noch zwei Fragen zu klären: Fördert eine solche Betonung der persona als Ansatzpunkt pädagogischen Handelns nicht Heuchelei bei den Schülern?

Natürlich werden manche Schüler, vor allem diejenigen, die sich selbst als zutiefst nicht OK betrachten, im Konzept der persona zunächst ein Instrument sehen, mit dem sie zumindest den Anschein von OK-ness erwecken können. Das führt leicht dazu, daß ihre persona von Überanpassung an die Anforderungen bestimmt ist und dann vom Lehrer als nicht echt empfunden wird. Aber die Erfahrung zeigt, daß die Entwicklung einer akzeptierten persona einen Schüler zunächst entlastet und von ihm häufig auch als ermutigendes Erfolgserlebnis empfunden wird.

Für den Lehrer macht die Differenz zwischen persona und Selbst gerade bei heranwachsenden Schülern pädagogische Eingriffe leichter. Über die persona können alle aus der Kenntnis von Konzepten der Transaktionsanalyse erwachsenden Hinweise an das Selbst des Jugendlichen indirekt adressiert werden, ohne die durch die Institution auferlegte Schranke zu überschreiten.

Zum anderen: Leugnet dieses Konzept der persona nicht die von so vielen Pädagogen von *Sokrates* bis *M. Buber* immer wieder geforderte notwendige persönliche direkte Begegnung zwischen Lehrer und Schüler, ohne die eine wahrhafte Entwicklung des Schülers nicht möglich ist?

Zunächst ist die persona ein positives Kommunikationsmodell, weil sie anders als die gängige idealistische Pädagogik auch das Herrschaftsgefälle in der Schule in Rechnung stellt und weil sie zugleich die verantwortlich gestaltende Ein-Sicht des Schülers respektiert. Darüber hinaus verbietet das Konzept ja nicht eine auf die Persönlichkeit orientierte Kommunikation zwischen Schüler und Lehrer, sondern betont nur deren verletzlichen und tiefes Vertrauen benötigenden Charakter. Unter dem Bewertungs-, Qualifikations- und Selektionsdruck der heutigen Schule ist eine solche Kommunikation nicht zu verlangender Alltag, sondern ein wertvolles positives Ereignis. Gerade weil der Gebrauch von Transaktionsanalyse viel Zugang zur Persönlichkeit des Gegenübers möglich macht, entsteht über die Anerkennung der persona eine Atmosphäre der Sicherheit, die wieder tiefere Begegnungen einleiten kann.

Literatur:

Berne, E.: Spiele der Erwachsenen, Reinbek/Hamburg 1967
—: Struktur und Dynamik von Organisationen und Gruppen, München 1979
—: Was sagen Sie, nachdem sie ‚Guten Tag' gesagt haben?, München 1975
Erikson, E.H.: Identität und Lebenszyklus, Frankfurt/M. 1966
Sperber, M.: Individuum und Gemeinschaft, Frankfurt/M. 1981
Ziehe, T.: Pubertät und Narzißmus, Frankfurt/M., Köln 1975

Lebenspläne und ‚Spiel' Pläne

Erfahrungen mit Lernproblemen im Studium

Heidrun Schönert

Zusammenfassung

Transaktionsanalytische Konzepte, insbesondere ‚Skript' und ‚Spiel' werden angewendet, um Lernprobleme und Prüfungsschwierigkeiten im Studium zu beschreiben. Gewinner- und besonders Verlierer-Skripts werden im Hinblick auf Studienleistungen betrachtet. Es werden einige skriptgebundene Gedanken, Gefühle und Verhaltensweisen beim Lernen nachvollziehbar, die ihre Wurzeln in Kindheitserfahrungen haben. Die innere Auseinandersetzung mit Skript und Gegenskript wird anhand von Beispielen plastisch. Prüfungen werden als Situationen verstanden, in denen sich nicht nur Wissen, sondern auch Gefühle punktförmig konzentrieren. Folgende Prüfungsspiele werden an Beispielfällen aufgezeigt: ‚Tarnkappe', ‚Meine Fehler – deine Fehler', ‚Mein Name ist Hase, ich weiß von nichts'.

Gliederung

1. Einleitung
2. Lebenspläne (Skripts) und Lernen: Die Auseinandersetzung mit dem Selbst- und Weltbild im Studium
   2.1 Gewinner- und Verlierer-Skripts beim Lernen
   2.2 Vom Nutzen und Schaden des Lernens: Einige Kind-Ich-Motive
   2.3 Die Auseinandersetzung mit dem Lernskript
   2.4 Ein banales Skript von Lernenden: ‚Ich bin klein, mein Herz ist rein'.

3. Das In-Szene-Setzen von Skripts zum Lernen: Zur Dramaturgie von Prüfungsspielen
   3.1 Prüfungsspiel: Tarnkappe
   3.2 Prüfungsspiel: Meine Fehler – deine Fehler
   3.3 Prüfungsspiel: Mein Name ist Hase, ich weiß von nichts
4. Schlußbetrachtung: Anregungen zum persönlichen Lernstil

1. Einleitung

Daß Lernen mit Problemen verbunden ist, erfahren Studentinnen und Studenten immer wieder in ihrem Alltag. Es müssen Hürden genommen werden, die im Lerninhalt selbst, der Studienorganisation, dem Erbringen von Leistungsnachweisen oder in der Lebenssituation während eines Studiums begründet liegen. Bei vielen gestaltet sich das Studium von seinem äußeren Ablauf her nicht glatt und geradlinig. Studienabbruch, Langzeitstudium, Prüfungsversagen und Fachwechsel sind keine Randerscheinungen, sondern prägen das Bild des gegenwärtigen Studiums. Viele StudentInnen klagen über zeitweilige oder auch andauernde bzw. massive Konzentrations- und Arbeitsstörungen, verbunden mit Arbeitsunlust, Planlosigkeit, Hinausschieben von Arbeiten einerseits und Zeitdruck andererseits. Das Aufnehmen und Behalten der Lernstoffe ist oft gestört, und Ängste beim Lernen selbst oder in Prüfungen behindern in vielen Fällen den Erfolg. Die Auswirkungen solcher Belastungen zeigen sich auch in der Unfähigkeit, die Freizeit zu genießen.

In der empirischen Forschung werden üblicherweise StudentInnen mit anderen jungen Erwachsenen verglichen, die über eine ähnliche Bildung verfügen, – oder StudentInnen, die in Prüfungen Erfolg haben beziehungsweise durchfallen, – oder die Klientel der psychologischen Studentenberatung gegenüber StudentInnen, die keine professionelle Hilfe suchen. Kontaktstörungen werden von StudentInnen stärker beklagt als von vergleichbaren Gruppen. Sie sind auch im stärkeren Ausmaß neurotisch (*Wöller* 1978). Das könnte dadurch erklärt werden, daß sich durch die Belastungen eines Studiums innerseelische Konflikte verschärfen. Bei der Untersuchung, worauf Studienerfolg zurückzuführen ist, treten die Auswirkungen von Selbstbild und Selbstwahrnehmung der StudentInnen mehr ins Blickfeld. Studienerfolg hängt nicht nur von den intellektuellen Voraussetzungen ab, sondern auch davon, inwieweit der einzelne sich aktiv, offen und gezielt mit den Leistungsanforderungen auseinandersetzt (*Hirsch* 1979). Die persönliche Stärke, mit den Anforderungen eines Studiums in einer seelisch gesunden Weise fertigzuwerden, wird nicht nur in psychologischer Einzelberatung gefördert, sondern auch in Unterstützungsgruppen und ‚Lerntechnik'-Kursen (*Schmid* 1977, *Seel* 1984).

In den Jahren 1984-88 habe ich StudentInnen mit Lernstörungen und Prüfungsversagen einzeln und in Gruppen dahingehend beraten, ihren ‚persönlichen Lernstil' und sinnvolle ‚Prüfungsstrategien' zu entwickeln. Dabei waren transaktionsanalytische Konzepte für mich richtungsweisend. In diesem Aufsatz möchte ich die Arbeit mit zwei Modellen der Transaktionsanalyse vorstellen, nämlich mit unbewußten oder vorbewußten Lebensplänen (= Skripts) und mit psychologischen Spielen. Ein Gruppenkonzept der Beratung erwies sich als besonders hilfreich und anregend für viele TeilnehmerInnen. Methodisch wechselten dabei freies Gruppengespräch, Kurzinformationen zu Lerntechnik und psychisch gesundem Umgang mit sich selbst beim Lernen sowie Bewußtheitsübungen und Rollenspiele miteinander ab.

In solchen Gruppen habe ich von einer ganzen Reihe von StudentInnen erfahren, wie erbittert sie um Studien- und Berufschancen kämpfen, wieviel Gewalt sie beim Lernen ausgesetzt sind oder sich selbst antun, und wieviel Entfremdung studentisches Lernen kennzeichnet. Im hartnäckigen, zähen Ringen um Bildungschancen werden häufig Gerichte und Amtsärzte bemüht, StudentInnen werden zu Reisenden zwischen Universitätsstädten, und Prüfungen werden mehrfach wiederholt. Der Einsatz von Willenskräften und organisatorischen Mitteln zieht mehr und mehr Energie von der eigentlichen Lernarbeit ab. Aber auch das Lernen selbst erfolgt oft mechanisch. Etwa zehnmal hintereinander einen Text lesen, hat im Vergleich zum Krafteinsatz einen geringen Wirkungsgrad. Solch ein Vorgehen nutzt nur einen Bruchteil der menschlichen Möglichkeiten aus und belastet psychisch durch Zwang und Monotonie. Eine Unzahl isolierter Fakten werden eingepaukt, und das Individuum verfügt über keinerlei Maßstab, warum etwas richtig oder falsch ist. Viele sehen es als Luxus, einen Sachverhalt zu verstehen, bevor sie ihn pauken. Sie wollen den Anschluß nicht verpassen und versuchen, sich Stoff ‚reinzuziehen' bis zum ‚Kotz-Würg'-Gefühl. Ein eigener wissenschaftlicher oder persönlicher Standort ist so schwer zu finden, und Hilflosigkeit greift um sich.

Das Selbst- und Weltbild von StudentInnen wird durch einen derartigen Kontext vielfach so erschüttert, daß sie auf altvertraute unbewußte und vorbewußte Lebensdrehbücher (Skripts) mit zum Teil selbstschädigendem Inhalt zurückgreifen.

2. Lebenspläne (Skripts) und Lernen: Die Auseinandersetzung mit dem Selbst- und Weltbild im Studium

Lebenspläne oder Skripts leiten das Denken, Fühlen und Verhalten von Menschen in Auseinandersetzung mit ihrer Umwelt auch dann, wenn die Inhalte der Rollendrehbücher größtenteils vor ihrem konstruktiv kritischen Bewußtsein verborgen sind. Die Wirkungsweise von Skripts kann einem Betrachter so erscheinen, als ob jemand planmäßig darauf hinarbeitete, ein bestimmtes Bild von sich selbst oder seine Überzeugungen von der Beschaffenheit der Welt immer wieder zu bestätigen. Auf solche geheimen Lebenspläne wird man am ehesten aufmerksam, wenn sich eine Person offenbar durch stereotypes Fehlverhalten selbst schadet.

Das widerspricht scheinbar dem Sinn von Skriptüberzeugungen, die ursprünglich eine notwendige Anpassung des Individuums an die Umwelt bewirken und damit das Überleben der Person garantieren sollen. Aber Skriptglaubenssätze entstehen größtenteils noch vor der Einschulung und unter starkem Einfluß elterlicher Botschaften an das Kind. Daher sind sie auch von kindlichen Denkweisen geprägt und werden der Komplexität der wirklichen Welt nicht gerecht. Eine ausführliche Darstellung der Skripttheorie und einzelner Arten von Skripts findet sich in *Bernes* Buch ‚Was sagen Sie, nachdem Sie Guten Tag gesagt haben?' (*Berne* 1983, S. 43f, S. 132 ff).

Eine grundlegende Unterscheidung wird in der transaktionsanalytischen Literatur zwischen Gewinner- und Verlierer-Skripts vorgenommen (*Berne* 1983, S. 112, *Brown et al.* 1984, S. 62ff).

2.1 Gewinner- und Verlierer-Skripts beim Lernen

Diesen Abschnitt möchte ich mit einem Zitat von *John Holt* einleiten, weil er vor allem hingeschaut und unvoreingenommen beobachtet hat, was beim Lernen geschieht:

„Wenn eine intelligente Person, sei sie nun jung oder alt, einer neuen Situation oder einem Problem gegenübersteht, ist sie ihm gegenüber offen; sie versucht mit Verstand und Sinnen alles davon aufzunehmen, was möglich ist; sie denkt darüber nach – nicht über sich selbst oder was ihr selbst dadurch geschehen könnte; sie setzt sich damit mutig, phantasievoll, kraftvoll auseinander und wenn nicht zuversichtlich, so doch zumindest getragen von Hoffnung; wenn sie es nicht bewältigt, schaut sie ihre Fehler ohne Scham oder Furcht an und lernt aus ihnen. Das ist Intelligenz. Deren Wurzeln liegen klar in einem bestimmten Lebensgefühl und in einem Gefühl von sich selbst in bezug auf das Leben. Ebenso klar ist, daß Unintelligenz nicht das ist, was die meisten Psychologen annehmen, nämlich eine schwache Ausprägung von Intelligenz. Sie ist ein völlig anderer Verhaltensstil, der aus einer anderen Art von Einstellungen kommt. ... Das ‚dumme' Kind ist weniger neugierig, viel weniger an Geschehnissen und der Realität interessiert, eher geneigt, in Phantasiewelten zu leben. ... Für es ist eine unbeantwortete Frage nicht eine Herausforderung, sondern eine Bedrohung. Wenn es die Antwort nicht gleich finden kann, muß man sie ihm geben, und zwar schnell; und es braucht Antworten auf alles und jedes. ... das intelligente Kind empfindet das Universum insgesamt als einen einfühlbaren, vernünftigen, vertrauenswürdigen Platz; das ‚dumme' Kind empfindet es als sinnlos, unvorhersehbar, betrügerisch" (*Holt* 1982, 271-273).

In manchen Familien lernen Kinder, auf den Erfolg zu achten, den sie schon erreicht haben, auch wenn es nur ein kleiner Schritt war. In anderen Familien wird hauptsächlich über Katastrophen gesprochen, denen man vielleicht knapp entkommen ist, die drohen könnten oder die einer erlebt hat – irgendwann, es war einmal. Die unterschiedlichen Familienstile bestimmen wesentlich die Erwartungen, die man in Leistungssituationen hat, ob man Optimist ist oder Pessimist – in transaktionsanalytischer Sprache Gewinner oder Verlierer bzw. bildhaft Prinz oder Frosch.

Eine entsprechende gefühlsmäßige Voreinstellung hat praktische Folgen. ‚Gewinner' rechnen im Grunde ihres Herzens mit Erfolg. Sie strengen sich besonders an, wenn die gestellten Aufgaben für sie mittelschwer sind. Dann sind schon aus statistischen Gründen die Chancen günstig, Tests zu bestehen. Der Erfolg führt zu einer ‚Vergrößerung des Ichs' (*Heckhausen* 1973, S. 100) und hat eine weitere positive Entwicklung der Persönlichkeit und ihres Leistungsverhaltens zur Folge. Wenn Gewinner Mißerfolg erleben, verarbeiten sie ihn so: ‚Das nächstemal muß ich es anders anpacken.' So bleiben sie selbst im Mittelpunkt des Geschehens, auch wenn ihnen etwas danebengeht (‚Origin'-Konzept von *de Charms* 1973).

Die Verlierer verhalten sich uneinheitlich: Es gibt die Gruppe derer, die Mißerfolge um jeden Preis vermeiden wollen. Daneben stehen diejenigen, die mehr oder weniger unbewußt ihre Fähigkeiten zurückhalten, ja den Erfolg scheuen. (*Veroff* 1973). Mir sind auch StudentInnen begegnet, die Mißerfolg aktiv anzustreben scheinen.

Ein Vierfelderschema mit den Dimensionen Furcht-Hoffnung und Mißerfolg-Erfolg soll den Überblick erleichtern:

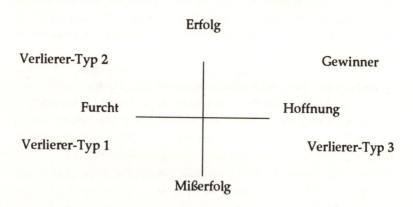

Abb. 1

Das Leistungsverhalten von Personen, die weniger daran denken, Erfolg zu haben, als daran, ein Scheitern zu verhindern (Typ 1), ist ausgesprochen unökonomisch. Sie setzen meist kleinmütig ihre Kraft für leichte Aufgabenstellungen ein. Sie erbringen dann

Leistungen, die von beinahe allen anderen auch geschafft werden und deshalb kein besonders hohes Ansehen vermitteln. Daher verspüren Mißerfolgsängstliche öfter das Bedürfnis, sich endlich einmal zu beweisen und muten sich gelegentlich extrem schwere Aufgaben zu. Dabei kann es vorkommen, daß sie den eigenen hohen Ansprüchen nicht gerecht werden. Wenn sie es dennoch packen, haben sie jedenfalls unnötige Schwerarbeit geleistet. Mit Erfolgen geht diese Verlierergruppe seltsam verschämt um. Sie passen nicht ins Konzept oder bedeuten, daß die Katastrophe noch aussteht.

Eine andere Art von Verlierer-Verhalten wurde insbesondere bei Frauen festgestellt: Furcht vor Erfolg oder der Cinderella-Komplex (Typ 2). In Zusammenarbeit mit Männern zeigten sich Frauen im Durchschnitt weniger leistungsstark als allein oder mit anderen Frauen. Dieses Ergebnis wurde im Gruppenvergleich ermittelt, und daher war eine Einteilung nach Geschlechtern angemessen. Wir können aber allgemein davon ausgehen, daß manche Leute sich scheuen, vor bestimmten Personen oder -gruppen als fähig zu erscheinen. Sie halten mit ihrem Können hinterm Berg, als ob es etwas Gefährliches wäre oder sie deswegen Vorteile verlieren würden. Dies kann sogar tatsächlich der Fall sein. Einige Bereiche unseres sozialen Netzes sind so ausgelegt, daß Anfänge von Eigeninitiative Nachteile bringen, z. B. wenn Sozialhilfe um jede dazuverdiente Mark gekürzt wird.

Die beiden bisher beschriebenen Verlierer-Strategien haben gemeinsam, daß etwas vermieden wird: entweder der Mißerfolg oder der Erfolg. Aber einige Beobachtungen, die ich z. B. im Zusammenhang mit Prüfungen gemacht habe, lassen sich nicht damit erklären, daß die Betroffenen etwas aus dem Wege gehen würden. Es sieht in einigen Fällen eher so aus, als ob auf den Mißerfolg wie auf ein ersehntes Ziel hingearbeitet würde (Typ 3). Wie das aussehen kann, möchte ich am Fall von Georg illustrieren:

Georg wollte Jurist werden. Er war hochintelligent und fleißig. Trotz ausreichender Vorbereitungen brachte er es zuwege, wiederholt im entscheidenden Examen durchzufallen, das ihn von der Berufstätigkeit trennte. Angst lähmte seinen Verstand. Viele Fragen, die er sonst hätte sicher lösen können, beantwortete er falsch. Er funktionierte nur noch mechanisch. Als nichts mehr zu retten war, suchte er Hilfe. Er wußte zwar nicht so recht, wofür, denn das

Durchfallen hatte seine hohe Meinung von sich selbst nicht beeinträchtigt. Aber er brauchte eine neue Orientierung. Seine Perspektive nach einer bestandenen Prüfung entpuppte sich als ein Horrorbild für ihn. Er hätte es nicht zu verhindern gewußt, mit Frau und Kind in das Haus seiner Mutter zu ziehen und mit dieser gemeinsam eine Kanzlei zu führen. Das waren die Nachteile seines Traumberufs. Allerdings war eine offene Abgrenzung für ihn ein Tabu, da seine Mutter ihn allein erzogen hatte und finanziell unterstützte. Das Nicht-Bestehen der Prüfung entband ihn von dieser Verpflichtung, der er sich bis vor Beginn der Therapie selbstverständlich unterworfen hätte. Er lernte, sich bewußt abzunabeln, Verantwortung für sich selbst zu übernehmen und einen eigenen Berufsweg zu gehen.

Einige allgemeine Merkmale des Verlierer-Typs 3 (Hoffnung auf Mißerfolg) möchte ich hervorheben: Noch stärker, als das bei den beiden anderen Verlierer-Typen der Fall ist, dient der Mißerfolg hier der unbewußten Manipulation – vor allem, um jemanden herbeizurufen oder jemanden wegzujagen. Mißerfolg beeinträchtigt bei diesem Erlebnisstil das Selbstwertgefühl nicht und berauscht andererseits auch nicht. Er vermittelt Befriedigung über das Erreichen der unbewußten Ziele, die manchmal leicht kaschiert werden müssen, um die Umwelt nicht durch die vermeintliche ‚Gefühllosigkeit' vor den Kopf zu stoßen.

Gewinner und Verlierer der verschiedenen Typen sind nur Grundrichtungen von Skripts, die sich mit dem Thema der Zielerreichung beschäftigen. Skripts können sich aber auch an allen möglichen Inhalten festmachen und dabei eine schillernde Farbigkeit bekommen. Ähnlich wie bei Spielen sind unendliche Variationen möglich. Eine erschöpfende Aufzählung kann es nicht geben. Ich möchte nur einige weitere Facetten von Skripts in Verbindung mit dem Lernen aufzeigen.

2.2 *Vom Nutzen und Schaden des Lernens: Einige kindhafte Motive*

Lernen bedeutet nicht nur Erwerb von Wissen, Fertigkeiten und Fähigkeiten oder Infragestellung und Veränderung von diesen. Es heißt auch Wahrnehmung der eigenen Wünsche, Bedürfnisse, Nöte in Auseinandersetzung mit der Umwelt. Dabei kann Lernen je nach Situation die Befriedigung der Bedürfnisse gewährleisten oder gefährden. Aus der Sicht eines Kindes, das sich ein Skript zum Lernen formt, mit dem es in die Schule gehen wird, kann das sehr dramatisch sein. Einzelheiten können eine überhöhte oder symbolische Bedeutung erhalten, und es werden ungewöhnliche Schlußfolgerungen gezogen. Kurz, der nur beschränkt logische und sehr kreative Denkapparat eines Kindes macht sich ein Bild vom Nutzen und Schaden des Lernens für die eigene Person und geliebte Menschen. Anhand der Bedürfnispyramide von *Maslow* (nach *Rosenstiel et al.* 1975, S. 25) möchte ich diese Vorgänge genauer betrachten.

Abb. 2

Physiologische Grundbedürfnisse betreffen die Erhaltung der körperlichen Existenz durch Nahrung, Gesundheitspflege, Schutz vor schädlichen Witterungseinflüssen durch Kleidung und ein Dach über dem Kopf usw. Schon Säuglinge lernen, wie sie sich verhalten müssen, damit die Menschen in ihrer Umgebung ihnen ihre diesbezüglichen Bedürfnisse und Wünsche erfüllen. Im Rahmen der Entwicklung zur Selbständigkeit setzt sich ein Kind mit seiner Umwelt auseinander. Es hört, was die Bezugspersonen sagen, sieht, was sie tun und zieht aus allem seine eigenen Schlüsse. Die Verknüpfung der körperlichen Grundbedürfnisse mit dem Lernen kann mit kindlicher Logik z. B. folgendermaßen lauten:

- Wenn ich Arzt lerne, kann ich mich (meine Familie) gut vor Krankheit schützen.
- Wenn ich in der Schule gut bin und einen sauberen Beruf lerne, bekomme ich keine Staublunge.
- Wenn ich viel lerne, bekomme ich einmal viel Geld und kann mir jeden Tag Eis kaufen.
- Zu viel lernen ist schlecht für die Gesundheit: Man bekommt davon schlechte Augen und Kopfschmerzen.

An solchen kindhaften Glaubenssätzen zum Thema Lernen ist etwas Wahres dran, und zugleich stimmen sie nicht. In ihrer Absolutheit liegt der Fehler. Der Blick auf die vielfältige Wirklichkeit ist getrübt. Folgerungen mit der kindlichen Art von Logik können im Erwachsenenalter als ‚Trübung' fortwirken und manchmal das Lernen zu einem Hindernislauf gestalten. Die Verkrampfung bewirkt zumindest ein zu mühevolles Vorgehen, einen zu hohen Kräfteverschleiß. Oder man vermeidet das Lernen insgesamt bzw. einzelne Lerntätigkeiten, um die von der kindlichen Warte aus befürchteten negativen Konsequenzen auszuschließen. Solche Mechanismen können wirken, auch wenn einem die Tatsache einer Entscheidung als Kind nicht oder nur teilweise bewußt ist.

Ich möchte für die weiteren Stufen von *Maslows* Bedürfnispyramide ebenfalls Beispiele für mögliche Skriptglaubenssätze anführen. Zum Gefühl der Sicherheit, der Vorausschaubarkeit und Beherrschbarkeit der Zukunft, können kindliche Gedanken über das Lernen etwa so aussehen:

- Wenn ich gut rechnen kann, kann ich gut mit Geld umgehen und immer meine Miete zahlen.
- Wenn ich viel weiß, habe ich viel zu viele Zweifel, und es gibt nur Durcheinander.

Lernen kann vom kindlichen Standpunkt aus auch Zuwendung garantieren oder in Frage stellen, z. B.:

- Wenn ich alles lerne, was ich lernen soll, werden die Eltern und Lehrer mich lieben, und ich werde im Mittelpunkt stehen.
- Wenn man viel lernt, kann man nicht mit anderen spielen und ist ein Spielverderber.
- Wer lernt, ist allein und einsam.

– Wenn man immer etwas Kluges zu sagen weiß, mögen einen die Leute.

Anerkennung kann man als Zuwendung für Leistung erleben oder – ohne den Gefühlskontakt zu anderen – als Rangordnung. Kindhafte Verknüpfungen von Anerkennung und Lernen sind besonders radikal, wie:
– Man zählt nur, wenn man in allen Bereichen Spitze ist.
– Wenn ich gut bin, ist es immer selbstverständlich, und es sieht mich keiner.
– Wenn ich gut lerne, werde ich der Chef.
– Wenn man berühmt werden möchte, muß man dreimal in der Schule sitzenbleiben.

Hier noch einige kindhafte Vorstellungen zu Selbstverwirklichung und Lernen:
– Lernen muß man, das will man nicht.
– Gut lernen heißt, möglichst schnell möglichst viel herauszusprudeln.
– Wenn es mir Spaß macht, eine Sache herauszukriegen, brauche ich mich sonst um nichts zu kümmern.
– Wenn ich lerne, brauche ich nicht Geschirr zu spülen.
– Kluge Leute können alles gleich und müssen nicht lernen.

Solche und ähnliche Vorstellungen, mit denen ein Kind in die Schule eintritt, oder die es sich in den ersten ein bis zwei Jahren seiner schulischen Laufbahn ausformt, können das Lernverhalten als Erwachsener, z. B. im Studium oder bei beruflichen Bildungsmaßnahmen wesentlich prägen. Sie bilden den geheimen Studienplan (Lernskript), d. h. auf kindlicher Erfahrung beruhende Einstellungen zu Lernen und Prüfungen. Diese können durchaus nützlich sein, indem sie Energiequellen bereitstellen. Für die Beratungspraxis und Psychotherapie sind jedoch die Fälle von Bedeutung, in denen das Lernskript Kräfteverschleiß mit sich bringt und einen Menschen in seiner intellektuellen Entfaltung sowie seinem beruflichen Vorankommen blockiert.

2.3 Die Auseinandersetzung mit dem Lernskript

Der geheime Studienplan (Lernskript) wird mit viel seelischem Kraftaufwand sowohl durchgesetzt wie bekämpft. Das Lernskript ist, wie alle Skripts, ein Feld von Widersprüchen. Dem Skript ist ein Gegenskript mit spiegelbildlich entgegengesetztem Inhalt zugeordnet. Das Gegenskript wirkt als Antreiber (z. B.: Sei stark! Mach's andern recht! usw.). Die Abwehr dessen, was man eigentlich über sich selbst und die Welt denkt oder fühlt, treibt einen zu verkrampfter Aktivität an, die tragischerweise nicht zur wirklichen Überwindung des Skript führt.

Gegenskript-Sätze haben oft einen befehlend-elterlichen Klang. Sie betonnen, wie man sein soll oder idealerweise sein will. Skript- und Gegenskriptansätze (Antreiber) werden vom Kind in Auseinandersetzung mit seiner Umwelt entwickelt. Dabei bezieht es die Rollenzuschreibungen und Verhaltenserwartungen durch nahestehende Menschen, insbesondere Familienmitglieder, mit ein. Es ist gar nicht ungewöhnlich, wenn jemand von seinen Eltern zum Thema Lernerfolg zwei unterschiedliche Botschaften erhalten hat. Der eine Auftrag, offen formuliert, um einen anzuspornen, lautet z. B.: Meine Kinder sollen es einmal besser haben als ich. Deswegen müssen sie eine anständige Ausbildung bekommen und einen guten Beruf lernen. Lerne was, damit später etwas aus dir wird! Du sollst es zu etwas bringen im Leben! Streng dich an, damit du auch Erfolg hast! Ich wünsche es dir ja so, daß es dir besser geht als mir! Ich hatte damals nicht die Möglichkeiten. Nutze deine Chancen auch aus!

Solche Sätze können für sich allein stehen, oft aber werden sie begleitet und in Frage gestellt durch einschränkende Sätze, durch einen den hohen Erwartungen widersprechenden Unterton, durch abwertende Gestik und Mimik. Die negativen Skriptbotschaften (Einschärfungen) wirken sogar im Verborgenen. Sie werden verstanden, auch wenn sie ohne Worte vermittelt werden. Sie lassen sich z. B. so deuten: Noch nie hat es jemand aus unserer Familie geschafft; wieso solltest ausgerechnet du es schaffen! Wenn du es schaffen würdest, käme heraus, daß ich es eigentlich auch hätte schaffen können und mich nur immer herausrede. Solche und ähnliche Botschaften müssen dem Lernenden nicht bewußt sein und können dennoch sein Verhalten steuern.

In der Transaktionsanalyse wird das dem Bewußtsein leicht zugängliche Gegenskript manchmal als Schrift auf dem T-Shirt oder als Schild auf der Brust veranschaulicht und das Skript als Schild auf dem Rücken. Man muß sich schon anstrengen, wenn man das selbst lesen möchte. Ein anderer, z. B. ein Berater oder Therapeut, kann einem dabei mit einem Spiegel behilflich sein.

Weder das Skript, noch das Gegenskript beschreibt die Person, wie sie wirklich ist. Vielleicht kommt es daher, daß Menschen mit destruktiven Lernskripts in ihrem Ausbildungsgang nur schwer zur Ruhe kommen, Irrwege gehen, Abschnitte öfter wiederholen, sich schwer abfinden: Mal hat das Gegenskript die Oberhand, und mal das Skript, und mit dem Wunsch nach Rache, dem Verlagen nach Genugtuung landet man schließlich bei dem Gefühl, wertlos zu sein. Damit ist allerdings kein Gleichgewicht erreicht, und das Ganze beginnt immer wieder von vorn. Dieser Vorgang ist von *Kahler* (1980) mit dem Modell des Miniskripts beschrieben worden. Die intensive Auseinandersetzung eines Menschen mit seinem Lernskript möchte ich am Fall von Willi beschreiben:

Willi war von Beruf Angestellter in einer mittleren Position. Er wollte eine zweijährige Fortbildung erfolgreich abschließen. Er probierte zum dritten Mal, die Prüfung zu bestehen. Zweimal war er knapp gescheitert. Angst vor der Prüfung und beim Lesen der Prüfungsaufgaben hat jeweils sein Denkvermögen blockiert. Er hat gezittert, geschwitzt, Herzklopfen gehabt, war weitgehend beschäftigt mit seinen körperlichen Funktionen. Er behielt nur wenig Energie übrig und hat in Panik rasch hingeschrieben, was ihm einfiel. Er nutzte die zur Verfügung stehende Zeit nicht aus, war viel zu früh fertig und ‚korrigierte' noch ein paar Fehler hinein. Insgesamt verhielt er sich so, als ob er auf der Flucht sei.

Ähnliches erlebte er in Prüfungssituationen seit seiner Grundschulzeit. Aber er kam nicht heraus aus dem Prüfungen-Machen. Er ging schulisch und beruflich die sogenannte ‚Ochsentour'. Lehre, Mittlere Reife auf dem zweiten Bildungsweg, Fachwechsel – alles in mehreren Anläufen. In einer Firma arbeitete er sich ein und bildete sich mit Fernkursen fort. Er hat eine Laufbahn mit viel Mühe, Anstrengung und Versagen, verbunden mit Kränkung des Selbstwertgefühls hinter sich gebracht und dennoch nie aufgegeben.

Willi hat von seinen Eltern eine Art Auftrag übernommen, sich rastlos anzustrengen und nicht zu ruhen, bevor er Erfolg hat. Sein Gegenskript zeichnet das Bild eines tüchtigen Menschen. Dennoch hat er ein Gefühl, als ob er im Sumpf stecke und ihn jemand von unten festhalte. Sein ‚T-Shirt', das auf der Vorderseite die Schrift trug: ‚Tüchtiger Mensch', zeigte auf der Rückseite: ‚Wo gibt es denn sowas, daß das Ei klüger ist als das Huhn'. In Beratungsgesprächen entdeckte er eine bisher unbewußte Sicht, nämlich daß sein Erfolg und seine Selbständigkeit von seiner Herkunftsfamilie nicht nur positiv bewertet, sondern eher als störend empfunden wurde. Er wäre dann nicht mehr der ‚liebe' Junge, der für jeden da ist und immer einspringt, wenn Not am Mann ist. Willi lernte, von falsch verstandener Bindung an seine Familie Abschied zu nehmen. Er erarbeitete Formeln, um sich in inneren Selbstgesprächen zu ermutigen, anstelle sich mit Angstgedanken vor und während der Prüfung zu quälen. Für Kurzpausen überlegte er sich Entspannendes. Er bestand und fühlte sich in seinem Selbstwert gestärkt.

2.4 Ein banales Skript von Lernenden: Ich bin klein, mein Herz ist rein

Häufig wirken die Skripts nicht so dramatisch wie im Fall von Willi, sondern schlichter, alltäglicher. Das Lernen wird nur erschwert, der Erfolg geschmälert, aber nicht ernsthaft gefährdet. Solche ‚banalen' Lernskripts stehen in Verbindung mit überkommenen sozialen Rollen, können Unzufriedenheit auslösen, aber selten überraschende, die Verhältnisse umstürzende Aktionen mit sich ziehen. Ein Beispiel dafür ist die Rolle von Frauen im Unterschied zu Männern: Mädchen sind fleißig, Jungen intelligent. Jungen können Mathematik, Mädchen Sprachen.

Ein nicht nur bei Mädchen und Frauen verbreitetes banales Skript von Lernenden besteht darin, angepaßte Kind-Verhaltensweisen zu übertreiben und an den Lernmethoden früherer Entwicklungsstufen festzuhalten. Das Motto möge lauten: Ich bin klein, mein Herz ist rein. Als Illustration dient ein Fallbeispiel: Ulla.

> Ulla studierte im vierten Semester Wirtschaftswissenschaften. Das Studium forderte viel Leistung, sie mußte viel ‚büffeln' und häufig Klausuren schreiben. Ulla kam dabei in Zeitnot und fühlte sich stark unter Druck. Schon in der ersten Sitzung einer Lernstil-Gruppe meinte sie: ‚Ich lerne zu umständlich'.
>
> Nach und nach erzählte sie mehr über ihren Umgang mit sich selbst beim Lernen und über Lernerfahrungen in ihrer Kindheit. Sie wollte im Studium den gesamten Lernstoff vollständig reproduzieren können. Wenn

sie einen Text durchging, unterstrich sie fast alles. Beim Lernen konnte sie wichtige Informationen nicht aufsagen, auf die der nachfolgende Stoff aufbaute. Beim Sich-Abhören tadelte sie sich selbst: ‚Ha, jetzt weißt du es wieder nicht!' In einer mündlichen Prüfung würde sie niemals eingestehen, daß sie etwas nicht weiß. Mündliche Prüfungen waren ihr lieber als schriftliche: In mündlichen Prüfungen konnte sie aus der Gestik und Mimik des Prüfers die Antworten zu erraten versuchen. Eine Klausur mit mehreren Teilen, von denen man jeden zu 50 % richtig beantworten mußte, um zu bestehen, machte ihr Angst. Mit den 50 % konnte sie nicht umgehen; sie meinte, sie müsse 100%ig Bescheid wissen.

In den Semesterferien vertat sie ihre Zeit damit, Vorlesungsmitschriften noch einmal sauber abzuschreiben. Auch dafür reichte die Zeit nicht. So hing sie noch mit dem Nachschreiben in der Mitte des letzten Semesters und merkte, daß sie das alles nicht schaffen konnte. Ulla lernte zu physiologisch ungünstigen Zeiten (auch nach dem Essen). Sie fand kaum Zeit für Hobbies, obwohl sie durchaus wußte, was sie gern täte: Reiten, Schi, Basteln. Ulla kam selten aus dem Uni-Gelände heraus; denn sie wohnte in einem Studentenwohnheim.

Ulla teilte einiges aus ihrer Kindheit mit. Sie war auf dem Land groß geworden. Wenn es im Winter schneite, brauchte sie gar nicht aufzustehen, weil der Schulbus dann nicht fuhr. Sie hat wenig Mädchenspiele gespielt. Ihr älterer Bruder sagte: ‚Wenn du nicht mitspielst, kriegst du eine drauf'. In der Grundschule hat sie bei einer alten Lehrerin seitenweise Buchstaben gemalt. Bei Schwätzen oder anderem Fehlverhalten mußte sie 50-mal einen Satz schreiben. Im Gymnasium konnte sie Texte annähernd wörtlich wiedergeben, aber sie konnte nichts über deren Sinn sagen. Mit ihrer Fähigkeit zur präzisen Wiedergabe hat sie das Abitur gut bestanden.

Ulla hätte gern Kunst oder Germanistik studiert, aber die Eltern sagten, daß sie dann ein arbeitsloser Künstler würde, und daß man sich mit einem anständigen Beruf immer selbst helfen kann. Bisher hatte sie alle Anforderungen bewältigt, aber sie zweifelte an ihren Fähigkeiten und fürchtete, beruflich zu scheitern.

Diese junge Frau reagierte überwiegend aus dem angepaßten Kindheits-Ich auf die Anforderungen des Studiums. Sie hatte gelernt, sich anzupassen, aufgetragene Aufgaben so zu erledigen, daß die anderen auch sehen, daß sie brav alles gemacht hat. Naiven Auffassungen von Lernvorgängen hing sie noch jetzt nach, z. B. daß man durch Abschreiben lerne. Durch Abschreiben lernt man jedoch leider nur Abschreiben. Sie hatte als Kind Techniken entwickelt, ‚Gedanken zu lesen', das heißt, aus den Gesichtern die mögliche

Richtung einer Antwort abzulesen. So erlebte sie keine unmittelbare Beziehung zum Lernstoff. Sie war immer von Eltern- oder Lehrerfiguren abhängig. Das verlangte viel Aufmerksamkeit und bedeutete einen erheblichen Streß. So betrog sie sich um Freude am Lernen. Sie bewies mit viel Fleiß, daß sie ein gehorsames Kind war, und zugehörige Eltern-Ich-Verhaltensweisen waren Sich-Fordern und Sich-Tadeln.

Beim Studium trieb Ulla sich an, um ihrem Gegenskript zu entsprechen. Sie versuchte, perfekt zu sein,
- alles 100%ig zu können,
- alles wörtlich wiedergeben zu können,
- alles richtig zu wissen und nie einen Fehler zu machen.

Dabei verlangte Ulla viel Anpassung von sich und versuchte, ihren Lehrern und Professoren alles recht zu machen:
- sich nach dem zu richten, was die Lehrer hören wollten,
- sich Freizeit nach ihrem Geschmack zu verbieten,
- sich an die Regel zu halten: Erst die Arbeit, dann das Spiel.

Insbesondere mutete Ulla sich viel Anstrengung zu:
- ordentlich zu schreiben,
- so lange zu wiederholen (nachzuplappern), bis es sitzt,
- umständlich zu lernen,
- und überhaupt: etwas ‚Rechtes' werden zu wollen.

Die zugehörigen Skriptglaubenssätze beinhalten viel Abwertung. Die Grundrichtung ist bei Ulla, daß sie sich so, wie sie ist, nicht als wertvoll erlebt, und daß die Drohung über ihr schwebt, es nicht zu schaffen. Botschaften, die sie aus ihrer Umwelt zu ihrer Person erhalten hat, mögen etwa so gelautet haben: Du bist faul, dumm, frech, verspielt und albern. Du kannst nicht einmal bis drei zählen. Du hast ein Gedächtnis wie ein Sieb. Krause Haare, krauser Verstand. Du hast Flausen im Kopf. Eigene Gedanken – wo willst du die denn herhaben?

Um sich von der Beschuldigung freizumachen und die Liebe und Anerkennung der ihr nahestehenden Menschen zu verdienen, entschloß sie sich, beim Lernen nicht autonom zu werden, sondern brav zu tun, was verlangt wurde. Motto: Ich bin klein, mein Herz ist rein. Was können sich Eltern mehr wünschen als das!?

Ulla behielt Lernmethoden bis ins Studium bei, die für die ersten beiden Schuljahre bedingt tauglich sind. In geringem Umfang ist es natürlich auch während späterer Bildungsphasen vorteilhaft, wenn man sich etwas in der Art einprägen kann, wie es präsentiert wird. Anpassung ist in jeder organisierten Bildungsmaßnahme von Nutzen – nur nicht so weitgehend und absolut, wie es Ulla machte. Sie hatte wesentliche Entwicklungsschritte beim Heranreifen einer Lernpersönlichkeit ausgelassen, die einem ermöglichen, das Lernziel zu erreichen, ohne deswegen an der kurzen Leine zu gehen. Für Ulla wurde das Studium zu einem riesigen Kraftakt in Sachen Anpassung – prinzipiell zu schaffen, aber um welchen Preis und in welcher Qualität! Die Erlaubnis, spielerische Verhaltensweisen eines freien Kindes beim Lernen zuzulassen und die stärkere Orientierung nach dem Erwachsenen-Ich können hier eher Abhilfe schaffen als das Erlernen disziplinierterer Lerntechniken.

3. Das In-Szene-Setzen von Skripts zum Lernen: Zur Dramaturgie von Prüfungsspielen

Beim Lernen, insbesondere an markanten Punkten wie in Prüfungen, werden die Lebenspläne immer wieder in unbewußte ‚Spiel'pläne umgesetzt. Spiele im Verständnis der Transaktionsanalyse sind Abfolgen von verdeckten Transaktionen, die einem bestimmten Muster folgen und in einem negativen Gefühl enden (*Berne* 1983, S. 40ff, *Brown et al.* 1984, S. 54 ff). Spiele beginnen mit einem Schwindel (S) des Hauptspielers, der den Mitspieler an einem wunden Punkt an den Haken (H) kriegt. Wenn der Mitspieler angebissen hat und auf die passende Art reagiert (R), nimmt der Hauptspieler eine überraschende Wendung vor, die wirkt, als ob er einen Schalthebel (Sch, engl. switch) bediene. Und es funkt! Verwirrung (V) ergreift den Mitspieler, und manchmal auch beide. Der Lohn (L) zum Schluß besteht in einem negativen Gefühl auf beiden Seiten, und für den Spieler ist ein Skriptsatz erneut bestätigt. *Berne* hat diesen Ablauf in einer Spielformel abstrakt dargestellt (1983, S. 41):

$$S + H = R \text{ --- } SCH \text{ --- } V \text{ --- } L$$

Den plötzlichen Umschlag bei Bedienen des Schalthebels durch den Spieler kann man mit Hilfe des Ich-Zustands-Modells oder mit dem Drama-Dreieck erklären. Der Wechsel von Haltungen durch den Spieler, z. B. ein Schwenk vom Kindheits-Ich zum Eltern-Ich kann beim Mitspieler eine komplementäre Änderung auslösen, die dieser so nicht wollte. Im Drama-Dreieck sind die Rollen von Verfolger, Retter und Opfer in einem äußerst labilen Gleichgewicht miteinander verbunden. Wechselt der Spieler plötzlich seine Rolle, kann das Ganze ins Kippen geraten. Zumindest gibt es einen Austausch negativer Gefühle als ‚Lohn'.

In stark durch elterliche Einstellungen geprägten Institutionen wie Schulen und Universitäten wird viel ‚gespielt'. *Ernst* (1972) und *Marquadt* (auf TA-Kongressen) beschrieben Schüler- und Lehrer-Spiele. In diesem Beitrag geht es um Spiele, wie sie in Prüfungen gespielt werden. Prüfungen sind im Vergleich zu jahrelangen Bildungsgängen nur punktuelle Erlebnisse. Aber das Wissen soll in diesen Punkten kulminieren, und das tun ungerufen auch die Gefühle. Zum Beispiel ist Prüfungsangst weit verbreitet. Manchmal ist jedoch die Angst der Deckmantel (Ersatzgefühl) für andere, darunterliegende Gefühle wie Wut oder Liebe, Neid, Rache usw. Nicht nur die Prüflinge sind in Prüfungen massiven Gefühlen ausgesetzt, sondern auch die Prüfer (*Prahl* 1977). Die Spannung legt es nahe, in Spielen nach Entladung zu suchen.

3.1 Prüfungsspiel: Tarnkappe

Das Prüfungsspiel des Mathematikstudenten Hans mag ‚Tarnkappe' heißen. Es paßte ihm nicht, sich in der Reihenfolge abfragen zu lassen, die den Prüfern einfiel. Er wollte den Verlauf der Prüfung selbst bestimmen. Dabei ging er folgendermaßen vor: Er gab sich anfangs wortkarg, so als ob er nicht viel wüßte. Sobald er spürte, daß die Prüfer ‚angebissen' hatten und von ihm keine großen Leistungen erwarteten, schwenkte er auf eine andere Taktik um: Er versuchte dann, mit geballtem Wissen zum ‚Überraschungsschlag' auszuholen. Damit der Schlag auch saß, mußte er vorher viel Wissen ansammeln. Einmal hat er eine Prüfung eine Woche vor dem festgesetzten Termin verschoben, weil er nach seinen eigenen Maßstäben nicht ausreichend vorbereitet war. Bei einer anderen Prüfungstaktik hätte es sicher zum Bestehen ausgereicht. Hans empfand außerordentlich große Angst vor und während Prüfungen. Insbesondere beunruhigte ihn der Gedanke, daß die Prüfer bei ihm auf wirkliche Lücken stoßen würden, oder daß er nicht mehr rechtzeitig genug vor Ende der Prüfung mit seinem Wissen herausrücken könnte. Hans hatte

Angst, daß das geschähe, wozu er die Mitspieler, die Prüfer, durch sein Auftreten verleitete: nämlich ihn unter Wert einzuschätzen. Darin bestand sein Schwindel.

Wenn man die einzelnen Spielschritte von der psychologischen Seite betrachtet, läßt sich das Geschehen folgendermaßen darstellen. Hans zeigte zunächst eher kindliches Verhalten: eingeschüchtert, ängstlich, stockend. Seine vermeintliche Hilflosigkeit verleitete die Prüfer zu passenden Reaktionen. Je nach ihrer Persönlichkeit griffen sie dem Prüfling helfend unter die Arme, redeten ihm gut zu, damit er seine Angst verliert und mehr sagen kann. Oder sie verfolgten ihn unnachsichtig, bohrten nach und versuchten, den Prüfling in seiner Unwissenheit bloßzustellen. Schließlich präsentierte er sein Wissen. Das könnte er auf eine Weise tun, die dem Prüfer von einer kritischen Haltung aus zu verstehen gab: ‚Du sollst keine vorschnellen Urteile fällen!' Dann wäre Hans selbst in der Position des Rächers, des Verfolgers. Oder er käme dem gutherzigen Prüfer zur Hilfe, indem er ihn vor der Blamage rettet, sich für einen Unwürdigen eingesetzt zu haben. In diesem Fall wäre der Prüfer selbst dankbar, daß der Prüfling doch etwas weiß. Der Prüfer war auf alle Fälle hineinverwickelt und zum Schluß verwirrt bis verärgert. Es hatte sich ein Kreislauf im Drama-Dreieck abgespielt, ein Wechsel der Rollen von Opfer, Retter und Verfolger.

3.2 Prüfungsspiel: Meine Fehler – deine Fehler

Das Prüfungsspiel von Siegfried nenne ich: ‚Meine Fehler – deine Fehler'.

> Siegfried studierte Naturwissenschaften. In einer mündlichen Prüfung hat er etwas erfahren, das ihm in einer unangenehmen Weise bekannt vorkam: Die erste Hälfte der Prüfung nahm einen positiven Verlauf. Er wußte viel und konnte es auch gut erklären, so daß er den Eindruck hatte, die Prüfer zufriedenzustellen. Dann erlebte er eine Veränderung, ohne zu ahnen, woher die plötzliche Leere im Hirn kam. Er merkte, wie er ins Stocken geriet, die Stirn runzelte und die Augen rollte, und wie die Prüfer sich abmühen mußten, noch einzelne Brocken aus ihm herauszuholen. Dabei fühlte er sich unglücklich. Er registrierte, daß es auch den Prüfern peinlich war, daß er nicht so flüssig mit seinen Darlegungen fortfuhr, wie er begonnen hatte. Dann geschah es, daß die Prüfer und er

unterschiedlicher Auffassung über eine Detailfrage zu einem bestimmten Thema waren. Während der Prüfung holte er das Buch aus der Institutsbibliothek, und dort war die Position der Prüfer bestätigt. Zu Hause stellte er fest, daß er aus der neueren, u. a. in diesem Punkt veränderten Auflage des Buches gelernt hatte. Die ‚Umwelt' hatte mitgespielt, er war in der Prüfung in eine Konkurrenzsituation gekommen und dabei unterlegen. Siegfried erinnerte sich an einige ähnliche Erfahrungen aus seiner Schulzeit.

In der dritten Klasse stand er neben der Lehrerin am Pult, als sie sein Diktat korrigierte. Er merkte, wie sie eine Zeile übersprang und daher einen Fehler übersah. Er dachte, daß es von ihm großartig und edel sei, wenn er sie darauf hinwiese. Er wurde bitter enttäuscht. Die Lehrerin gab ihm wegen der gestiegenen Fehlerzahl eine schlechtere Note.

In der Gymnasiumszeit gab es noch eine ähnliche Situation, in die er aber korrigierend eingriff. Ein Banknachbar entdeckte bei ihm denselben Fehler, den er auch gemacht hatte, und er meldete es. Der Lehrer setzte Siegfrieds Note herunter. Als der Lehrer später die Schüler aufrief und sich die Noten zum Einschreiben ins Klassenbuch noch einmal sagen ließ, diktierte er – sprachlich ein Trick – ‚ich *hatte* eine Zwei' und stellte damit die ursprüngliche Situation für sich wieder her. Im Endeffekt schob er dem Lehrer den Fehler zu.

Siegfrieds Fehler und die Fehler seiner Lehrer und Prüfer verhielten sich wie die Linien eines Vexierbildes, das abwechselnd die eine und dann die andere Figur zu zeigen scheint, wenn man es länger betrachtet. Es ergibt sich eine schicksalhafte Verknüpfung: meine Fehler – deine Fehler.

Das Spiel beginnt erst in der Mitte der Prüfung und endet eine Zeit danach. Der Schwindel ist hier, daß Siegfried den Eindruck erweckt, er sei jemand, der mit Scheinwissen blende, und wo nichts dahinter sei. Der Haken, an dem sich die Prüfer verfangen, ist ihre Neigung, in echten oder vermeintlichen Schwächen anderer herumzustochern und zu -bohren. Beide Parteien sind irritiert, und Siegfrieds Lohn ist die Bestätigung: Ich kann mehr wissen oder sehen als meine Lehrer und werde dafür noch bestraft.

3.3 Prüfungsspiel: Mein Name ist Hase, ich weiß von nichts

Schwierigkeiten mit dem Gedächtnis treten häufig in Prüfungen auf. Sie zeigen sich als mehr oder weniger plötzliche ‚Leere im Hirn' oder als Durcheinanderwerfen und falsche Kombination von Wissensinhalten. Nur zum Teil lassen sich die Gedächtnislücken und -fehler durch Überfütterung bei der Prüfungsvorbereitung und durch Prüfungsangst erklären. Manchmal können Gedächtnisstörungen auch zu einem Prüfungsspiel gehören, wie es im folgenden Fall beschrieben wird. Zunächst aber noch einige allgemeine Vorbemerkungen:

Die Bedeutung eines gut funktionierenden Gedächtnisses ist mit der Rationalisierung von Prüfungen in Form der Multiple-choice-Abfrage gewachsen. Einerseits wird durch diese Art von Prüfungen mehr eingespeichertes Wissen verlangt als logisches Denken, andererseits wird durch die Art der Durchführung solcher Prüfungen (z. B. in Riesensälen, mit Ausweiskontrolle usw.) Streß erzeugt, der sich wiederum negativ auf das Gedächtnis auswirkt.

Susanne verhielt sich trotz ausreichender Prüfungsvorbereitungen und – verglichen mit anderen – gutem Fachwissen in Multiple-choice-Prüfungen so, als ob sie kein Gedächtnis hätte. Auch bei Fragen, auf die sie die richtige Antwort wußte, kreuzte sie nicht rasch an. Sie zweifelte an ihrem Wissen und an der Fragestellung der Aufgaben, die sie lösen mußte. Sie vollzog die Gedankenverbindungen, die dem jeweils abgefragten Sachverhalt zugrunde lagen, noch einmal im Geiste nach. Sie stellte Zusammenhänge her, so wie es beim Lernen von etwas Neuem nötig ist. Sie ging so vor: Aus logischen Gründen, und weil dieses und jenes so und so ist, müssen diese Antworten richtig, und jene anderen Antwortalternativen aus diesen und jenen anderen Gründen falsch sein. Außerdem grübelte sie darüber nach, ob das, was sie gelernt hatte und wußte, überhaupt so richtig sei. Sie veranstaltete innerlich während der schriftlichen Prüfung Grundsatzdiskussionen mit sich selbst. Sie führte eine große Menge geistiger Operationen durch und ging gedanklich Kontrollwege ab und vertat kostbare Prüfungsminuten. Sie fiel schließlich durch und bestätigte damit: Ich weiß nichts. Sie litt sehr darunter, das Studium nicht abzuschließen und ihren Eltern noch auf der Tasche zu liegen.

Wie häufig in schriftlichen Prüfungen fand bei Susanne das Spiel im inneren Dialog statt. Die eigentlichen Mitspieler, Susannes Eltern, waren nicht physisch anwesend. Susanne hatte die Prüfungsinstanz mit den Eltern gleichgesetzt und mit diesen sich selbst ausgespielt.

Die Vorgeschichte von Susannes Prüfungsspiel reichte Jahre zurück. Sie war durch einen Zufall Mitwisserin des Geheimnisses geworden, daß ein Elternteil aus der Familie ausbrechen wollte. Das erschütterte ihr Weltbild, und das Wissen, das sie mit sich herumtrug, belastete sie schwer. Sie versuchte, es zu verdrängen und über Vorkommnisse im familiären Alltag hinwegzusehen, nach dem Motto: Mein Name ist Hase, ich weiß von nichts.

Susannes Eltern legten selbst den Haken aus, an dem sie sich verbissen. Es war klar, daß sie sich erst voneinander trennen würden, wenn ihre Kinder auf eigenen Füßen ständen. Daß dies bald sein würde, schien selbstverständlich. Denn Susanne war als intelligent und strebsam bekannt und stand kurz vor Abschluß ihres Studiums. Und doch wurde diese Tatsache zum ‚Schwindel' im Sinn von Bernes Spielformel. In der Prüfung bediente sie den Schalthebel, indem sie all ihr Wissen ausknipste und sich verhielt, als lerne sie gerade buchstabieren. Sie war über ihr Prüfungsversagen ebenso verwirrt wie die Menschen in ihrem persönlichen Umkreis. Der unbewußte Gewinn des Prüfungsspiels ‚Mein Name ist Hase, ich weiß von nichts' war für Susanne, daß der Familienzusammenhalt bis auf weiteres gerettet war. Bewußt fühlte sie sich jedoch als Opfer eines verzweifelten Prüfungsschicksals, das die ersehnte Unabhängigkeit von den Eltern blockierte. Die Auswirkungen von Prüfungsergebnissen sind hier wie in vielen anderen Fällen auch ambivalent.

4. Schlußbetrachtung: Anregungen zu einem persönlichen Lernstil

Die Überwindung einschränkender Skriptbotschaften und destruktiver Spiele ermöglicht ein autonomes Lernen, das alle Potentiale einer Person zum Tragen bringt, nicht nur die intellektuellen. Ein solches Lernen setzt Bewußtheit und Sensibilität der lernenden Person für sich selbst und für die eigenen Lernprozesse voraus. Dann ist Lernen nicht nur eine Anpassung an kulturelle Traditionen und die Übernahme von vorgegebenem Wissensstoff, sondern dient auch den wohlverstandenen individuellen Zielen der Persönlichkeit – ein Ausweg aus der Entfremdung des Lernens.

Ein persönlicher Lernstil gibt allen Ich-Anteilen Raum. Das Erwachsenen-Ich hat dabei eine besondere, steuernde Funktion. Das im Zusammenhang mit dem Lernen oft sträflich vernachlässigte freie Kindheits-Ich bekommt die Erlaubnis, Spaß ins Lernen zu bringen. Mein persönlicher Lernstil richtet sich weniger nach ‚lerntechnischen' Regeln als nach meinen Erfahrungen im Umgang mit mir selbst beim Lernen.

Anmerkung

Die Fallbeispiele ‚Ulla', ‚Siegfried' und ‚Susanne' sind (teilweise in leicht veränderter Form) mit freundlicher Genehmigung des Herder-Verlags dem Taschenbuch ‚Auf eigenen Füßen stehen' der Autorin entnommen.

Literatur

Berne, E., Was sagen Sie, nachdem Sie ‚Guten Tag' gesagt haben: Psychologie des menschlichen Verhaltens. Frankfurt: Fischer 1983
Brown, M., Woolams, S. & Huige, K., Abriß der Transaktionsanalyse. Frankfurt: Fachbuchhandlung für Psychologie, 1984
De Charms, R., Ein schulisches Trainingsprogramm zum Erleben eigener Verursachung. In: *W. Edelstein* und *D. Hopf* (Hg.), Bedingungen des Bildungsprozesses: Psychologische und pädagogische Forderungen zum Lehren und Lernen in der Schule. Stuttgart: Klett, 1973
Ernst, K., Games students play: And what to do about them. Berkeley: Celestial Arts, 1972
Handke, P., Kaspar. (8. Aufl.) Frankfurt: Suhrkamp, 1972
Heckhausen, H., Die Entwicklung des Erlebens von Erfolg und Mißerfolg. In: *C. F. Graumann* und *H. Heckhausen* (Hg.), Funk-Kolleg Pädagogische Psychologie: Grundlagentexte 1. Entwicklung und Sozialisation. Frankfurt: Fischer, 1973
Hirsch, M. A., Die Auseinandersetzung mit Schul- und Studienanforderungen: Entwicklungspsychologische Aspekte des Studienerfolgs. Dissertation Bonn, 1979
Holt, J., How children fail. Harmondsworth: Penguin, 1982 (Rev. ed.)
Kahler, T., Das Miniskript. In: *Graham Barnes et al.* Transaktionsanalyse seit Eric Berne. Bd. 2. Berlin: Institut für Kommunikationstherapie, 1980
Prahl, H. W., Prüfungsangst: Symptome, Formen, Ursachen. München: Nymphenburger, 1977
Rosenstiel, L. v., Molt, W., Rüttinger, B., Organisationspsychologie. Stuttgart: Kohlhammer, 2. Aufl. 1975
Schmid, B., Arbeitsstiländerungen durch ein gruppendynamisches Übungsprogramm und Auswirkungen auf die lehrstofforientierte Gruppenarbeit im wissenschaftlichen Grundstudium. Dissertation Mannheim/Heidelberg, 1977
Schönert, H., Auf eigenen Grüßen stehn: Wie wir uns von überholten Lebensmustern lösen. Freiburg: Herder, 1990

Seel, H., Entwicklung und Erprobung von Trainingsprogrammen für Hochschulstudenten mit Lern- und Arbeitsproblemen. Dissertation Heidelberg, 1984
Veroff, J., Wie allgemein ist das Leistungsmotiv? in: *W. Edelstein* & *D. Hopf* (Hg.), Bedingungen des Bildungsprozesses: Psychologische und pädagogische Forderungen zum Lehren und Lernen in der Schule. Stuttgart: Klett, 1973
Wandel, F., Erziehung im Unterricht: Schulpädagogische Anwendungen der Transaktionsanalyse. Stuttgart: Kohlhammer, 1977
Wöller, F., Psychische Störungen bei Studenten und ihre sozialen Ursachen. 1978

Transaktionsanalyse in der Lehrerfortbildung

Hans Joss

Zusammenfassung:

Der Text stellt einen fiktiven Brief dar, den mir ein ehemaliger Kursteilnehmer ein Jahr nach Kursende schickt. Darin berichtet er, welche Erfahrungen er im Unterrichtsalltag mit Konzepten der Transaktionsanalyse machte, Konzepten, die wir während des halbjährigen Semesterkurses (12 Halbtage) bearbeiteten.
In der Realität halte ich solche Kurse im Rahmen der Zentralstelle für Lehrerfortbildung des Kantons Bern. Die beschriebenen Ansätze werden von verschiedenen Kolleginnen und Kollegen im Schulalltag praktiziert, die auch bereit sind, interessierten Personen Einblick in ihre Unterrichtsarbeit zu gewähren.

Lieber Hans!

Du hast mich gebeten, ein Jahr nach Kursende zu berichten, was mir die im Kurs bearbeiteten Konzepte der Transaktionsanalyse für den Unterrichtsalltag gebracht haben.
 Du weißt: Ich bin mittlerweile 52-jährig geworden und unterrichte in einer Vorortsgemeinde von Bern an einer zweireihigen Sekundarschule mit 193 Schülerinnen und Schülern im Alter von zwölf bis sechzehn Jahren und 22 Kollegen.
 Ich schätze immer noch, daß ich vor 1½ Jahren den 16. Semesterkurs nach 26 Dienstjahren besuchen konnte.
 In meinem Unterricht versuche ich, mich in erster Linie an meinen gesetzlichen Auftrag zu halten, der lautet: ‚Die Volksschule soll ihre erzieherische Unterstützungsaufgabe dadurch erfüllen, daß sie die Mündigkeit der ihr anvertrauten Heranwachsenden fördert und damit zu deren Entwicklung beiträgt'. (Aus: Lehrplan für die Primar- und Sekundarschulen des Kantons Bern, 1983)

Während der Kursarbeit bemerkte ich bald, daß die Konzepte der Transaktionsanalyse in die gleiche Richtung weisen, lautet doch das Ziel in Transaktionsanalyse: Autonomie und mitmenschliche Redlichkeit. Die verschiedenen Konzepte halfen mir, den abstrakten und letztlich schillernden Begriff der ‚Mündigkeit' zu konkretisieren und mit verhaltenswirksamen Inhalten zu füllen.

Unsere Kursgruppe von 25 Lehrerinnen und Lehrern hatte ein halbes Jahr vor Kursbeginn als gemeinsames Thema formuliert: ‚Arbeits- und Lernsituationen, die Schülern und Schülerinnen eigenverantwortliches Handeln ermöglichen'.

Unser Kurs bearbeitete zu Beginn das Konzept der Zeitstrukturierung. Im einwöchigen Einführungsprojekt konnte ich am eigenen Leibe die unterschiedlichen Arten, meine Zeit zu gestalten, erleben.

Auch wenn es keine ‚sinnvollste' Variante gibt, die persönliche Zeit zu verbringen, wurden wir uns doch einig, daß ‚Spiele' im Umgang mit Heranwachsenden möglichst zu vermeiden sind. Die einfache Darstellung des ‚Drama-Dreiecks' hilft mir ab und zu, Spiele zwischen mir und meinen Schülern, zwischen mir und Kollegen zu erkennen, wenn auch – leider – meist erst im nachhinein. ‚Warum habt ihr wieder nicht', ‚ich habe euch doch gesagt', oder ‚ich will euch ja nur helfen', ‚ich weiß nicht mehr aus und ein'.

In der Institution Schule ist die Zeit, vor allem die Zeiteinteilung, von grundlegender Bedeutung. 45 Minuten Lektionen bestimmen

einerseits die Länge von Lehrveranstaltungen und der kindlichen Lernvorgänge, gleichzeitig sind es lohnwirksame Arbeitseinheiten für die Lehrenden.

Die immer gleich langen 45 Minuten-Lektionen können kindgemäßes Lernen behindern.

An meiner 8. Klasse, an der ich als Klassenlehrer 12 Lektionen unterrichte (Französisch, Deutsch und Geographie), bin ich dazu übergegangen, nicht mehr nur lektionsweise zu unterrichten, sondern in Unterrichtsblöcken, welche jeder Schüler nach seinen Lernbedürfnissen gestalten kann.

Zu Beginn der Woche lege ich den Schülern den sogenannten ‚Wochenplan' vor und erkläre die Arbeitsaufträge, die sich z. T. an einzelne Schüler richten.

Ich versuche vermehrt, in meinem Unterricht auf den einzelnen Schüler einzugehen. Jeder Schüler kann die Reihenfolge der vorgegebenen Arbeiten selbst bestimmen.

Die Schüler verfügen somit über die Möglichkeit, definierte Zeitabschnitte von insgesamt 8 Lektionen selbständig zu gestalten.

Ich verzichte weitgehend auf das für Schüler oft monotone Ritual des Lehrervortrags, und wenn ich etwas berichte, dann bereite ich diesen frontalen Beitrag besonders sorgfältig vor, z. B. in der Geographie.

Der Schüler kann auch wählen, ob er lieber mit einem Kameraden arbeitet oder allein. Es bestehen auch Rückzugsmöglichkeiten: eine Leseecke im Klassenzimmer mit einem Sofa, zwei Pulte im Gang und ein häufig unbenützter Fachraum. Jeder Schüler, der das Klassenzimmer verläßt, schreibt seinen Namen und den Arbeitsort an die Tafel, so weiß ich jederzeit, wo meine Schüler/innen arbeiten.

Ich gehe sogar so weit, daß die Schüler meiner Klasse morgens ins Zimmer kommen dürfen, bevor die Schulglocke um 8.10 Uhr eingeläutet hat und sämtliche Kinder miteinander das Schulhaus ‚stürmen'. Eine Abmachung mit meinem Hauswart genügte. Eine grüne Kartonscheibe am Fenster meines Klassenzimmers, und die Schüler wissen: unser Klassenlehrer ist im Klassenzimmer, wir dürfen vor dem offiziellen Zeitpunkt ins Zimmer gehen und mit Arbeiten beginnen.

Wenn ich seinerzeit lernte, wie wichtig eine motivierende Einstimmung für den Unterricht sei, so staune ich immer wieder, mit welcher Lernbereitschaft die Kinder zur Schule kommen. Da sie einen Wochenplan haben, kennen sie die Arbeitsaufträge und teilen sich die Arbeit entsprechend ein. Einige beginnen unverzüglich mit der Arbeit, andere lassen sich Zeit und stöbern vorerst in Heften und Büchern herum oder sitzen ruhig und noch halb verschlafen an ihrem Pult. Zwei andere erzählen sich, was sie am Vorabend im Fernsehen gesehen haben, bevor sie mit ihrer Arbeit beginnen. Rund fünf Minuten vor dem offiziellen Lektionsbeginn sind alle Schüler da und arbeiten. Das zwingt mich, rund 30 Minuten vor Lektionsbeginn in mein Klassenzimmer zu kommen. Das frühere Begrüßungsritual fällt weg: ich trete ein, die Schüler erheben sich, begrüßen mich, ich erteile die Erlaubnis zum Sitzen.

Jetzt kommt es öfters vor, daß ein Schüler zu mir kommt, um noch etwas zu fragen oder einfach um Nähe zu suchen. Das Konzept der Zeitstrukturierungsformen (Rückzug, Ritual, Zeitvertreib, Aktivität, Spiele, Intimität) ermöglicht mir und den Schülern einen bewußteren Umgang mit der Unterrichtszeit. Die gemeinsam verbrachte Zeit – letztlich persönliche ‚Lebenszeit' – sollte von allen möglichst sinnvoll genutzt werden können. Langeweile, monotone Sequenzen gibt es praktisch keine mehr, da die Schüler die Möglichkeit haben, auf ihre Zeitgestaltung Einfluß zu nehmen, Wünsche anzubringen und mir Vorschläge zu machen.

Soviel zum Konzept der ‚Zeitstrukturierung'.

Unter die Haut fuhr mir damals im Kurs das Konzept der Symbiose. Die Einsicht, daß ich als Lehrer in eine Rolle gedrängt werde und ich meinerseits Gefahr laufe, die Schüler in einer Rolle zu fixieren, gab mir zu denken, und gleichzeitig mußte ich die verblüffend einfach dargestellte Beziehungsform auf Grund meiner Unterrichtserfahrungen bestätigen.

Meine ausgeprägten elterlichen Anteile und die Fixierung der Schüler in kindhaften Haltungen versuchte ich radikal aufzubrechen, indem ich begann, Verantwortung abzugeben und mich in meiner Verantwortlichkeit deutlich abzugrenzen. In der Sprache der Transaktionsanalyse ausgedrückt: ich fixiere die Kinder nicht in kindhafte Haltungen, sondern ermögliche ihnen, auch ihre selbständigen erwachsenen Anteile und ihre elternhaften Haltungen zu stärken und zu aktivieren. Persönlich beachte ich meine erwachsenen Anteile und mein kindhaftes Erleben. Auf den Schulalltag übertragen heißt das: Ich trete Verantwortung an die Schüler ab, wir teilen uns in die Verantwortung. Beispiel: Prüfungen und Aufsätze schreiben.

Die Anzahl Aufsätze wird zu Beginn des Quartals gemeinsam festgelegt ebenso die Anzahl der Französisch-Tests. Die Lernziele sind jedem Schüler bekannt. Wenn ein Schüler den Eindruck hat, er beherrsche den Stoff, so löst er das entsprechende Testblatt. Mißlingt ihm die Arbeit, so ist eine Wiederholung möglich. Es gibt keine klassenweisen Prüfungen mehr, jeder Schüler arbeitet für sich oder übt mit einem Kameraden zusammen. Das Ritual ‚Klassenarbeit' entfällt, ebenso das Ritual ‚Probe zurückgeben'. Abschreiben? Kommt nicht mehr vor, weil der Selbstbetrug zu offensichtlich ist.

Frontale Sequenzen sind zwar immer noch notwendig im Französischunterricht, ich reduziere sie jedoch auf ein Minimum. Dafür stehen umso mehr Lehrmittel zur Verfügung: Kassetten, Videobänder, Texte, Lernkarteien für die Wörter. Jeder Schüler trägt auf einem Kontrollblatt ein, welche Arbeiten er bereits erledigt hat.

Die veränderte Unterrichtsstruktur ermöglicht mir mehr Einzelgespräche oder auch Aktivitäten mit Kleingruppen, z. B. bei szenischen Spielen. Ich lerne die Kinder besser kennen, und die Schüler lernen sich selbst einschätzen.

Die ‚Befreiung' aus der vorwiegend kritisch elternhaften Haltung wirkt noch heute entlastend und gleichzeitig stimulierend auf mich. Die Schüler lernen nicht unbedingt mehr als im früheren, überwiegenden Frontalunterricht. Aber sie lernen lieber, intensiver und vor allem selbständiger. Vergessen sie eine Vokabel oder eine Regel, wissen sie, wo nachschauen, und ich muß mich nicht ständig ärgern über die Schüler und mich.

Diese freigewordene Energie setze ich ein, um neues Lernmaterial zu bereiten – unter Berücksichtigung der Schüler-Rückmeldungen. Die begabten Schüler können so wesentlich mehr lernen als früher, den schwächeren Schülern kann ich mehr Zeit widmen, und gleichzeitig wird verhindert, daß sie an Selbstvertrauen verlieren durch den ständigen Vergleich mit guten Schülern. Nicht daß die Schüler nicht mehr miteinander verglichen würden! Aber im Zusammenhang mit der Berufswahl in der 9. Klasse akzeptieren sie, daß ein Schüler, der in die Mittelschule übertreten will, andere Inhalte kennen muß als ein Schüler, der eine Lehre als Bauzeichner beginnen wird.

Also: die Konzepte der Symbiose und die Strukturanalyse haben mir wesentliche psychische Entlastungen ermöglicht, und gleichzeitig habe ich wieder Freude, Schule zu halten.

Eindrücklich verlief für mich der Kursbeginn mit den Arbeitsverträgen. Daß eine Arbeitsabmachung von beiden Seiten akzeptiert werden muß, von der Kursleitung und von den Kursteilnehmern, war für mich völlig neu. Unsere Hausordnung im Schulhaus haben bisher immer einige Lehrer ausgearbeitet, ohne daß wir je Schüler um ihre Meinung gefragt hätten.

Im Zusammenhang mit dem Wochen- und Quartalsplan sind diese Arbeitsabmachungen zwischen mir und den Schülern von zentraler Bedeutung. Durch die Möglichkeit der Schüler, Vorschläge zu machen oder Vorbehalte anzumelden, identifizieren sich diese stärker mit den Arbeitsaufträgen und halten sich selbständig daran.

Die Rückmeldemöglichkeiten im Kurs – in Anlehnung an Konfrontationsverträge in der Transaktionsanalyse – öffneten mir die Augen für die Art und Weise, wie ich mit Schülern umgehe. Gab ich früher Probenhefte vor der ganzen Klasse zurück, wenn möglich mit ironischen, ja zynischen Kommentaren, die den einzelnen Schüler verletzen und gleichzeitig motivieren sollten, so gebe ich heute den Schülern Möglichkeiten, sich zu meinem Verhalten ihnen gegenüber zu äußern. Sie können sagen, was sie verletzt, und ich teile mit, welche Verhaltensweisen mich verletzen oder verunsichern.

Dank dieser Abmachungen gibt es praktisch keine ‚Streß-Spitzen' mehr mit psychischen Machtkämpfen, die bei mir nicht selten zu Schlafstörungen führten. Auch ich sorge bewußt dafür, daß ich mich wohl fühle im Klassenzimmer. Bald nach meiner Rückkehr an meine Klasse schlugen die Schüler anläßlich eines Wochenrückblicks vor, ob wir nicht den Raum umgestalten könnten. In einer Ecke steht nun ein Sofa, Pulte wurden durch großflächige Tische ersetzt, die Schüler wählen die Pultordnung so, daß sie möglichst gut arbeiten können. Bei Kollegen, welche diese Ordnung nicht schätzen, stellen sie die Pulte in der Pause einfach um.

Die Arbeitsabmachungen reduzierten die ‚Ränkespiele' auf ein Minimum. Besonders das Prinzip der Gegenseitigkeit erlöste mich aus der Verfolger-Rolle: ‚Warum habt ihr das wieder nicht so gemacht, die letzte Klasse arbeitete viel besser ...', ‚wenn das noch einmal vorkommt, dann ...!' Entsprechend gingen auch die Retter- und Opferspiele zurück: Ritter: ‚Ich will ja nur das beste für euch, wo habt ihr Schwierigkeiten' ‚Opfer: ‚Ich weiß nicht mehr weiter. Am ehesten sollte ich den Beruf wechseln ...' Überhaupt: meine Sprache.

‚Jetzt wollen wir noch miteinander' ersetze ich meistens durch: ‚ich will' oder ‚ich möchte', ‚ich schlage vor', ‚was denkt ihr dazu?' Ich spreche die Schüler viel direkter an und teile auch meine Eindrücke und Gefühle direkter mit. Verdeckte Transaktionen ('ein Achtkläßler kann das!'), ironische Bemerkungen (‚das hast du wieder prima gemacht' – zu einer ungenügenden Arbeit) habe ich stark reduziert. Antreiber ‚das wirst du nie lernen, wenn du so weiterfährst', ‚so kommst du nie ins Gymnasium' auszusprechen, habe ich kaum mehr das Bedürfnis.

Das Skript haben wir damals nur ganz kurz gestreift. Ich weiß nur noch, daß wir den Auftrag erhielten zu überlegen, welche Antreiber wir von unseren Lehrern hörten, welche wir noch heute als Lehrer befolgen und an die Schüler weitergeben. ‚Sei perfekt', ‚mach es allen recht' dominieren bei mir. Früher hieß es oft über mich: ‚Der ist ein Pedant', ‚dem kann man nichts recht machen'. Dadurch, daß ich die Schüler auffordere, selbst Kriterien zu formulieren für ihre Arbeiten, bin ich etwas entlastet. ‚Mach es allen recht' hat nun auch Folgen für die Schüler: jeder darf gemäß seinen Möglichkeiten arbeiten.

In Gesprächsrunden stellen sich die Schüler ihre Arbeiten vor und lernen, daß eine bestimmte Thematik unterschiedlich betrachtet werden kann. Sie lernen auch, ihre Meinung vor den andern mitzuteilen und sich zu behaupten. Die Gesprächsführung übernehme ich nur noch in seltenen Fällen.

Du siehst, lieber Hans, vielleicht habe ich das eine oder andere Beispiel nicht ganz ‚TA-gemäß' zitiert. Für mich ist wichtig, daß mir durch die Transaktionsanalyse einiges klar wurde bezüglich meiner Umgangsformen mit den Schülern. Mein Unterricht hat sich dadurch weiter entwickelt. Damit will ich dich ermutigen, weiterhin Konzepte der Transaktionsanalyse zu bearbeiten, an Praxisnähe fehlt es jedenfalls nicht.

Ich hoffe, Dir mir diesen Angaben dienen zu können und verbleibe mit freundlichen Grüßen

Fritz Aerni

Literatur

Lehrplan für die Primar- und Sekundarschulen des Kantons Bern, Bern: Staatlicher Lehrmittelverlag, 1983

Auftrag und Praxis der Elternbildung

Peter Lüthi

Zusammenfassung

Zu Beginn werden der Standort der Erwachsenenbildung und die übergreifenden und trennenden Elemente zu Unterricht und Therapie dargestellt. Nach einer kurzen Gegenüberstellung früherer und heutiger Ziele der Elternbildung als Teil der Erwachsenenbildung, wird ihr derzeitiger Auftrag beschrieben. Der Autor gibt dann einen zum Teil ausführlichen Überblick, wie er die Transaktionsanalyse (TA) anwendet: 1. in Transaktionsanalyse-Kursen mit Theorievermittlung und Übungen, die auf den persönlichen Lebensbereich bezogen sind, 2. je nach Bedarf die explizite Einführung einzelner Elemente der Transaktionsanalyse in den anderen Elternbildungskursen, um das Verständnis von Zusammenhängen und die Entwicklung neuer Wege zu fördern und 3. die implizite Anwendung der TA. Weiter beschreibt er vom persönlichen Erlebnis her seine Rolle als Gruppenleiter und legt dabei einen Akzent auf die Verbindung von Transaktionsanalyse mit der Themenzentrierten Interaktion (*Ruth Cohn*). Der Artikel schließt mit sechs detailliert dargestellten Beispielen seiner Kursarbeit: Protokollausschnitte, Arbeitsweise und Kommentar.

Inhalt

1. Elternbildung als Teil der Erwachsenenbildung. Der heutige Auftrag der Elternbildung
   1.1 Elternbildung als Teil der Erwachsenenbildung
   1.2 Der heutige Auftrag der Elternbildung
2. Bedeutung und Nützlichkeit von Konzepten der Transaktionsanalyse in meiner Arbeit
   2.1 Transaktionsanalyse-Kurse

2.2 Elemente der Transaktionsanalyse explizit einbeziehen
2.3 Konzepte der Transaktionsanalyse implizit anwenden
3. Elterngruppen leiten
4. Praktische Beispiele der Anwendung von Transaktionsanalyse
   4.1 Heimliches Fernsehen
   4.2 Kleiner Finger – ganze Hand
   4.3 Die Gruppe als Lernfeld
   4.4 Ich kann dir nichts recht machen
   4.5 Strafen
   4.6 Dumme Fragen
5. Schlußgedanken
6. Literatur

Heute kann ich mir nicht mehr vorstellen, in der Elternbildung ohne Transaktionsanalyse zu arbeiten. Praktisch, griffig, entwicklungsfähig ist sie. Gute Gründe für mich, diesen Beitrag zum Anwendungsfeld Elternbildung zu schreiben.

1. Elternbildung als Teil der Erwachsenenbildung Der heutige Auftrag der Elternbildung

1.1 Elternbildung als Teil der Erwachsenenbildung

Mit meiner Arbeit am Elternbildungszentrum habe ich einen Platz gefunden, der mir innerlich und äußerlich behagt.

Das Elternbildungszentrum der Stadt Zürich ist eine öffentliche Institution, dem städtischen Schulamt unterstellt. Es besteht als solches seit 1971, hat einen hauptamtlichen Leiter (mich) und heute über 40 KursleiterInnen, die im Lehrauftrag je Semester ein bis sieben Kurse von unterschiedlicher Dauer durchführen. Die Vormittags- und Nachmittagskurse mit Kinderhütedienst wie die zahlreichen Abend- und Wochenendkurse zu den Themenbereichen Erziehung, Persönlichkeitsentfaltung der Teilnehmer, Zusammenleben – Paarkurse – werden jährlich von 3000 Frauen und Männern (diese noch in deutlicher Minderheit) besucht. Elternbildung ist ein Teil der Erwachsenenbildung. Daß Bildung eine lebenslange Aufgabe ist, wird zwar schon lange gesagt, aber erst in jüngerer Zeit praktiziert. In den letzten Jahren gewinnt die Erwachsenenbildung an Bedeutung. Dennoch hat sich der Begriff der **Andragogik** noch nicht eingebürgert. Seit einigen Jahren wird auch im Rahmen der Transaktionsanalyse vom Anwendungsbereich Pädagogik/Erwachsenenbildung gesprochen.

Ausbildung/Unterricht
Vermittlung bestimmter Wissensinhalte und Fertigkeiten durch Belehren, Vormachen – Nachmachen, entwickelnde Methode. Verlangt Berücksichtigung von Gegebenheiten wie Entwicklungs-, Wissensstand und entsprechende didaktische Maßnahmen.

persönlich gewählte, private berufliche Fort- und Weiterbildung,
meist schulmäßig organisiert und durchgeführt

Erwachsenen-Bildung
Entwicklung, Wachstum und Befähigung der Person in vielfältiger Hinsicht ist die allgemeine Zielumschreibung der Erwachsenenbildung. In gewissen Bereichen spielt Prävention noch eine Rolle. Das Ziel soll erreicht werden mit Hilfe ganzheitlicher, lebendiger Lernmethoden, ausgehend von der Annahme des lebenslangen Wachsens mit spiralartig verlaufenden Lernprozessen. Konkret geht es um die persönliche Betroffenheit der Lernenden, ihren Entscheid, was und wie sie lernen wollen, um Prozesse innerhalb der Lerngruppe, die von Bedeutung sind für das individuelle Lernen, um das Üben neuer Verhaltensweisen in der Lerngruppe.

Weiterbildung in Organisationen,
verordnet oder „freiwillig". Gesetzmäßigkeiten und Strukturen des Betriebs sind von großer Bedeutung (wenn auch scheinbar im Hintergrund).

freiwillige Erwachsenenbildung im persönlichen Bereich
mit dem Ziel einer umfassenden Lebensgestaltung; u. a. Elternbildung

Therapie
Zum Teil sehr direkte Hilfe, Maßnahmen zur Heilung resp. möglichem Umgang mit Schädigungen, Behinderungen. Verlangt im Speziellen Kenntnisse von Defekten und Defiziten und entsprechenden Behandlungsmethoden.

besondere Selbsterfahrungsgruppen

Die obige Darstellung soll verdeutlichen, in welchem Kontext ich die Erwachsenenbildung und damit Elternbildung sehe. In der rechten Spalte sind die Anwendungsmöglichkeiten der Erwachsenenbildung aufgelistet, auch die fließenden Übergänge zu solchen der anderen Gebiete Unterricht und Therapie.

Eine überholte Sicht ist, meine ich, die drei Bereiche Ausbildung/Unterricht, Erwachsenenbildung und Therapie streng von einander abzugrenzen. Glücklicherweise wird heute das Durchgehende, das Übergreifende vermehrt erkannt und berücksichtigt, nämlich, daß

a) schulmäßige Wissensvermittlung auch in der Erwachsenenbildung, ja sogar Therapie wichtig und nötig sein kann.

b) Heilungseffekte auch in der Erwachsenenbildung und im schulischen Bereich möglich sind, wenn der Mensch nicht einfach als Lernmaschine definiert wird und

c) die Methoden der Erwachsenenbildung zunehmend auch in Schulung und in therapeutischem Rahmen angewandt werden, da sie sich als fruchtbar, weil Autonomie fördernd erwiesen haben.

Die Transaktionsanalyse ist eine psychologische Theorie, welche die Autonomie explizit und konsequent als eines der wichtigsten Ziele menschlicher Entwicklung postuliert, Modelle und Methoden für die Arbeit zu diesem Ziel entwickelt hat und deshalb in vielfältiger Weise in der Erwachsenenbildung angewandt werden kann.

1.2 Der heutige Auftrag der Elternbildung

Die Anfänge der Elternbildung vor etwa 50 Jahren waren stark geprägt von einer Defizit-Idee; Unterprivilegierte sollten gefördert werden. Es ging um die Unterstützung der Mütter in schwierigen Situationen, also um eine Mütterschule. In den ersten Veranstaltungen für Eltern war das Ziel der Bemühungen von Ärzten und Lehrern, z. T. auch Krankenschwestern, Harmoniestreben, heile Welt im trauten Heim, wo gebastelt und musiziert wird und wo beflissene Eltern, um die Entwicklung ihrer Kinder wissend, sich Regeln und Methoden angeeignet haben, um in liebevoller Zucht ihre Kinder großzuziehen. Bei Laien und z. T. Aufsichtspersonen schwingen diese Vorstellungen und Erinnerungen heute noch gelegentlich stark mit, was nicht selten zu Vorurteilen gegen die Elternbildung resp. zu Erwartungen führt, wie sie heute (noch) sein sollte. Als wichtiges Detail ist allerdings zu erwähnen, daß schon damals in Artikeln über Elternbildung geschrieben wurde, wie wichtig die eigene Klärung, Entwicklung und Befreiung von Zwängen bei den Eltern selbst sei. In der praktischen Elternarbeit fand das allerdings höchstens in Form von Appellen Eingang.

Heute, so scheint mir, ist die Lage um einiges komplexer, und der Auftrag der Elternbildung wird zunehmend nicht mehr nur kompensatorisch oder als Prävention verstanden.

Ich sehe in der aktuellen Elternbildung eine eigentliche Lebensschule. Mit unserem breiten Angebot am Eltern-Bildungs-Zentrum können wir in dieser Richtung arbeiten. Dabei ist mir bewußt, daß vielerorts – vor allem in ländlichen Gegenden – erst relativ bescheidene diesbezügliche Ansätze realisiert werden, öfters auch noch die traditionellen Formen und früheren Zielsetzungen weiterbestehen.

Im Kanton Zürich werden zur Zeit neue Richtziele für die Elternbildung ausgearbeitet. Finden Kurse und andere Veranstaltungen im Rahmen dieser definierten Richtlinien statt, so werden sie – wie schon seit bald 40 Jahren – vom Staat mitfinanziert. In die neue Zielumschreibung fließt die Erkenntnis ein, daß das stimmige Vorleben der Erwachsenen ein günstigeres und letztlich wirksameres „Erziehungsmittel" ist als direktive Beeinflussung.

Auf einen Nenner gebracht, wird der Auftrag der Elternbildung heute in etwa so definiert:

1. Die Persönlichkeitsentfaltung der Erwachsenen hat eine vorrangige Bedeutung – die Auseinandersetzung mit der eigenen Entwicklung ist Voraussetzung, ErzieherIn sein zu können.

Konstruktiver Umgang mit den eigenen Stärken und Schwächen, Übereinstimmung von Denken, Fühlen und Verhalten, Beziehungsfähigkeit, ganzheitliche Lebensgestaltung sind dabei Themen.

2. Im zweiten Bereich geht es in direkter Weise um die Entwicklung und Erziehung von Kindern und Jugendlichen. Als Voraussetzung zu jeder erzieherischen Beeinflussung gilt der Aufbau einer tieferen Beziehung zwischen den Beteiligten. Eingeschlossen sind darin der Respekt vor der Einmaligkeit des jungen Menschen und vor seiner

Integrität. Die Aufgabe der Erziehenden ist es, den jungen Menschen in seiner Entwicklung so zu fördern, daß er autonom (im Sinn der Transaktionsanalyse) wird, in einem gesunden Verhältnis zu sich, zu den anderen Menschen und der Umwelt lebt.

3. Der dritte Bereich der Elternbildung befasst sich mit der Bedeutung und den Einflüssen von Gemeinschaft und Umwelt auf die Heranwachsenden. Dazu gehören unter anderem die Befähigung zur laufenden Auseinandersetzung mit dem kontinuierlichen gesellschaftlichen Wandel und dem sich verändernden Verhältnis von Eltern-Kind, mit Elternschaft, Familie, Individualität-Sozietät etc. und einer entsprechenden Lebensgestaltung.

Gemeinst sind z. B. der Einsatz für eine kindgerechte Umwelt, die unmittelbare Erfahrungen ermöglicht, zu lernen, wie Konflikte konstruktiv ausgetragen werden können, sich mit der eigenen Elternschaft, der Paarbeziehung als Modell der kleinsten Gemeinschaft zu befassen, selbst für ein ausgeglichenes Verhältnis von Beruf – Familie – Freizeit – persönlichen Interessen, insbesondere auch Freizeitgestaltung zu sorgen.

In einem Artikel über Elternbildung schrieb *Hans Ruppelt* (1985), daß eine Entwicklung von der Mütterschule zur Familienbildung, von der fast reinen Wissensvermittlung zu Lernprozessen mit Eigenaktivität und Verhaltensänderung stattgefunden hat resp. stattfindet. Diese Veränderung von Sicht und Zielsetzung hatte nach *Ruppelt* „zunehmend unterschiedliche *Methoden* des gruppendynamischen – kommunikativen Lernens" zur Folge.

Tatsächlich sind in unserer Praxis seit langem anstelle von Belehrung, von einheitlicher, fast dogmatischer Anleitung die B e g l e i t u n g, U n t e r s t ü t z u n g, A n g e b o t e m a c h e n zentral geworden. Damit soll die erwähnte Eigenaktivität der TeilnehmerInnen gefördert werden; das Thema der Bildungsveranstaltungen richtet sich ganz nach ihren konkreten Bedürfnissen und dem Umgang damit.

Elternbildung zielt auf ein Lernen und Tun. Hier bietet die Transaktionsanalyse (TA) hilfreiche, leicht anwendbare Konzepte.

2. Bedeutung und Nützlichkeit von Konzepten der Transaktionsanalyse in meiner Arbeit

Aus dem bisher Gesagten wird deutlich, daß der ideologische Rahmen der Transaktionsanalyse, insbesondere das Postulat der Autonomie und die Zielsetzungen der Elternbildung zusammenpassen. In diesem 2. Kapitel will ich genauer aufzeigen, welchen Stellenwert die Transaktionsanalyse in meiner Kurstätigkeit hat. Im 4. Kapitel stelle ich an Beispielen meine Arbeitsweise mit Transaktionsanalyse vor.

Ich unterscheide drei Arten der Anwendung:

1. Transaktionsanalyse-Kurse (als solche ausgeschrieben) — Persönlichkeitskurse — Kurs: Transaktionsanalyse in der Erziehung	2. Elemente der Transaktionsanalyse explizit einbeziehen — Männerkurse — Erziehungskurse — Paarkurse	3. Konzepte der Transaktionsanalyse implizit anwenden — im Umgang mit den TeilnehmerInnnen — zur persönlichen Reflexion der Arbeit

2.1 Transaktionsanalyse-Kurse

Die Transaktionsanalyse-Kurse, Persönlichkeitskurse, sind eine Einführung in die Transaktionsanalyse ohne Anspruch auf Vollständigkeit der Themata. Ich bringe dabei theoretische Elemente in praktischen Bezug zur eigenen Lebensgeschichte der TeilnehmerInnen. Mit meditativen und kreativen Übungen werden die persönlichen Erfahrungen erinnert oder neu gemacht und in Kleingruppengesprächen oder in der Gesamtgruppe vertieft. Einzelne wollen eine kaum gemachte Einsicht sogleich perfekt umgesetzt haben. Obgleich das neue Handeln folgen soll, ist vorerst ein breiter abgestütztes Bewußtsein über das eigene Denken, Fühlen und Verhalten in Verbindung mit den neuerworbenen theoretischen Kenntnissen eine notwendige Basis für die weitere Entwicklungsarbeit.

Anschließend an derart durchgeführte Semesterkurse biete ich reine Selbsterfahrungsgruppen auf der Basis der Transaktionsanalyse an. Neue Theorie wird nun nur selten eingeführt, dafür die schon bekannte in der direkten Anwendung vertieft. Als Merkmal dieser Fortsetzungskurse ist zu erwähnen, daß ich gleich zu Beginn der Gruppe das transaktionsanalytische Konzept der Verträge vorstelle und wir anschließend das persönliche Anliegen der einzelnen klären bis zu einem Vertragsabschluß mit Gruppe und Leiter, natürlich freiwillig. Meine Erfahrung mit diesen Kursen ist, daß die TeilnehmerInnen manchmal große Schritte des persönlichen Wachstums machen. Das äußert sich nicht zuletzt in ihrer Körperhaltung, Gesichtsausdruck und Sprache. Sie berichten häufig von letztlich positiven Veränderungen im Beruf, im Umgang mit den Kindern, in der Paarbeziehung, auch wenn diese Veränderungen nicht selten Spannungen, Verunsicherung, Krisen bewirken. Ich betrachte es als meine Aufgabe, sie darin wachsam zu begleiten.

Den Kurs „Transaktionsanalyse in der Erziehung" gestalte ich ähnlich wie das erste Semester der Persönlichkeitskurse „Einführung in die Transaktionsanalyse". Allerdings ist der konkrete Bezugsrahmen neben der Selbsterfahrung verstärkt auf die Eltern – Kind – Situation ausgerichtet. Auch das mache ich gerne, weil viele – mir selbst als Vater „ach" so vertraute – Beispiele aus dem Familienalltag einfließen. Rückmeldungen zeigen, daß die Eltern ihre zunehmende Kompetenz wahrnehmen.

2.2 Elemente der Transaktionsanalyse explizit einbeziehen

In vermehrtem Maß führe ich explizit Elemente der Transaktionsanalyse auch in Kursen ein, wo ich in der Ausschreibung keinen besonderen Hinweis darauf gemacht habe. Am häufigsten arbeite ich dann mit den Konzepten Ich-Zustände, Zuwendung, Drama-Dreieck, Symbiose. – In den letzten fünf Jahren habe ich oft erlebt, wie die TeilnehmerInnen aus einer kindhaften Haltung neugierig zuschauten, wenn ich z. B. mit einem Minimum an theoretischen Erklärungen die drei Kreise des Funktionsmodells an die Tafel zeichnete und die TeilnehmerInnen mit einem Aha-Erlebnis selbst Zusammenhänge bezüglich ihres eigenen Verhaltens erkannten. Interessiert fragten einige nach mehr Informationen darüber. Sie hatten erkannt, wie sie allein mit diesen Elementen aus der Transaktionsanalyse nach kurzer Zeit ein handliches Instrument für bewußteren Umgang im Alltag besaßen.

Ich erinnere mich an eine M ä n n e r r u n d e im Kurs: Männer um 40, in der wir zuerst die kritische Phase der abendlichen Heimkehr eines Teilnehmers spielten, wobei das gefühlsmäßige Erlebnis im Vordergrund stand. Bei der folgenden Struktur- und Funktionsanalyse gelang es dem Teilnehmer, sein fast ausschließlich kindhaftes Fühlen, Denken und Verhalten bei der Heimkehr wie auch noch beim nachfolgenden Streitgespräch mit der Frau herauszuarbeiten. Im Kontext der Elternbildung ist der Lernprozeß dieses Beispiels in zweifacher Hinsicht wesentlich: Erstens geht es hier um den Mann selbst, der lernt, für sich fürsorglich zu sein, seine Bedürfnisse in OK-Form ohne versteckte Anklage auszudrücken. Als betroffener Vater erkannte er im weiteren seinen Anteil an der sich immer stärker bildenden Allianz der Kinder mit der Mutter gegen ihn, wie sich sein Vorbild negativ verändert hatte.

In den E r z i e h u n g s k u r s e n stelle ich fest, daß zwei zentrale Aspekte von Eltern öfters zuwenig beachtet werden und daraus Probleme entstehen. Der erste ist nicht neu. Es handelt sich um den eingleisigen Umgang mit Kindern aus einer elternhaften Haltung, aus der heraus die kindhafte Haltung der Kinder adressiert wird. Dadurch wird die Autonomieentwicklung des Kindes behindert. Der zweite zeigt sich in der Folge falsch verstandener antiautoritärer Gedanken verschärft. Er betrifft die unklare Unterscheidung der Hierarchie von Eltern-Ebene und Kind-Ebene, manchmal sogar deren Umkehrung, was z. B. eine mangelnde Internalisierung konstruktiver Elternmodelle, insbesondere große Unsicherheit bezüglich Werthaltungen, Identitätsprobleme u. ä. zur Folge hat.

Eingleisiger Eltern – Kind – Umgang:
Elternfiguren werden (wie Rückblicke zeigen) stark mit ihrem elterlichen Verhalten (EL) erlebt. Das Kind lernte, sich deren Erwartungen und Forderungen anzupassen, unselbständig zu sein, es den Eltern recht zu machen und versucht das häufig noch bis weit ins Erwachsenenalter, auch wenn es selbst schon Kinder hat. Zudem hat es dieses einseitige Elternmodell internalisiert und reagiert den eigenen Kindern gegenüber wiederum vor allem aus dem Eltern-Ich.

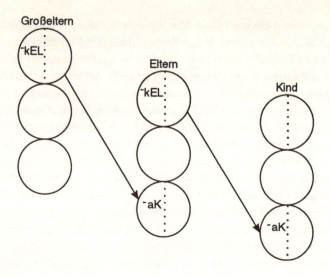

Abb.1

Wenn KursteilnehmerInnen diese gezeichnete Kaskade vor sich sehen, so wird vielen einsichtig, daß hier ein altes autoritäres Eltern – Kind – Verhältnis tradiert wird. Die negativ kritische Elternhaltung und die negativ angepaßte Kindhaltung habe ich eingezeichnet, weil häufig Eltern dem Kind unreflektiert Vorschriften machen, zu wenig zumuten, noch Gelegenheit geben, im Umgang mit Vater oder Mutter aus einem anderen Ich-Zustand als dem angepaßten Kind zu reagieren, was letztlich die wechselseitige Grundhaltung ich bin OK – du bist OK mißachtet.

Wird den betreffenden Eltern dieses Verhältnis bewußt, so stellen sie fest, daß sie selbst in vielen anderen zwischenmenschlichen Kontakten diese Umgangsform suchen, im Beruf, in der Paarbeziehung, in der Politik; je nach Script „oben" sein, „unten" sein.

Damit ist auch klar, daß der erste Schritt zu einer Veränderung eine Persönlichkeitsentwicklung bei den Eltern bedeutet. Es geht um die Förderung unterdrückter, wenig entwickelter Ich-Zustände. Innerhalb eines Kurses bestehen vielfältige Möglichkeiten zur Stärkung des klaren Erwachsenendenkens, Gelegenheiten zur Entfaltung des positiv freien Kindverhaltens und zur Förderung resp. Ergänzung konstruktiver Elternverhaltensweisen.

Dies zeigt, wie mit wenig Theorie, nämlich nur der Kenntnis der Ich-Zustände, wichtige Bildungsimpulse gegeben und fruchtbar gemacht werden können. Als Didaktiker reizt mich dabei natürlich auch, die Kursstunden abwechslungsreich zu gestalten, passende Übungen zu erfinden.

Ein Beispiel eingleisigen Umgangs von Eltern mit Kinder: Eltern wirken für Kinder distanziert, überheblich mächtig, wenn sie kein Verständnis, keine Anteilnahme an den Gefühlen der Kinder zeigen. Solche Eltern glauben vielfach, sofort reagieren zu müssen: befehlen, verbieten, raten usw. Im Zusammenhang mit entsprechenden Alltagssituationen besteht für mich eine gute Gelegenheit, auch das Thema Zuwendung, Streicheln zu behandeln. – Monika entschied sich z. B. im Kurs, am nächsten Tag, wenn sich die gleiche Szene wiederholen sollte, ihrem 7jährigen Sohn Pascal auf der Gefühlsebene unbedingt positive Zuwendung zu geben: „Ich verstehe deinen Ärger, daß ich dir nicht erlaube, wie Stefan und Markus schon 3/4 Stunden vor Schulbeginn auf dem Pausenplatz zu sein. Mir ginge das an deiner Stelle auch so." (Das Kind versteht: „Meine Gefühle sind OK, ich bin OK".) „u n d ich verbiete dir das aus folgenden Gründen: ..."

Unklare Unterscheidung Eltern-Ebene – Kind-Ebene[1)]
Daß die Vermischung resp. sogar Vertauschung der Eltern-Ebene – Kind-Ebene schon sehr früh stattfinden kann, läßt sich mit Hilfe des Symbiose-Modells gut illustrieren. Zur Verdeutlichung sollen die beiden folgenden Darstellungen dienen:

Inverse Symbiose mit Kleinkind:
Die Mutter resp. der Vater fühlt sich überfordert, unfähig und sucht unbewußt Verständnis, Rücksicht oder Hilfe vom Kleinkind, das auch mit seinen Mitteln darauf reagiert.

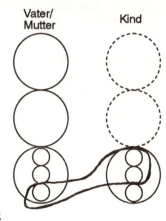

Abb. 2

Konkurrierende Symbiose aus dem Kind-Ich:
(davon höre ich eher von Eltern mit Kindern ab 3-4 Jahren oder mit mehreren Kindern). Das Kind sucht Schutz, Hilfe von der Eltern-Person. Diese werden verweigert, „weil" Mutter/Vater ebenfalls Schutz, Hilfe, Verständnis suchen – beim Kind. „Mir geht's noch viel schlechter als dir." Thema: Kampf, wer bekommt den anderen in die verhaßte Elternposition.

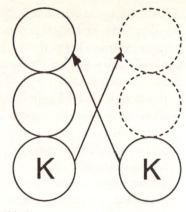

Abb. 3

Beide Symbioseformen zeigen deutlich, daß solche Eltern ihre Kinder parentifizieren, d. h. Elternfunktionen nicht entsprechend ihrer Aufgabe wahrnehmen und ihre Bedürftigkeit bei den Kindern zu stillen suchen. Konzepte der Transaktionsanalyse, um diese Problematik zu bearbeiten, sind z. B.: Beeltern, Selbstbeeltern. In bestimmten Fällen mache ich – mit Vertrag – Eltern-Interviews (*Mc Neel* 1976), die einen neuen differenzierten Zugang zu den eigenen Eltern ermöglichen können. Weiter gehen wir (= Gruppe und Leiter) auch durch Scriptarbeit den eigenen Einschärfungen nach. Hier spielen hauptsächlich eine Rolle: Sei nicht du selbst! – Sei kein Kind! – Sei nicht wichtig! – Einander Erlaubnis geben, sich selbst Erlaubnis geben lernen, folgen dann regelmäßig.

In drei Punkten läßt sich meine Zielorientierung zum Aspekt Eltern-Ebene – Kind-Ebene zusammenfassen:

Die Eltern sollten lernen:
1. Für sich selbst zu sorgen, allenfalls geeignete Hilfe suchen.
2. Konflikte dort auszutragen, wo sie entstanden sind, wobei sie sich klar werden sollten, welche Verantwortung sie selbst zu tragen haben, auch wo es aus Gründen einer Parentifizierung unstatthaft ist, Kindern Verantwortung zu übergeben.
3. Verschmelzungswünsche mit autonomen, erwachsenen Partnern auszuleben, um damit dem Kleinkind die notwendige primäre Symbiose zu ermöglichen oder die heranwachsenden

Jugendlichen nicht in der Ablösung zu behindern (gilt vor allem für Alleinerziehende).

Dort wo ich eine Gefahr vermute, daß unsichere Eltern die Analyse einer eingebrachten Problemsituation nicht konstruktiv aufnehmen, halte ich mit der Darstellung theoretischer Erklärungsmodelle bis nach der konkreten Bearbeitung des Anliegens zurück oder lasse sie eher ganz weg. Manchmal ist eine Beratung zum Beginn einer Therapie nötig.

Abschließend kann ich sagen: Explizit eingeführte und dann in den Alltagssituationen angewandte Konzepte der Transaktionsanalyse (oder auch umgekehrt aus den Alltagssituationen heraus erarbeitete Theorie) sind in unserer Bildungsarbeit in der Häufigkeit ihrer Behandlung:
1. Ich-Zustände
2. Zuwendung
3. OK-Haltung, Grundpositionen allgemein
4. Spiele, Symbiose
5. Erlaubnis und Scriptarbeit, wobei letzere nur in den Transaktionsanalyse-Kursen ausführlich und als fester Bestandteil gemacht wird.

2.3 Konzepte der Transaktionsanalyse implizit anwenden

Die *implizite Anwendung* der Transaktionsanalyse gehört in meiner Arbeit sozusagen zum Alltagsdenken. Bereite ich eine Kurseinheit vor oder schreibe einen Vortrag, so will ich alle meine drei Ich-Zustände einbeziehen: Mir ist wichtig, die Inhalte klar zu strukturieren, Zusammenhänge herzustellen, das Hier und Jetzt zu beachten. Meine Kindhaltung soll mitkommen, neugierig sein, auch Lust empfinden können, und ich will auch gut für mich sorgen als Leiter oder Vortragender, mich nicht antreiben. Wenn ich mich so verhalte, gelingt es mir meist auch, aufmerksam zu sein, daß die verschiedenen Ich-Ebenen der TeilnehmerInnen angesprochen sind.

Bei der Nachbereitung eines Kursabends überlege ich mir zum Beispiel, ob in der Gruppe Spiele gelaufen sind, wieweit Symbiosen angeboten oder eingegangen wurden, was ich zur Autonomieentwicklung der einzelnen angeregt habe, wie wir als Gruppe und einzelne untereinander mit Zuwendung umgegangen sind, zeichne das vermutete nicht-OK Miniskript einer Frau auf oder überdenke, welches wohl der Anteil an Zeitvertrieb bei der Zeitstrukturierung war.

Zwei spezielle Punkte sind mir wichtig.
– Gruppenleiter sind in dieser fruchtbaren Zeit, wo die TeilnehmerInnen ja bereit sind, etwas zu lernen, auch Elternmodelle. Was wir von uns erzählen, wie wir uns in der Gruppe und dann direkt zur betroffenen Person verhalten wird aufs genaueste (wenn auch manchmal unbewußt) beachtet und beeinflußt sie stark.
– Ich achte immer wieder darauf, daß ich die Theorievermittlung, meinen Wissensvorsprung in Transaktionsanalyse allgemein, nicht subtil als Spiel betreibe mit dem Anfang: Leiter = Retter oder Verfolger, TeilnehmerIn = Opfer.

3. Elterngruppen leiten

Wenn ich neue Kurse anfange, vierteljährlich oder halbjährlich, so ist das für mich nach wie vor eine aufregende Sache.

Wer werden diese 12 bis 14 Personen sein? Kenne ich jemanden oder einige aus früheren Kursen? Wieviele haben noch nie an einer Elternbildungsveranstaltung teilgenommen? Sind bei einem Kurs tagsüber auch Männer dabei? Wie kommen die Leute dazu, unsere Institution zu besuchen? Was erwarten sie? Daß wir keine Vorträge machen, sondern in Gruppen, hauptsächlich mit Gruppengesprächen arbeiten, ist nunmehr bekannt – wie groß ist jedoch die Bereitschaft, sich persönlich einzugeben? Um die Bedeutung meines Leiterverhaltens weiß ich heute sehr wohl; gelingt es mir, Vertrauen, eine Beziehung zu allen aufzubauen, das Bewußtsein der einzelnen zu fördern, daß der persönliche Gewinn des Kursbesuchs vor allem von ihnen selber abhängt? Bin ich immer wieder imstande – auch in scheinbar unwichtigen Äußerungen – Kernaussagen herauszuhören, um so von „oberflächlichen" Gesprächen zur gewünschten Tiefe vorzustoßen? Vermag ich Autonomiebedürfnisse so zu begleiten, daß KursteilnehmerInnen beginnen, ihr übriges Alltagsleben auch dementsprechend zu gestalten? Mein persönliches Modell, mein Engagement, meine persönlich Mitbeteiligung, – wann und wieweit bin ich fähig dazu? Wie gehe ich mit den alltäglichen Schwierigkeiten um, z. B.: Nach einem langen Nachmittag am Bürotisch ist da abends eine Gruppe, die mir seit längerer Zeit Mühe macht, oder eine Kursteilnehmerin, die mit Ratschlägen an andere so rasch bereit ist, oder ein Mann, der trotz gegenseitiger Vereinbarung der Gruppe zu spät, regelmäßig zu spät kommt. Habe ich neue Ideen, um die Kurse interessant und abwechslungsreich zu gestalten, und nicht zuletzt, um bei mir lähmende Routine zu vermeiden? Und der Gruppenprozeß: Werden wir zu einer Gruppe, uns zu einer sich akzeptierenden Gemeinschaft entwickeln, wo wir voneinander, aneinander lernen können, daß das eigene Verhalten gerade vor Ort reflektiert werden kann, die Gruppe ein Übungsfeld für neues Verhalten ist?

Dann das Thema: Welche Schwerpunkte werden diese neuen TeilnehmerInnen wählen? Wieviel werde ich selbst einbringen, was und wieviel wird von den anderen gebracht? Ist das Thema praxisbezogen? Wird das Alltägliche, das alle, auch die Bildungsschwächeren betrifft, angesprochen? Biete ich die Theorie, ohne zu theoretisieren?

Solche Fragen könnte ich auch am Anfang eines Artikels über Gruppenarbeit nach der Methode der Themenzentrierten Interaktion (TZI) schreiben.

Tatsächlich bildet die TZI einen weiteren Hintergrund unserer Elternbildungsarbeit in G r u p p e n. Die Verbindung von Themenzentrierter Interaktion und Transaktionsanalyse ist mir ein Anliegen. Beide Theorien zählen zu den humanistischen Psychologien, postulieren die Chairperson resp. die Autonomie, d. h. die selbstverantwortliche Person und eine lebensbejahende, lebensfördernde Grundhaltung als Bildungsauftrag. Während jedoch die Themenzentrierte Interaktion das gute Funktionieren der Gruppe als Lerngemeinschaft betont, die einzelnen Interessen nur soweit einfließen und bearbeitet werden sollen, als der Gruppenprozeß damit gefördert werden kann resp. nicht behindert wird, legt die Transaktionsanalyse ein besonderes Gewicht auf die Bedürfnisse des einzelnen und die durchgehend zentrale Funktion des Leiters/der Leiterin.

Diese beiden Ansätze zusammenzubringen, ist für mich darum ein spannendes, befruchtendes, manchmal aber auch schwieriges Unternehmen.

Indem ich fast immer gleich am Anfang eines Kurses die Postulate und Hilfsregeln der Themenzentrierten Interaktion (*Cohn* 1979, 120ff) als sogenannte Gruppenhilfen einführe, besprechen lasse und deren Beachtung mit der Gruppe als gemeinsames Anliegen beschließe, habe ich eine erste Verbindung Transaktionsanalyse und Themenzentrierte Interaktion gemacht, einen Vertrag geschlossen, der jeder und jedem das Wächteramt für eigenes W a c h s t u m übergibt. Die Hilfsregeln der Themenzentrierten Interaktion für Gruppen, wie sie von *Ruth Cohn* entwickelt wurden, gehen auch darüber hinaus gut mit der Transaktionsanalyse zusammen. Sie sind praktische Aufforderungen (ohne Zwang) zur Respektierung konstruktiver Umgangsformen, die Offenheit, Ehrlichkeit, Vertrauen fördern und damit die Gruppe zum Lernfeld für tiefere Beziehungen machen. In Ergänzung dazu können mit Hilfe der Transaktionsanalyse die Gruppenmitglieder bestimmte Verhaltensweisen analysieren und/oder erklären: verdeckte Transaktionen, Spiele, Antreiber etc.

Zwei Aspekte sind im Modell der Themenzentrierten Interaktion von größter Bedeutung:

1. Die TeilnehmerInnen finden sich zwar meist sehr zufällig in einem Kurs. Die Dynamik der Gruppe, ihr Wachstum als eine einmalige Einheit sind aber ebenso wichtig wie die einzelnen oder das gemeinsame Thema.

    Das gehört zum lebendigen Lernen: *die Balance finden zwischen WIR, Gruppe, ICH und ES, Thema.*

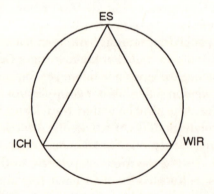

Abb. 4

Hier liegt ein Unterschied zu einer reinen Therapiegruppe: In einer Bildungsgruppe sind die Lernprozesse so einzurichten, daß alle folgen können, sich wohlbefinden und ihr Wissen vermehren. Die Transaktionsanalyse nimmt solche Aspekte wenig auf. Dabei ist gerade das Aufeinandereingehen, die geschärfte Wahrnehmung für das gemeinsame Lernen im Alltag wichtig, was in der Gruppe selbst life erlebt und geübt werden kann: „Das Verhalten in der Gruppe ist Ausschnitt meines übrigen Verhaltens".

2. „Störungen haben Vorrang" lautet das zweite Postulat neben dem chairperson-Postulat. Wenn ich als Leiter das beachte und die übrigen Gruppenmitglieder es zunehmend auch anwenden, so besteht hier eine ideale Brücke zwischen Transaktionsanalyse und Themenzentrierter Interaktion; Aktuelles wird nicht ignoriert oder zurückgehalten. Wichtige Anliegen können dann mittels Kurzzeitvertrag, welcher die betroffene Person, Leitung und Gruppe darin einschließt, bearbeitet werden. Besonders in solchen Momenten bietet die Transaktionsanalyse eine fruchtbare Ergänzung. Als Leiter arbeite ich dabei mit dem Prinzip PPP: Protection, Permission, Potency (Schutz, Erlaubnis, Kraft).

Auf der Hintergrundserfahrung einer im Sinne der Themenzentrierten Interaktion geleiteten Gruppe können dann in Fortsetzungsgruppen – Langzeit-Verträge nach Art der Transaktionsanalyse mit Einverständnis der übrigen Gruppenmitglieder als Begleitung und Unterstützung relativ leicht geschlossen werden.

Das Kapitel „Elterngruppen leiten" habe ich erlebnishaft begonnen. Das hängt u. a. mit meiner Überzeugung zusammen, daß in der Erwachsenenbildung neben den Inhalten die Form, die Gestaltung der Veranstaltungen, Wesentliches zum Gelingen beitragen können. Ich habe dann in einigen Punkten erwähnt, inwiefern sich Transaktionsanalyse und Themenzentrierte Interaktion ergänzen. Manchmal macht mir die Verbindung der beiden Theorien auch Mühe. Aus der Haltung der Themenzentrierte Interaktion bin ich Teil der Gruppe, soll mich also einbringen, gebe zunehmend Leitungsfunktionen ab. Die aktive Teilnahme der Gruppenmitglieder ist in der Themenzentrierten Interaktion ein zentrales Anliegen. Aus der Sicht der Transaktionsanalyse hingegen verspüre ich eher die Tendenz, mich weniger einzubringen und Beiträge einzelner TeilnehmerInnen zu stoppen, wenn ich sie im Moment als störend oder schädlich für den Prozeß bei einem anderen Mitglied einschätze. Trotzdem bin ich der Überzeugung, daß es sinnvoll ist, in der Bildungsarbeit mit Gruppen nach einer Synthese der beiden Theorien zu suchen.

4. Praktische Beispiele der Anwendung von Transaktionsanalyse

4.1 Heimliches Fernsehen

Kurs für Eltern mit Kindern im Pubertätsalter, 6. Abend.

An einem vorangegangenen Abend habe ich die Theorie der Ich-Zustände eingeführt und im folgenden auch wiederholt angewandt. Thema des Abends: „Umgang mit Fernsehen".

Wir sammeln und strukturieren persönliche, angenehme, lustige, zweifelhafte, schwierige, schlechte Erfahrungen zu „Kind und TV".

Klaus wünscht, daß wir in der Gruppe seinem zwiespältigen Erlebnis nachgehen. Sein Sohn Dieter (12 1/2 J.) wollte neulich am Sonntag eine späte TV-Sendung ansehen, von 22.45 – 00.15 Uhr. Klaus verbot es, und Dieter ging tatsächlich nach 8 Uhr ins Bett.

3 Minuten vor 22.45 Uhr hörte der Vater den Wecker piepsen und dann den Sohn leise hinunter gehen (Anmerkung: der TV ist mit Kopfhörern versehen). Am anderen Morgen fragte Klaus: „War die Sendung gut?" Dieter reagierte mit breitestem Lachen.

Klaus dazu: „Das tat ich früher auch, Radiohören mit dem Kopfhörer unter der Decke."

Klaus fragt die Runde: „Hätte ich anders handeln sollen, nachdem ich es Dieter am Vorabend verbot?"

Durch die Nachfrage eines Gruppenmitglieds bei Klaus stellt sich heraus, daß er sich wunderte über das folgsame Zubettgehen des Sohnes.

Leiter (ich): „Und was dachtest du dabei?"

Klaus: „Der hat irgendeine Lösung gefunden."

Leiter: „Wie ging es dir bei diesem Gedanken?"

Klaus: (schmunzelt, zuckt die Achseln) „Ich war innerlich zufrieden."

Ein weiteres Gruppenmitglied: „Das muß er gespürt haben. Du hättest ja beim Weckerton aufstehen und nachsehen können; ihn ins Bett schicken."

Klaus: „Natürlich, ich dachte nur, der ist ein Schlingel."

Auf meinen Hinweis, daß wir hier auch über die grundsätzliche Frage von „Forderungen durchsetzen" sprechen könnten, sind Klaus und die übrige Gruppe einverstanden, uns dem anhand dieses Beispiels zuzuwenden.

Mit Klaus trage ich zusammen, was ausgesprochen und unausgesprochen lief:

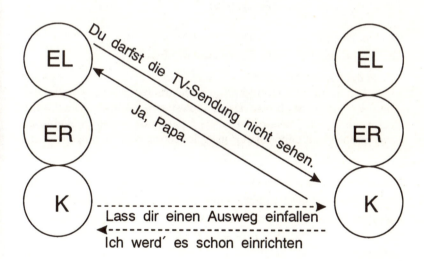

Abb. 5

Allen ist klar, daß es die (neu eingeführte) verdeckte Transaktionsebene ist, welche schlußendlich entscheidend war.

Das Diagramm zeigt, daß beide verfügbare Informationen ausgeblendet haben. – Die Teilnehmer schließen: Mit zunehmendem Alter der Kinder müssen Forderungen, wenn immer möglich, begründbar sein, auch erklärt werden, damit das Kind nicht nur blinden Gehorsam lernt sondern auch rational nachvollziehen und mitdenken kann.

Desgleichen kann ein Entscheid, etwas zu fordern, auch geklärt werden durch Rückfragen beim Kind, was ihm sein Anliegen bedeutet.

Forderungen stellen und durchsetzen heißt für Klaus nun also, daß er sich entscheidet, ob er sie tatsächlich auch eingehalten haben will und auf Doppelbotschaften verzichtet.

4.2 Kleiner Finger – ganze Hand

Bereich Erziehung allgemein: Quartalskurs unter dem Titel: Wir Eltern sind mächtig – wir Eltern sind ohnmächtig.

> Eva, die Mutter des 3jährigen Sohnes Markus erzählt, daß der Kleine kürzlich vor dem Warenhaus auf dem elektrischen Schaukelpferd reiten wollte. Trotz seines Schreiens und Protestierens hätte sie keine Münze eingeworfen. Sie hätte es ihm nicht erlaubt aus Angst, ihn damit zu verwöhnen und dann künftig machtlos seiner Willkür ausgeliefert zu sein.

Die Bearbeitung ihres Berichts begann folgendermaßen:

Eva: "Ich will aber künftig nicht bei jedem Einkauf dort Angst haben müssen, Markus quengele wieder vor dem Pferd, und ich fühle mich ohnmächtig. – (leise vor sich hin:) Vielleicht gebe ich schlußendlich doch nach."
Leiter (ich): „Was willst du statt dessen?"
Eva: „Ich will mich sicher fühlen."
Leiter: „Was heißt das?"
Eva: „Eigentlich will ich's schon einmal erlauben, aber ich möchte ihm auch erklären können, daß ich es ein blödes Spielzeug finde. Nur, das versteht er ja nicht."

In zwei Teilen setzte sich Eva mit ihrem Thema auseinander: Zuerst übte sie, Markus die Erlaubnis zu geben, sich schaukeln zu lassen (leerer Stuhl als Pferd, dazu weitere Requisiten). Sie erahnte die Freude des Kindes, spürte jedoch die vorweggenommene Angst vor der Reaktion des Kindes bei einem späteren Nein.

Nach kurzer Vorbereitung erprobte sie nun die Situation, wie sie Markus den Wunsch ausschlagen will und sich mit ihrem Anliegen und Gefühlen dabei wahrnehmen und auch Markus' Reaktion ernstnehmen will.

Bei der Auswertung dieser Erfahrung geben die Gruppenmitglieder Rückmeldungen über ihre Beobachtungen und wie sie Eva erlebten.

Im 2. Teil griff ich die geäußerte Angst vor dem Ausgeliefertsein ans Kind auf. Es ist eine Enttrübungsarbeit, die ich zusammengefaßt auf folgende Weise veranschaulichte:

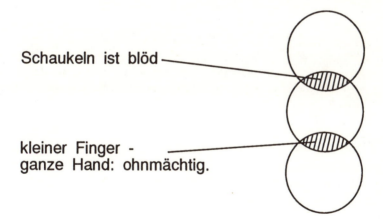

Abb. 6

Neu:

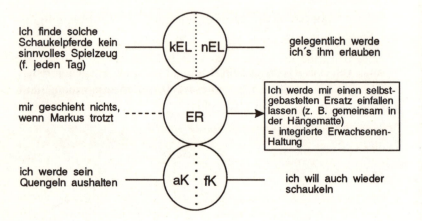

Abb. 7

Legende: Der Satz zur gestrichelten Linie beim ER ist eine Schlußfolgerung aus dem internen Dialog, der Pfeil weist auf den daraus folgenden handlungsrelevanten Entscheid.

4.3 Die Gruppe als Lernfeld

In einem Kurs für Eltern mit Kleinkindern (es sind nur Mütter da) wird heute als Thema „Belastung der Mutter mit Kleinkindern – Überlastung – Überforderung" besprochen.

Gleich zu Beginn beklagen sich zwei, drei Frauen, was alles von ihnen erwartet werde. Das hätten sie sich früher nie gedacht, meint Ruth. Maja berichtet strahlend, wie es ihr gut geht – die Mutter komme so viel, hüte das Kind oder helfe ihr sonst.

Jeanette kritisiert diejenigen, welche hier mit Leidensmienen dasäßen – sie hätten sich doch ein Kind gewünscht, also sollten sie auch die Konsequenzen tragen. Sonja entgegnet: und trotzdem spüre sie häufig, wie sie an den Rand der Kräfte gekommen sei. Dann brülle sie das Kind manchmal wegen einer Kleinigkeit an.

Das Gespräch setzt sich in ähnlicher Weise fort. Es beginnt ein Spiel mit Ruth, Maja und Jeanette als Protagonistinnen. Ich unterbreche und bitte die Gesprächsteilnehmerinnen, ihr momentanes Befinden zu äußern. Mehrheitlich antworten sie: „Ich fühle mich schlecht – mißverstanden – wütend." Einige fühlen „nichts Besonderes".

Ich frage nach: „Wie machst du das, daß du dich nun so (schlecht etc.) fühlst?" Allgemeine Verblüffung. Dann Rückbesinnung. Ruth merkt: „Ich wurde wütend über Jeanette, weil sie sich so über die anderen stellt und so tut, als fühle sie sich nie überfordert." Jeanette

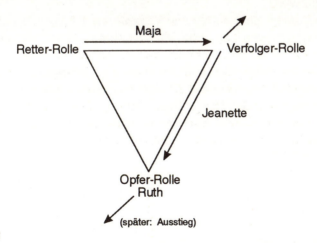

Abb. 8

fällt ein: „Ich habe das so nicht gemeint, aber wenn man einmal zu seiner Meinung steht, wird man gerade verurteilt." Ich unterbreche wiederum und frage die Beteiligten, ob sie einverstanden sind, zu klären, was nun gelaufen ist.

Bald sind die zentralen Punkte herausgearbeitet, um das Drama-Dreieck mit den aktuellen Aussagen aufzuzeichnen und sie im Rahmen der Spieltheorie zu erklären.

Maja hat strahlende Retterin gespielt: „Macht's doch so wie ich, holt euch die Mutter als Hilfe." Sie wechselt im Laufe des Gesprächs in die Verfolger-Rolle gegenüber Jeanette: „Deine moralischen Sprüche helfen niemanden." Nach der Spielanalyse bemerkt sie: „Ich sehe, daß ich anderen meine Meinung nicht überstülpen kann und will." Das ist ein Ausstieg aus dem Spiel.

Jeanette steigt als Verfolgerin ins Spiel: „Ihr seid selbst schuld an eurer Überbelastung; ihr seid blöd." Sie endet in der Opfer-Rolle: „Wenn man einmal zu seiner Meinung steht, wird man gerade verurteilt."

Ruth hat nach der Klage über das Frauenschicksal (= Opfer-Rolle) zwischendurch kurz die Verfolger-Rolle gespielt mit den Worten: „Aber die (Männer) werden ja auch noch etwas abbekommen."

Daraufhin wird der Bogen zum heutigen Kursthema geschlagen. Was hat die gespielte Rolle mit deiner Belastung, Überbelastung als Mutter zu tun? Ruth erkennt einen Zusammenhang: Wenn sie sich als Opfer beklagt, muß sie nichts bei sich aktiv verändern, sondern kann die anderen dafür verantwortlich machen. Damit steigt sie aus dem Spiel aus.

Nur Jeanette sieht noch keine Verbindung. Ich lasse es mit der Bemerkung bewenden: „Alle Mitspielerinnen haben wie gesagt ihren Nutzen, manchmal braucht es Zeit, ihn zu erkennen."

An diesem Beispiel kann ich die sinnvolle Verbindung von Themenzentrierter Interaktion (TZI) und Transaktionsanalyse zeigen: Der Einstieg über das Thema Überbelastung löste einen Gruppenprozeß aus, der zu einer Analyse und teilweisen Veränderung des persönlichen Denkens, Fühlens und Verhaltens führte; vom ES zum WIR zum ICH.

4.4 Ich kann dir nichts recht machen

Die „Pubertätskurse" führe ich häufig unter dem Titel: „Pubertät/Jugendalter – Krise für die Eltern?" an 8-10 Abenden durch.

In den meisten Fällen gelang es mir bisher, eine bis drei der zweistündigen Zusammenkünfte mit ihren Kindern im entsprechenden Alter gemeinsam zu gestalten.

Je nach Gruppe und aktuellem Thema verteile ich dann allen Anwesenden ein Blatt mit folgender Alltagsszene (resp. die analoge Version mit einer Mutter/Vater–Sohn-Szene), dazu die schriftliche Anweisung zur Vorbereitung eines entsprechenden Rollenspiels zu zweit oder als ganze Familie.

Schlage ich das Thema in einer gemischten Gruppe vor (Eltern mit Jugendlichen), so lasse ich die Rollen vertauscht spielen, d. h. die Jungen/Mädchen spielen Eltern und umgekehrt.

Familie Hofer
Die Eltern wollen ausgehen. Sonja (15 J.), die älteste von drei Geschwistern, wird von der Mutter gefragt: „Sonja, die gekochte Konfitüre ist noch zu dünn, würdest du sie nochmals aufkochen und einfüllen? Du weißt ja wie. Das wäre sehr lieb von dir." Sonja: „Uff, nein, mir stinkt's! Ich muß schon dafür sorgen, daß Marianne ins Bett geht." Mutter: „Sonja, bitte mach es mir zuliebe! Morgen muß ich waschen und habe keine Zeit für die Konfitüre." Sonja: „Also dann."
Die Mutter am anderen Morgen: „Sonja, du hast eine schöne Sauordnung hinterlassen in der Küche. Alles ist mit Holunder-Konfitüre verschmiert." Sonja jammert: „Ich habe mir so Mühe gegeben, ich kann dir einfach nichts recht machen."

In der Gruppe von 5, 6 Personen wurden im Wechsel die Rollenspiele vorgeführt resp. miterlebt. Das Nachfühlen der beiden aktiven Positionen und die Rückmeldungen der Zuschauer sind dabei wichtig. Ich selbst bin Zuschauer in einer Gruppe.

Je nachdem wie die Spielenden reagieren, auch nach dem Rollenspiel Rückmeldungen geben, gehe ich auf die aufgeworfenen Themen ein, um (ohne Begriffe aus der Transaktionsanalyse) herauszuarbeiten, daß es sich hier um eine Manipulation, um ein Spiel handelt.

In einem zweiten Schritt gebe ich noch folgende Anstöße zur Stärkung der Erwachsenenhaltung:

- Wo liegt der Wurm in der schlecht ausgegangenen Szene?
- Was finde ich nicht OK?

Zum Schluß erfinden und spielen die Spielpartner eine gleiche Szene mit anderem Verlauf oder Ausgang. Wiederum folgt dazu ein Gruppengespräch, als Feedback der Zuschauenden, als Austausch in der Kleingruppe oder ein Plenumsgespräch; dies zur Stärkung positiven Verhaltens.

Die Hauptergebnisse einer solchen Sequenz sind:
- Eigene Bedürfnisse wie Forderungen direkt und klar aussprechen.
- Eindeutige Vereinbarungen mit gegenseitigem Einverständnis sind nötig (aushandeln lohnt sich).
- Familienkonferenzen werden angefangen oder reaktiviert.

Nach einer gemeinsamen Auseinandersetzung von Eltern und Jugendlichen stelle ich eine erhöhte Achtung der Eltern gegenüber ihren oft unterschätzten Kindern und verstärktes gegenseitiges Vertrauen fest.

4.5 Strafen

Kurs „Wir Väter", 4. Abend.

Nach der Anfangsrunde, wenn dann jeweils aktuelle Probleme eingebracht werden können, berichtet Fredi, seine 5jährige Tochter Nina sei vorgestern weggelaufen. Mit seiner Frau hätte er sie überall gesucht und nirgends gefunden. Schließlich hätte er sie bei einem Nachbarskind vor dessen Haus spielend entdeckt. – Da habe er Nina zuerst einmal Schläge gegeben. Das bereue er nun; er hätte nicht schlagen wollen, wisse aber trotzdem nicht, wie er sich anders verhalten könnte.

Fredi macht einen Kurzzeit-Vertrag zu seinem Anliegen: Er will sich für 20 Minuten mit diesem Strafverhalten auseinandersetzen, klären, wie er dazu gekommen ist.

Die wichtigsten Punkte im anschließenden Einzelgespräch in der Gruppe sind:
- Fredis Gefühle in den verschiedenen Phasen des Ereignisses
- das für ihn Wichtigste des ganzen Vorfalls
- wie ein ihm bekannter guter Vater reagiert hätte (Modell).

Nun merkt Fredi, daß er aus eigener Verlegenheit heraus geschlagen hat: nämlich als Abreaktion seiner ohnmächtigen Angst, wie auch der Angst, was wohl andere von ihm dächten, ihm, dem das Kind nicht „gehorcht". Er merkt auch, daß er weder die Freude zeigt, Nina wiedergefunden zu haben, noch seine Angst, daß ihr hätte etwas geschehen können.
Nun werden die übrigen Kursteilnehmer einbezogen. Andere Väter berichten, was sie ihrerseits durch dieses entwickelnde Gespräch erkannt, gelernt haben.

Wir tragen mittels Funktionsanalyse zusammen:
Fredi benennt, was er bei sich erkannt hat:
– unterdrückte Freude und Angst (fK),
– Angst vor andern Leuten (aK); darum sich als strenger Vater zeigen,
– nur negativ kritisch-elternhaftes Verhalten (-kEL) ist sichtbar.

Die Gruppe entwickelt folgende Alternative:
– sich selbst beruhigen, nachsehen (+nEL/ER), Angstgefühle zulassen (innerer Prozeß),
– dem eigenen Kinde Schutz und Hilfe geben – wenn nötig (+nEL),
– persönliche Betroffenheit mitteilen (Freude, Angst) (fK),
später
– Informationen über den Vorfall sammeln, entscheiden, was er dem Kind dazu erklären will (soweit es das 5jährige verstehen kann) (ER),
– klare Anweisungen geben, Forderungen aussprechen (+kEL).

Fredi äußert beim anschließenden Feedback seine Erleichterung und ist zuversichtlich, bei einem ähnlichen Ereignis, statt gleich zu schelten, zuerst das Befinden des Kindes zu beachten und darauf zu reagieren, wie auch seine Freude und/oder seine Angst zu zeigen.

Ich habe mich bei der Bearbeitung dieser Erziehungssituation auf zwei Konzepte der Transaktionsanalyse konzentriert:
1. die echten Gefühle wahrnehmen und äußern
2. Ich-Zustände, samt „innerem" Dialog

Die drei Kreise an der Wandtafel verdeutlichen das anfänglich einseitige Verhalten von Fredi und die Alternative mit den Reaktionen aus den verschiedenen Ich-Zuständen.

Im Anschluß an dieses konkrete Beispiel will die Gruppe das Thema Strafen noch umfassender verfolgen.

4.6 Dumme Frage

Was heißt das große allgemein anerkannte Ziel: ein Kind zur Selbständigkeit erziehen? Selbständigkeit beginnt in ganz einfachen Alltagsbegebenheiten, zum Beispiel, wenn sich das rational-logische Denken des Kindes zu entwickeln beginnt.

Im Rahmen eines Kleinkinder-Kurses / Kurse für Eltern mit Kindern von 1–6 Jahren / bringe ich gelegentlich folgendes:

Wenn ein Kind anfängt, sich für die weitere Umwelt zu interessieren, beginnt es auch – manchmal bis zur Übermüdung der Eltern – zu fragen. Wer kennt darum nicht die gehässige, abweisende Reaktion, die einen Schlußpunkt setzten soll: Frag nicht so dumm!

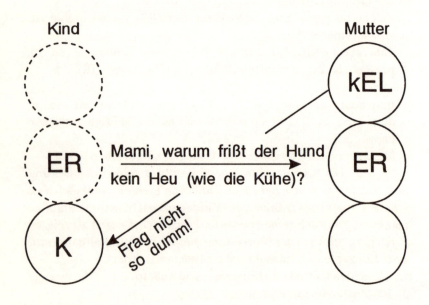

Abb. 9

Mit einer solchen gemeinsam gezeichneten einfachen Darstellung einer gekreuzten Transaktion erfassen auch Laien leicht, daß auf die Frage des Kindes aus seinem sich entwickelnden ER keine entsprechende Antwort kommt. Das Gespräch wird unter- resp. abgebrochen. Die häufige Befangenheit von Eltern in ihrer elternhaften Haltung gegenüber dem Kind, das dadurch immer wieder in seiner kindhaften Haltung angesprochen wird, wird durch eine nicht OK-Haltung verstärkt.

Was ist eine dumme Frage? Die TeilnehmerInnen werden sich bewußt: es gibt keine dumme Fragen; ich flüchte mich in kritisch elternhafte Haltung, wenn ich sie nicht beantworten kann und/oder will.

Daraus folgt die Besinnung: Was kann ich, was weiß ich? Was will ich denn?

In Kleingruppen entwickeln die TeilnehmerInnen dann Alternativen zum vorgestellten Beispiel, wobei sie sich an eigene selbsterlebte oder mögliche Alltagssituationen anlehnen (und auf eine Reaktion aus der OK-Haltung achten). Hier einige der Vorschläge:
– Er mag das Heu nicht so.
– Er frißt lieber Fleisch und Knochen. Und was ißt du gern?
– Schau mal die Zähne der Kühe an, die können besser Gras und Heu zermalmen. Die Zähne des Hundes können besser einen Knochen zerbeißen.
– Ein Hund ist keine Kuh,
 er macht auch nicht muh.
 Er springt zum Jochen
 und holt sich den Knochen.

5. Schlußgedanken

Die im letzten Teil des Artikels beschriebenen Beispiele illustrieren einzelne Schritte von Klärungs-, Entscheidungs- und Veränderungsprozessen. Eltern erfahren dadurch, wie sehr sie bisher in übernommenen Denk- und Verhaltensweisen verhaftet waren oder sich zwanghaft solchen angepaßt haben. Als Leiter dieser Bildungsveranstaltungen freue ich mich, mitzuerleben wie Eltern die anfänglich z. T. angstbesetzten neuen Wege als Befreiung zu mehr Flexibilität und zu wiedergewonnener Lebendigkeit empfinden und mit ihrer engagierten Teilnahme bekunden, daß sie diese Art des Lernens insgesamt als lustvoll und entlastend erleben.

Anmerkung

1. Die systemische Familientherapie spricht vom Subsystem Eltern und Subsystem Kinder und mißt deren klarer Trennung und Anordnung große Bedeutung bei.

Literatur

Cohn, Ruth C., Von der Psychoanalyse zur themenzentrierten Interaktion. Stuttgart: Klett-Cotta, 1979.
Mc Neel, J.R., Parent Interview, *Transactional Analysis Journal* 1976, 6, No 1, S. 61-68.
Ruppelt, Hans, Eltern- und Familienbildung für Eltern von Kleinkindern, in: Und Kinder, Marie-Meierhofer-Institut, Zürich, 1985 Nr. 21.

Autorenverzeichnis

Miriam Blank, Jg. 1942, ist Lehrerin und Lehrberechtigte Transaktionsanalytikerin unter Supervision (EPTSTA). Sie befaßt sich besonders mit der Anwendung von Transaktionsanalyse in der pädagogischen Arbeit mit Kindern. Nach langjähriger Unterrichtserfahrung in der Grundschule arbeitet sie heute freiberuflich in der Aus- und Weiterbildung von LehrerInnen im Rahmen verschiedener Institute, u.a. dem Odenwald-Institut für personale Pädagogik, dem Institut für Sonderpädagogik der Universität Mainz sowie in eigener Praxis mit Kindern und Erwachsenen.

Hans Joss, Jg. 1941, arbeitet seit 1979 als wissenschaftlicher Leiter der Semesterkurse bei der Zentralstelle für Lehrerfortbildung des Kantons Bern. 1974 promovierte er mit einer sprachpsychologischen Arbeit im Hauptfach Psychologie an der Universität Bern. Von 1965 bis 1979 unterrichtete er an einer Sekundarschule in der Stadt Bern. Zusatzausbildungen in den Bereichen Themenzentrierte Interaktion, Psychodrama (Therapeut) und Transaktionsanalyse (5. Ausbildungsjahr).

Peter Lüthi, Jg. 1937, ist seit 12 Jahren in der Erwachsenenbildung tätig: er leitet das Elternbildungszentrum der Stadt Zürich. – Nachdem er viele Jahre auf allen Stufen der zürcherischen Volksschule (1.–9. Schuljahr) und ebenfalls in Entwicklungsprojekten in Afrika gearbeitet hatte, nahm er, während der Familienphase, das Studium der Pädagogik und Psychologie auf. Er schloß 1979 im Spezialgebiet Pädagogische Psychologie und Didaktik ab und war daraufhin kurze Zeit in der Lehrerbildung tätig. Seit 1990 ist er lehrberechtigter Transaktionsanalytiker unter Supervision (PTSTA) im Bereich Erziehung und Erwachsenenbildung.

Norbert Nagel, Jg. 1949, ist Diplom-Pädagoge, Sonderschullehrer und lehrender Transaktionsanalytiker unter Supervision der ITAA. Er hat 11 Jahre als Lehrer in Schule und Berufsvorbereitung gearbeitet. Seit 1979 arbeitet er freiberuflich in der Erwachsenenbildung in den Bereichen persönlichkeitsorientierte und berufliche Weiterbildung, Beratung und Supervision. Seit 1982 leitet er das Institut für Integrative Pädagogik und Erwachsenenbildung in Neckargemünd bei Heidelberg.

Heidrun Peters, Jg. 1945, Transaktionsanalytikerin – lehrberechtigt unter Supervision (EPTSTA), arbeitet seit 1979 in freier Praxis mit Kindern, Jugendlichen und Erwachsenen. Staatsexamen für das Lehramt an Höheren Schulen (Deutsch und Englisch).

Ulrich Schmidt, Jg. 1950, seit 15 Jahren Lehrer für Geschichte, Politik, Deutsch, Ethik an hessischen Gymnasien. Drei Jahre Lehrbeauftragter am Institut Pädagogik Dritte Welt an der Universität Frankfurt, einige Veröffentlichungen zum Thema entwicklungspolitische Bildung/interkulturelles Lernen. Seit sechs Jahren in Ausbildung zum Transaktionsanalytiker (Pädagogik). Schwerpunkte der Arbeit mit Transaktionsanalyse: kontinuierliche oder thematische Selbsterfahrungsgruppen mit älteren Schülern. Verbindung von Unterrichtsinhalten und Unterrichtsprozessen, Entwicklung von Konfliktlösungsstrategien im institutionellen Raum der Schule.

Heidrun Schönert, Jg. 1945, Diplom-Psychologien, Diplom-Pädagogin, Erfahrungen in Schule, Studentenberatung, Familienberatung und freier Praxis. Sie beschäftigt sich in ihrer Arbeit mit Verbindungen zwischen Pädagogik und Psychologie. Ihr Ansatz zielt weniger auf allgemeine psychologische Gesetzmäßigkeiten des Lernens ab als vielmehr auf die Analyse individueller Lern-Lebensläufe und den jeweils persönlichen Lernstil. Dabei bezieht sie transaktionsanalytische Denkweisen mit ein.

Moshe Feldenkrais

Die Feldenkraismethode in Aktion

Dieses Buch beinhaltet nach Feldenkrais' eigener Einschätzung in einer einzigartigen Gesamtschau alles Wesentliche seiner Arbeit.

248 S.; DM 38,–

Virginia Satir

Kommunikation · Selbstwert · Kongruenz

Virginia Satirs reiches Wissen und ihre Erfahrung aus den letzten 15 Jahren Arbeit mit und in Familien sind in dieses, ihr letztes Buch eingeflossen.

496 S.; DM 44,–

Robert Ornstein

MULTIMIND

„Ein Buch voller Mut zum Ungewöhnlichen, es gehört in die oberste Schublade von Menschen, deren Profession Erziehung, Therapie oder Management ist." –
congress & seminar

228 S.; DM 34,80

Ken Wilber

Das Atman-Projekt

„Ich kenne keinen anderen modernen Autor, der über die tiefen existentiellen Fragen mit solch bestechender Klarheit schreiben kann."
– *Fritjof Capra*

340 S.; DM 39,80

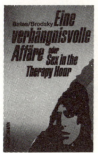

Carolyn Bates, Annette Brodsky

Eine verhängnisvolle Affäre oder: Sex in the Therapy Hour

„Anders als in den USA aber ist das Thema bei uns immer noch tabu."
– *stern*

268 S.; DM 29,80

Stephen Bank, Michael Kahn

Geschwister-Bindung

„Noch niemals wurden die einzigartigen Formen der Geschwister-Bindungen besser beschrieben ... aufregend und anschaulich."
– *Carl Whitaker*

308 S.; DM 39,80

Deepak Chopra

Die Rückkehr des Rishi

„Dr. Chopra hat das Territorium einer Medizin der Zukunft umrissen."
– *Dr. Larry Dossey*

296 S.; DM 34,80

Daniel Araoz

Die neue Hypnose

„Araoz fügt verstreute Stränge der klassischen und der modernen Hypnose zu einem Gebilde der Einheitlichkeit und des Verstehens zusammen."
– *Ernest Rossi*

248 S.; DM 39,80

Fordern Sie unsere kostenlosen Prospekte an! (Postfach 18 40, 4790 Paderborn – Tel.: 0 52 51/3 40 34)

JUNFERMANN VERLAG

Ian Stewart

**Transaktions-
analyse in der
Beratung**

Der Autor legt mit
dieser Arbeit ein Handbuch für die praktische
Anwendung der TA in
der Beratung vor.

276 S.; DM 38,–

Astrid Schreyögg

SUPERVISION

Mit diesem Lehrbuch
stellt die Autorin erstmalig im deutschsprachigen Raum ein
zusammenhängendes
Supervisionskonzept
vor.

538 S.; DM 49,80

Milton H. Erickson,
Ernest L. Rossi

DER FEBRUARMANN

„Dieser Fall kann in
bezug auf Ericksons
Arbeit mit einer Phobie
das repräsentieren,
was der Fall Dora in
bezug auf die Arbeit
Freuds repräsentiert." –
Jay Haley

380 S.; DM 48,–

Hilarion Petzold,
Ilse Orth (Hrsg.)

**Die neuen
Kreativitätstherapien**

„Was die Herausgeber
in den beiden Bänden
zusammengetragen
haben, verdient
Bewunderung." –
Tilmann Moser in FAZ

2 Bde., 1245 S.;
DM 98,–

Bradford Keeney

**IMPROVISATIONAL
THERAPY**

Keeney lädt die
Therapeuten dazu ein,
einen individuellen und
kreativen Arbeitsstil zu
entwickeln.

168 S.; DM 34,80

Carl Whitaker

**Das David &
Goliath Syndrom**

Die Aufsätze dieses
Buches spiegeln
Whitakers über 40jähriges erfolgreiches
Wirken als Familientherapeut wider.

283 S.; DM 39,80

Elke Willke et al.

TANZTHERAPIE

„Endlich gibt es auch
auf dem
deutschsprachigen
Markt ein wunderbares
Buch, das die
Tanztherapie
umfassend darstellt." –
Dt. Ärzteblatt

516 S.; DM 49,80

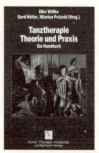

Richard Erskine,
Janet Moursund

**Kontakt •
Ich-Zustände •
Lebensplan**

Dieser neue und notwendige Ansatz basiert
in großem Umfang auf
der Arbeit von E. Berne,
F. und L. Perls.

416 S.; DM 44,–

Fordern Sie unsere kostenlosen Prospekte an! (Postfach 18 40, D-4790 Paderborn – Tel.: 0 52 51 / 3 40 34)

JUNFERMANN VERLAG